国家社科基金丛书
GUOJIA SHEKE JIJIN CONGSHU

中国农村社会保障支出经济效应研究

Research on the Economic Effect of
Rural Social Security Expenditure in China

仇晓洁 著

人民出版社

目　录

前　言

　　党的十九届四中全会提出："坚持和完善统筹城乡的民生保障制度,满足人民日益增长的美好生活需要。"其中就包含完善统筹城乡社会保障制度,而农村社会保障制度的建设与完善是统筹城乡社会保障制度的关键。

　　与大多数国家不同,1949 年新中国成立后,基于经济、政治与法律的原因,新中国构建了一个更为复杂、城乡二元结构的社会保障制度体系,二者的制度设计、待遇、筹资等方面几乎完全不同。1978 年党的十一届三中全会后,农村社会保障体系逐步建立起来,农村社会保障制度不断完善,尤其是在2002 年党的十六次全国代表大会提出"全面繁荣农村经济",并提出探索建立新的农村社会保障制度,标志着中国农村社会保障制度进入了新的历史发展时期。2003 年新型农村合作医疗开启改革试点,2007 年在全国范围建立起农村最低生活保障制度,2009 年年底启动新型农村社会养老保险试点,2014 年城乡居民养老保险制度合并,2016 年出台整合城乡居民医疗保险的意见,中国农村社会保障体系在原有基础上创新、发展并完善起来。在中国共产党的领导下,农村社会保障制度已初步建立并不断完善,城乡社会保障水平差距逐渐缩小,城乡社会保障制度差异逐渐减少。

　　中国农村社会保障制度改革之路是具有中国特色的农村社会保障制度改革的道路,中国农村社会保障制度体系的建设与完善的过程是根据中国实际出发的改革过程,因其特殊性根本无法复制他国经验和模式。与之相应,中国农村社会保障支出规模、结构伴随着农村社会保障制度的完善发生了巨大变化,并由此对中国经济产生重大影响。中国农村社会保障支出总规模及结构的变化、分项目支出的规模及结构的变化无时无刻不反映出中国农村社会保障制度的变迁。党的十九大报告明确提出要"完善覆盖全民的社会保障体系"。未来的重点在于如何更加完善农村社会保障制度,如何配置有限的农村社会保障资源,如何借助农村社会保障支出发挥更大效应维护宏观经济的稳定与发展,须要总结农村社会保障支出改革的经验、教训。相信本书的研究会在以下几个方面产生影响:

第一,有利于对中国农村社会保障支出政策的演变过程有个较为完整、基本的认识。西方社会保障理论、公共财政理论、中国社会保障支出理论为中国农村社会保障支出政策的制定与实施奠定了良好的理论基础,结合社会保障支出经济效应理论,提出中国农村社会保障支出经济效应的理论分析框架。在此框架下,总结新中国成立以来中国农村社会保障制度的改革历程、公共财政与农村社会保障之间关系的发展历程,从而对中国农村社会保障支出政策的演变过程有个较为完整、基本的认识,并对中国农村社会保障支出的经济效应有一个初步的判断。

第二,有利于科学、合理评价农村社会保障支出效应。农村社会保障制度的建立与完善相比城镇社会保障制度较为滞后,农村社会保障支出的相关数据只是近些年来有所完善,因此关于农村社会保障支出及分项目支出的研究较少,分地区分时期的研究就更加缺乏。本书从农村社保支出的地区差异、经济负担,探知农村社保支出现状;由农村社保支出的均衡性、对称性判断农村社保资源的配置是否合理;分别就消费、劳动供给、收入分配明确农村社保支出所带来的经济效应;基于农村社保支出基本职能的考虑,着重研究农村社保支出的收入分配效应。然后,分别以新型农村社会养老保险制度、新型农村合作医疗制度以及农村最低生活保障制度改革的年份为研究节点,根据数据特征、政策目的及实证需要采用不同实证模型,分时期、分区域对三个分项目支出的经济效应进行实证研究,相信本研究有利于科学、合理评价农村社会保障支出效应。

第三,有利于统筹城乡社会保障制度。城乡居民社会养老保险制度、城乡居民医疗保险制度及城乡最低生活保障制度的实施为统筹城乡社会保障制度奠定了良好的制度基础,但社会保障制度仍呈现出碎片化特征。城乡居民养老保险制度与城镇企业职工养老保险制度、城乡居民医疗保险制度与城镇企业职工医疗保险制度在制度设计上存在巨大差异,城乡社会养老保险制度、城乡医疗保险制度、城乡最低生活保障制度在城乡保障标准上存在较大差距。不同区域间农村保障水平差距较大。党的十九大报告提出,从 2020 年到 2035 年要基本实现基本公共服务均等化。社会保障作为基本公共服务的一项重要内容,虽然已基本建成覆盖城乡的社会保障体系,但仍面临着城乡社会保障差异化、区域间社会保障差异化的巨大矛盾。本书的研究目的就是通过分析中国农村社会支出经济效应,客观评价农村社会保障支出的政策效果、经济效益,为农村社会保障支出政策执行的监督检查提供重要依据,并根据实践经验分析、实证结果调整农村社会保障支出政策,实现社会保障资源在城乡间、区域间的合理配置、农村社会保障资源在不同项目间的合理配置。

本书的研究特色主要体现在:

第一,在梳理西方经济学社会保障理论和公共财政理论的基础上,结合中国农村社会保障制度改革的历程,从理论上剖析中国农村社会保障支出经济效应理论。

第二,结合城乡社会保障制度的二元化以及区域间制度差异化的特征,针对性分析农村社会保障支出及农村分项目支出的经济效应,并与农村社会保障支出经济效应的理论判断对比分析,客观评价中国农村社会保障政策的效果。

第三,基于农村社会保障支出及农村社会保障分项目支出经济效应评价过程中发现的突出问题,剖析实证结果的深层次原因。

第四,结合农村社会保障水平区域差异化,根据对新农合、新农保、农村社会救助三个项目的农村社会保障支出以及农村社会保障总支出经济效应的研究,提出一系列针对性建议,对现实有较强的政策指导意义。

尽管本书的研究取得了诸多突破,但限于研究条件、研究方法以及笔者本身学识、能力的原因,仍存在若干缺陷和不足,笔者有志在以后的研究中再接再厉,期待筚路蓝缕、玉汝于成的那一天。需要特别说明的是,本书的研究成果建立在国家社科基金《中国农村社会保障支出经济效应研究》(15CJL058)、河北省"三三三人才工程"人才培养资助项目(A201803061)的基础上。本书主体由仇晓洁教授完成,特别感谢王箐博士对本书的贡献,还要感谢李玥、王月、许苑蕾、温振华的辛苦付出。同时,对人民出版社柴晨清博士对本书的出版所做的辛苦付出表示感谢。

仇晓洁

2020 年 12 月

第一章　导　论

所谓社会保障是国家依法强制建立的、具有经济福利性的国民生活保障和社会稳定系统,[①]通过对社会保障资源的配置,即对社会保障支出的安排来实现。而社会保障支出作为政府转移性支出的重要组成部分,政府通过社会保障支出实现对国民收入的再分配,有效调节贫富差距,为维护社会稳定与安全提供较好的保障。在经济发生波动时,社会保障还会被看作"经济解调器",有效缓冲经济波动对社会经济发展的冲击,为经济健康发展、提高人民生活水平发挥重要作用。农村社会保障支出作为社会保障支出的重要组成部分发挥着同样的作用。

改革开放 40 多年来,随着经济、社会的发展,中国社会保障改革取得巨大成就,但受制度路径依赖的制约,农村社会保障体系真正意义上的建设与发展实际始于 2003 年新农合制度试点工作的开展,远滞后于城镇社会保障体系的建设与完善。长期的城乡二元经济及社会结构、二元财政制度,导致城乡居民不能以同等权利以及大致均等化的标准享受政府所提供的社会保障,由此引发了一系列的社会矛盾和问题。2007 年 10 月,党的十七大首次明确社会保障体系的内容,指出要建立以工促农、以城带乡的长效机制,并提出加快建立

---

① 参见郑功成:《新世纪的社会保障》,《学习月刊》2000 年第 4 期。

覆盖城乡居民的社会保障体系,政府进一步加大农村社会保障支出;同年,新农合基本实现了全覆盖,参合率达到97%。2008年,国际金融危机发生,中国政府继续加大社会保障支出,尤其是强调农村社会保障支出水平的提高。2012年11月,党的十八大明确指出"统筹推进社会保障体系建设"。如果说城乡二元结构是中国统筹城乡经济社会发展的痼疾,那么城乡分割的二元社会保障制度就可以看作为中国统筹城乡经济发展的一大障碍。巨大的城乡社会保障水平差异,限制了农村经济增长以及农村改革的前进步伐,甚至于影响到中国整体宏观经济的发展,成为中国现代化建设的严重阻碍。2014年2月,原人力资源社会保障部联合财政部出台《城乡养老保险制度衔接暂行办法》,自此,城乡社会保障制度统筹推进迈出第一步。2016年,国务院出台《关于整合城乡居民基本医疗保险制度的意见》,截至2019年年底,只有辽宁、吉林、贵州、陕西、西藏、海南等6个省(自治区)还未全面实施城乡居民医疗保险合并。城乡社会保障体系正由统筹城乡社会保障体系建设走向城乡社会保障一体化。城乡社会保障的制度差异在不断缩小,城乡社会保障水平的差距也在缩小,为统筹城乡经济社会的发展打好基础。与此同时,在中国农村社会保障体系建设与完善过程中,由于地区间经济发展水平的悬殊、财政能力的差异,各地区的农村社会保障制度的制订与执行有所不同,以至于地区间的农村社会保障水平有较大差距。2017年10月,党的十九大报告明确指出"提高保障和改善民生水平,加强和创新社会治理"。农村社会保障支出不再仅作为转移支付的一部分只是调节收入差距而已,农村社会保障制度还将是国家在农村社会治理中的核心内容,是国家推进农村社会治理的必要手段和重要工具。

农村社会保障制度体系的建设与完善的过程是日益满足农村居民合理诉求的过程;是通过发挥农村社会保障各项改革的经济效应,有效缓解农村社会矛盾,实现统筹城乡经济发展的过程。伴随农村社会保障体系建设与完善,各项农村社会保障制度发生变革,农村社会保障总支出不断增加,不同农村社会保障项目的支出水平不断提高,社会保障资源在城乡间的配置发生变化,在地区间的配置产生改变,不仅仅对农民微观个体产生影响,对地区经济,对宏观经济皆会产生经济效应。

那么,中国农村社会保障总支出及不同农村社会保障项目支出的经济效应究竟有多大? 经济效应产生过程和实现路径是怎样的? 这些需做深入研究,本书以此为目的构建出农村社会保障支出经济效应的理论分析框架,对中国农村社会保障支出经济效应做出初步的理论判断,在既有的理论分析框架下,运用不同的实证研究方法,研究不同农村社会保障项目支出的经济效应,为政府实施制订合适的农村社会保障支出政策及政策组合提供理论依据。通过对中国农村社会保障支出经济效应的系统研究,合理评价农村社会保障政策效果、合理配置农村社会保障支出在不同地区间的配置、合理确认农村社会保障支出规模与结构提供参考,以此充分发挥农村社会保障政策在扩大国内需求和维护宏观经济稳定发展方面的作用,具有重要的理论意义和现实意义。

第一节　研究范围与研究对象

一、研究范围

何为社会保障? 虽然国内外学界给出的定义不尽相同,但已达成以下共识:社会保障由国家强制实行,基金来源于政府、单位和个人,为社会成员的基本生活权利提供保障。而农村社会保障,即是指为保障全体农民的基本生活水平,由国家依法建立、政府主导的各种具有经济福利性的农民生活保障措施的统称。农村社会保障支出,就是针对农民基本生活权利提供保障发生的支出。农村社会保障制度体系的建立与完善是促进农业现代化,实现乡村振兴战略的基本条件。完整的农村社会保障制度体系主要包括农村社会保险、农村社会救济、农村社会福利和农村优抚。其中,农村社会福利是为满足农村居民的生活服务需要并促使农村居民生活质量不断提高的一种社会保障政策，需要以较高的经济条件作为基础，是农村社会保障体系中的最高层次。但是根据中国农村社会保障的现状，可知现有的农村社会保障水平只是能确保农民的基本生活，农村社会福利对于农民来说，短时间内很难实现，提高生活质量基本是一种奢求。而农村优抚安置仅针对一群特殊群体——军人及军人亲属提供的保障，此项农村社会保障支出仅对这一特定群体产生经济效应，所产生的宏观经济效应极为有限。故农村社会福利支出和农村优抚支出不纳入本书的研究范围。本书的研究范围就是农村社会保险支出、农村社会救济支出及农村社会保障总支出。根据中国农村社会保障体系建设的现状，农村社会保险现仅包括新型农村合作医疗①（简称"新农合"）和新型农村养老保险②（简称"新农保"）两个项目。农村社会救济主要包括农村最低生活保障（简称"农村低保"）、农村特困集中供养及分散供养三个项目，2017 年后农村特困集中供养逐渐纳入农村最低生活保障范围内，根据《中国统计年鉴（2019）》，农村特困集中供养及分散供养人数仅占农村社会救济总人数的 0.11%，③所占比例很小，产生的经济效应极小，可以忽略。

因此，本书的研究范围可具体为新农合支出、新农保支出、农村最低生活保障支出以及农村社会保障总支出。

二、研究对象

本书的研究对象为农村社会保障支出经济效应，即农村社会保障总支出的经济效应、新农合支出的经济效应、新农保支出的经济效应和农村最低生活

---

① 因新农合与城镇居民医疗保险已合并为城乡居民基本医疗保险，为有效区分二者，并与过去的农村医疗保险作区分，仍称之为新农合。

② 因新农保与城镇居民社会养老保险已合并为城乡居民社会养老保险，为有效区分二者，并与过去的农村社会养老保险作区分，仍称之为新农保。

③ 农村社会救济总人数为农村最低生活保障人数、农村特困集中供养人数和农村特困分散供散养人数的总合。

保障支出的经济效应。经济效应使用范围很广,比如近因效应、青蛙效应等。本书所说的经济效应则是指农村社会保障支出总规模的变化、结构的变化,以及各项农村社会保障改革所带来的支出变化对微观经济个体、地区经济,以及宏观经济变量的影响,且在分析农村社会保障支出经济效应时,更偏重于对农民、农村的经济效应,即对农民消费、农民就业、各地区农民收入差距、经济增长等变量的影响。

另外,本书着重考察的是实际意义上的中国农村社会保障体系建立与完善过程中,各项农村社会保障项目支出以及农村社会保障总支出的经济效应,故在做实证研究过程中会围绕各项农村社会保障改革的节点来选取实证分析的时间界限及相应数据。但考虑到研究完整性,更好的体会到中国农村社会保障支出政策的制度背景,对中国农村社会保障制度的演进做了全过程的梳理。

第二节　研究综述

由于国外社会保障制度体系的发展进程是伴随着工业化、城镇化进程同时进行的,国外社会保障支出的数据无论是总支出的规模数据、结构数据还是社会保障体系分项目支出的数据皆不区分城市和农村。而中国农村社会保障制度的建立与完善较为滞后,农村社会保障支出的相关数据只是近些年来才有所完善,因此国内外学者对社会保障支出经济效应的研究更多是以社会保障支出为整体进行分析,或者不区分城乡前提下的分项目支出的经济效应的研究,单纯针对农村社会保障总支出的经济效应或针对农村社会保障分项目支出的经济效应的研究较少,尤其是农村社会保障分项目支出的经济效应的研究更少。

所以,结合本文分析框架,主要针对社会保障总支出、养老保险支出、医疗保障支出以及最低生活保障支出的经济效应分别进行综述。

一、社会保障支出经济效应研究综述

（一）社会保障支出的收入分配效应

社会保障制度产生伊始，就是作为收入再分配的一种主要手段。通过社会保障的再分配，缩小地区间居民、不同类别人群间的收入差距。国外学者关于社会保障支出的收入分配的效应已经做过广泛的研究。从马克思主义的社会保障理论到西方经济学的社会保障理论，不管是国家干预主义的新历史学派、费边社会主义、福利经济学、瑞典学派、凯恩斯主义、新剑桥学派，还是经济自由主义的古典自由主义和新自由主义，皆认为社会保障制度可以减轻收入分配上的不公平程度。但也有学者经过实证发现得出不同结论。

国内学者则更多关注社会保障支出对城乡居民收入分配效应研究。受二元城乡社会保障制度的长期影响，社会保障支出越多，城乡居民收入差距越大；[1]张强、张晓光等基于省级面板数据的研究发现，社会保障支出会扩大城乡居民收入差距，但效应并不明显。[2] 王艺明、蔡翔通过实证分析，发现社会保障支出会扩大全国的城乡收入差距，但存在着地区间差异，中部和西部地区，社会保障支出分别显著缩小和扩大了城乡差距，东部地区不显著。[3] 杨翠迎、冯广刚对最低生活保障支出对城市、农村以及城乡之间居民收入差距的影响效应进行实证分析，发现城市最低保障支出显著扩大了城乡居民收入差距，并使城市基尼系数有增加的趋势，而农村低保支出则显著降低了城乡居民收入差距。[4]

① 参见胡宝娣、刘伟、刘新：《社会保障支出对城乡居民收入差距影响的实证分析——来自中国的经验证据（1978—2008）》，《江西财经大学学报》2011年第2期。

② 参见张强、张晓光、周伟：《我国财政性社会保障支出的城乡收入再分配效应分析——基于2004—2011年全国省际静态面板数据》，《洛阳师范学院学报》2014年第2期。

③ 参见王艺明、蔡翔：《财政支出结构与城乡收入差距——基于全国东、中、西部地区省级面板数据的经验分析》，《上海财经大学学报》2010年第5期。

④ 参见杨翠迎、冯广刚：《最低生活保障支出对缩小居民收入差距效果的实证研究》，《人口学刊》2014年第3期。

董拥军、朱璐璐、刘畅等学者,则对社会保障支出与居民收入基尼系数间的关系进行分析,发现二者之间呈负比关系,即社会保障支出越多,居民收入差距越小。[①]

(二)社会保障支出的消费、储蓄效应

消费效应和储蓄效应是两个作用方向完全相反的效应,二者之间具有替代性,因此研究社会保障支出的消费效应基本等同于研究储蓄效应。Feldstein[②]把生命周期假说隐含的社会保障减少储蓄、增加消费的作用称为"资产替代效应",把社会保障因鼓励提前退休而增加储蓄的效应称为"退休效应",并发现社会保障对消费产生显著的正效应。Munnell 把退休年龄看作内生变量后,发现社会保障对储蓄产生负影响。[③] Darby 把货币供应量和耐用商品的相对价格指数加入到回归方程中,发现大部分情况下是同样的结果。但是在有的情况下会得到相反的结果。Blake 采用误差修正模型研究发现,英国社会保障对储蓄有显著的资产替代效应。[④] Barro 在回归方程中添加了两个主要变量[⑤]:失业率和财政赤字,并用社会保障覆盖率替代 Feldstein 的变量,发现相关系数不显著。还有 Leimer & Lesnoy[⑥]、Auerbach & Kotlikoff[⑦],他

[①] 参见董拥军、邱长溶:《我国社会保障支出与经济增长关系的实证研究》,《统计与决策》2007 年第 8 期。

[②] Feldstein,"Social Security,Induced Retired and Aggregate Capital Formation",*Applied Political Economy*,1974,82:905-926.

[③] Alicia H.Munnell,"Private Pensions and Savings:New Evidence",*Journal of Political Economy*,1976,84(5).

[④] David Blake,"The impact of wealth on consumption and retirement behaviour in the UK",*Journal of Financial Economics*,2004,14(8).

[⑤] Barro Robert J.,"The Impact of social security on private saving",*American Enterprise Institute*,Washington,1978.

[⑥] Dean R.Leimer,Selig D.Lesnoy,"Social Security and Private Saving:New Time-Series Evidence",*Journal of Political Economy*,1982,90(3).

[⑦] Auerbach A J,Kotlikoff L J.,"Simulating alternative social security responses to the demographic transition",*Journal of National tax*,1985,38(2).

们的研究结论显示社会保障对消费的影响不大。[1] 但这些理论都侧重于居民预期和不确定性的研究和处理。还有国外学者引用不同国家的数据,使用不同方法以及不同变量对其进行了实证检验,结果则大相径庭。

国内学者是在基本遵循国外理论研究思路的基础上,用中国数据进行实证检验。有的学者发现,提高社会保障水平有利于拉动消费,[2]有的学者,则持相反观点,认为中国的社会保障支出不但没有促进居民消费,反而在某种程度上挤出了居民消费。[3] 还有学者发现社会保障对我国居民消费的影响具有明显的阶段性差异[4]和城乡差异。[5]

(三)社会保障支出经济增长效应

社会保障制度的设计在于维护社会的公平与稳定,但社会保障支出通过作用于微观经济个体,影响微观经济决策,进而对经济增长产生影响。国外一部分学者认为,社会保障支出有利于经济增长。Barro 通过对公共支出(包括公共投资、公共消费和公共转移)的实证发现似乎只有社会保障支出和经济增长正相关。[6] Perotti、Bellettini and Ceroni、Lee and Chang 利用多个国家的数据,发现社会保障支出与经济增长间存在正相关性。还有一部分学者持相反观点。Feldstein 认为美国的社会保障制度对经济增长具有抑制作用,[7]Leimer

---

① Yigit Aydede, "Aggregate consumption function and public social security: the first time-series study for a developing country", *Applied Economics*, 2008, 40(14).

② 参见刘畅:《社会保障水平对居民消费影响的实证分析》,《消费经济》2008 年第 3 期。

③ 参见杨天宇、王小婷:《我国社会保障支出对居民消费行为的影响研究》,《探索》2007 年第 5 期。

④ 参见张治觉、吴定玉:《我国财政社会保障对居民消费产生引致还是挤出效应》,《消费经济》2010 年第 3 期。

⑤ 参见张强:《城乡居民社会保障性支出对消费水平影响比较研究——基于 15 个省市面板数据的实证分析》,《社会保障研究》2013 年第 2 期。

⑥ Robert J. Barro, "Government Spending in a Simple Model of Endogeneous Growth", *Journal of Political Economy*, 1990, 98(5).

⑦ Martin Feldstein, "Social Security and Saving: New Time Series Evidence", *Journal of National Tax*, 1996, 49(2).

等则认为大多数情况下社会保障减少了居民消费,不利于经济增长。Ehrlich 和 Kim 利用人力资本理论进一步支持了其论点。[1] 而 Kotlikoff 却得出不确定的结论。[2] 可见,国外对于社会保障支出的经济增长效应研究并没有定论。

国内学者则是最近几年开始实证分析社会保障支出与经济增长的关系。与国外学者一样,对二者的关系也未有定论。穆怀中从国家福利和自保公助两种社保模式出发,证明社会保障支出与人均 GDP 增长高度正相关。[3] 刘丁蓉、魏珍运用计量经济学方法支持了此观点,[4]张勇认为,伴随中国社会保障制度的不断完善和社会保障支出规模扩大,社会保障支出促进了中国的经济增长。[5] 董拥军、邱长溶及赵蔚蔚利用协整分析法,发现我国社会保障支出与经济增长之间存在双向因果关系。[6] 于长革利用柯布-道格拉斯生产函数发现政府社会保障支出与产出显著负相关。[7] 赵建国、李佳经过实证分析,认为社会保障支出对经济增长的影响效应为中性偏负。[8] 崔大海通过 Granger 因果检验和协整分析,发现中国社会保障支出与经济增长之间存在单向的因果关系,经济增长促进了社会保障财政支出的增加,而社会保障支出不是经济增

---

① Isaac Ehrlich, Jinyoung Kim, "Social security and demographic trends: Theory and evidence from the international experience", *Review of Economic Dynamics*, 2006, 10(1).

② Laurence J. Kotlikoff, "Testing the Theory of Social Security and Life Cycle Accumulation", *The American Economic Review*, 1979, 69(3).

③ 参见穆怀中:《社会保障水平经济效应分析》,《中国人口科学》2018 年第 3 期。

④ 参见刘丁蓉:《财政社会保障支出与经济增长关联性研究:理论阐释与实证研究》,《财政监督》2013 年第 7 期;魏珍:《社会保障支出与经济增长关系的实证研究——基于 2007—2016 年省际面板数据的分析》,《新疆农垦经济》2018 年第 6 期。

⑤ 参见张勇:《我国社会保障支出的经济效应分析:1999—2013 年》,《社会保障研究》2015 年第 5 期。

⑥ 参见董拥军、邱长溶:《我国社会保障支出与经济增长关系的实证》,《统计与决策》2007 年第 8 期。

⑦ 参见于长革:《政府社会保障支出的社会经济效应及其政策含义》,《扬州大学学报(社会科学版)》2007 年第 9 期。

⑧ 参见赵建国、李佳:《财政社会保障支出的非线性经济增长效应研究》,《财政研究》2012 年第 9 期。

长的原因。① 杨杰、叶晓榕等通过构建中国省级面板数据模型,发现地区社会保障支出与经济增长呈正相关,但促进作用极为有限。②

(四)社会保障支出的劳动供给效应

社会保障和就业是两个最基本的民生问题,就业与社会保障之间相辅相成,相互影响。国外学者关于社会保障与就业的相互关系研究持有三种观点:第一种观点是在20世纪30年代的经济危机爆发之前,新历史学派、福利经济学派认为社会保障支出能够促进就业,但这一观点并没有得到充分的关注。直到凯恩斯从有效需求角度出发,阐述其对就业影响,社会保障对就业的经济意义才真正得到人们的重视。第二种观点是由于西方一些福利国家福利病的出现,使得新自由主义经济学派、现代货币学派、供给学派等认为社会保障对就业具有负影响。第三种观点是综合以上两者提出的适度的社会保障能够促进就业,政府有义务提供必要的社会保障,有效缓解市场失灵引发的社会矛盾,以此来保障良好的就业环境和平稳的经济发展水平;但如果社会福利过度,社会保障水平过高,反而会导致过高的失业率。

国内学者的相关研究则主要集中于定性分析。郑功成引用国外理论或做法,提出构建中国就业社会保障体系的建议。③ 徐振从影响经济增长的生产要素角度分析了财政社会保障支出对劳动供给的挤出效应,认为劳动供给的多少与社会保障支出无太大关系,主要受个人能力及主观偏好的影响。④ 有

---

① 参见崔大海:《我国财政社会保障支出与经济增长的相关关系研究》,《江淮论坛》2008年第6期。

② 参见杨杰、叶晓榕、宋马林:《社会保障财政支出与经济增长的关系研究——基于2003—2007年中国省级面板数据的实证分析》,《中国市场》2009年第28期。

③ 参见郑功成:《劳动就业与社会保障:中国基本民生问题的政策协调与协同推进》,《中国劳动》2008年第8期。

④ 参见徐振:《财政社会保障支出对资本和劳动供给的挤出效应分析》,《财会研究》2011年第19期。

些学者则通过实证分析结合中国经济发展现状,发现社会保障支出的增加对就业增长有长期显著的促进作用。[1]

二、养老保障支出经济效应研究综述

(一)养老保障支出收入分配效应

政府介入养老保障其中一个主要目的在于收入再分配。[2] 养老保障支出作为转移支付的一部分,对于私人转移支付来说具有显著的替代效应,尤其是发展中国家,[3]且养老保障支出的替代效应在南非、墨西哥已得到验证。[4] 现收现付制的养老保险模式可以实现代际内的收入再分配效应,完全基金制的养老保险模式则具有跨代的收入再分配效应。如何准确评估养老保险的收入再分配效应对评价养老保险制度改革的成本及效应是至关重要的。[5] 比如Lefèbvre通过比较分析欧洲国家的养老保险金代内再分配效应,发现由于各个国家养老保险制度不同,养老保险支出的代内再分配效应是不同的。[6]

国内学者认为,养老保障的收入分配效应包括在同一代人不同收入阶层之间的代内分配效应以及不同代人之间代际分配效应。[7] 对比现收现付制和

---

① 参见谭伟:《社会保障支出的就业效应:基于 VAR 模型的实证分析》,《商学院学报》2011 年第 6 期;李娜:《探讨中国残疾人社会保障制度现状及完善策略》,《法制与社会》2017 年第 9 期。

② P.A.Diamond,"A framework for social security analysis",*Journal of Public*,1977,8(3).

③ Donald Cox,Emmanuel Jimenez,"Social Security and Private Transfers in Developing Countries:The Case of Peru",*The World Bank Economic Review*,1992,6(1).

④ L.Juarez,"The effect of an old-age demogrant on the labor supply and time use of the elderly and non-elderly in Mexico",*Journal of Economic Analysis&Policy*,2010,10(1).Elliott Fan.,"Who Benefits from Public Old Age Pensions? Evidence from a Targeted Program",*Economic Development and Cultural Change*,2010,58(2).

⑤ Liebman,B.Jeffrey,"Redistribution in the current U.S.social security",*NBER Working Paper No.8625*,2001.

⑥ Lefebvre M.,"The Redistributive Effects of Pension Systems in Europe:A Survey of Evidence",*Luxembourg Income Study Working Paper Series*,2007.

⑦ 参见刘子兰:《养老社会保险制度再分配效应研究简述》,《消费经济》2011 年第 2 期。

完全基金制发现,现收现付制的再分配效应优于完全基金制,但完全基金制对资金的利用效率更高,两者存在着明显的互补性。[①] 其中现收现付制主要通过转移效应、替代效应、储蓄的挤出效应以及遗产效应来反映其代际再分配效应。[②] 虽然从宏观来看,养老保障制度具有缩小贫富差距,维护社会公平正义的再分配效应,但其主要是通过代际之间的再分配而实现的,并且长期终身制度的养老保险比年度制的养老保险的再分配效应更大。[③] 新农保制度推行之后,无论是城镇居民还是农村居民,所有参保人员都有获得增量财富的机会,第二代的财富明显向第一代转移,代际之间的再分配效应明显。[④] 尤其是对于缴费高、寿命长、经济困难的参保者的这种效应更为显著。[⑤] 究其原因,是政府负担的实际寿命内的基础养老金远远超过了原预期寿命内的金额。[⑥]

(二)养老保险支出经济增长效应

20 世纪 80 年代,智利作为养老金改革激发经济增长的成功案例,引起世界各国纷纷效仿。Holzmann、Schmidt-Hebbel 以智利作为研究对象得出[⑦]:由于智利的养老金改革带动了资本市场快速发展,显著提高了总要素生产率,进而促进本国经济增长。Hu 发现养老金可以通过增加资本存量,促进资本市场

---

① 参见刘昌平:《再分配效应、经济增长效应、风险性——现收现付制与基金制养老金制度的比较》,《财经理论与实践》2002 年第 4 期。

② 参见边恕、杨柳青、孙雅娜:《中国财政社会保障支出的就业效应研究》,《地方财政研究》2018 年第 12 期。

③ 参见何立新:《中国城镇养老保险制度改革的收入再分配效应》,《经济研究》2007 年第 3 期。

④ 参见沈毅:《农村社会养老保险收入再分配模型及实证分析——基于新农保的实践》,《改革与战略》2014 年第 9 期。

⑤ 参见王翠琴、薛惠元:《城乡居民基本养老保险内部收益率的测算与分析》,《华中农业大学学报》2018 年第 5 期。

⑥ 参见任雅娜、戴绍文:《我国新农保制度再分配效应研究》,《海南金融》2013 年第 7 期。

⑦ Robert Holzmann,"The World Bank Approach to Pension Reform",*International Social Security Review*,2000,53(1).

发展,改善经济增长效率和资源配置。① Walker、Lefort 通过研究新兴市场经济体的养老基金制发现:实行基金制的养老金制度可以减少投资的成本和风险,增加投资总量,实现经济增长。Davis 在研究 17 个 OECD 国家经济增长过程中得出结论,养老基金对经济增长有影响但没有显著的直接影响。Apilado 认为养老金促进经济增长是由于养老金有利于储蓄增加,养老金有利于增加个人储蓄和促进经济增长。

养老保险制度作为中国社会保障体系中的重要组成部分,其参保覆盖率和政策实施效果与经济增长水平密切相关。经济增长能够降低养老保险的经济成本,促进社会保障体系的进一步完善,养老保险制度的实施可以对经济发展起到促进作用。中国的养老保险制度分为完全基金制、部分基金制和现收现付制三种模式,不同模式的养老保险制度对经济增长的影响不尽相同②。杨继光、刘海龙等认为现收现付制在人力资本的积累具有优越性,能够对中国的经济发展产生长远影响,且完全基金制能够在短期内促进物质资本存量的增加。③ 郭明凯、龚六堂通过引入家庭养老机制得出不同结论,认为两种养老保险制度都能够在一定程度减轻家庭养老压力,进而结余更多资金流向人力资本投资,促进经济增长。④ 但现收现付制度所体现的替代效应更强。黄莹认为养老金制度能否促进经济增长,还要结合当时的经济环境,若储蓄率较高时,完全基金制度的养老保险政策不会降低储蓄,反而会进一步刺激储蓄率的上涨,不利于经济增长,因此具体政策的选择需要结合实际的国情。⑤ 万春、

---

① Yu-Wei Hu.,"China's Pension Reform:A Precondition Approach",*Global Economic Review*,2006,35(4).

② 参见彭曦:《社会保障、储蓄与经济增长理论与实证研究》,重庆大学 2017 年博士学位论文。

③ 参见杨继光、刘海龙、许友传:《基于内生经济增长的我国养老保险制度模型》,《上海交通大学学报》2008 年第 11 期。

④ 参见郭明凯、龚六堂:《社会保障、家庭养老与经济增长》,《金融研究》2012 年第 1 期。

⑤ 参见黄莹:《中国社会养老制度转轨的经济学分析——基于储蓄和经济增长的角度》,《中国经济问题》2009 年第 3 期。

许莉如果将个人账户仅看作储蓄的替代,那么缴费标准的提高则不具有威胁,反而应该警惕统筹账户对资本的分流作用。[①] 因此合理规划个人账户和统筹账户的组合形式及缴费比例是决定其经济效应的核心因素。还有学者认为中国现有的养老保险制度与经济发展的相互促进作用较为稳定,但是经济增长的地区差异性较为明显。[②]

(三)养老保险支出劳动供给效应

新古典经济学从个人的退休决策出发解释养老保险制度对劳动力供给的影响,得出不同结论:一种结论认为养老保险制度将部分年轻时赚取收入强制转移到年老时,会促进提前退休;相反结论认为养老保险制度因对受益年龄做了规定会抑制提前退休。两个结论皆认为是否退休的决策是以养老保险收益是否最大化为前提。[③] Gruber and Wise 实证分析得出养老保险与是否提前退休的关系不确定。[④] Burtless、Burtless & Moffit、Hausman & Wise、Burkhauser & Quinn 的研究均得出养老金增长对提前退休趋势的作用很小,甚至未发现此关系。[⑤] Crawford 基于风险规避的原则,实证分析发现养老金水平越高,养老保险制度越完善,减少劳动供给的意愿越强。[⑥] Packard 通过分析 18 个拉丁

---

① 参见万春、许莉:《养老保险制度城乡比较实证:差异性、稳定性与趋同性》,《统计与信息论坛》2018 年第 9 期。

② 参见唐慧、张晶:《养老保险与经济增长的长期联动效应分析》,《学术论坛》2019 年第 8 期。

③ Boskin.Michael J.,"Social Security and Retirement Descions",*Economic Inquiry*,1977,15(1).

④ Jonathan Gruber, David Wise, " Social Security and Retirement:An International Comparison",*The American Economic Review*,1998,88(2).

⑤ Gary Burtless,"Social Security,Unanticipated Benefit Increases,and the Timing of Retirement",*The Review of Economic Studies*,1986,53(5);Gary Burtless,Robert A.Moffitt,"The Joint Choice of Retirement Age and Postretirement Hours of Work",*Journal of Labor Economics*,1985,3(2);Richard V.Burkhauser,"BookReviews:Employer Pension Plan Membership and Household Wealth.By William R.Waters.Philadelphia:S.S.Huebner Foundation for Insurance Education",*Public Finance Review*,1983,11(4).Joseph F.Quinn,"Pension Wealth of Government and Private Sector Workers",*The American Economic Review*,1982,72(2).

⑥ Vincent P.Crawford, David M.Lilien," Social Security and the Retirement Decision ",*The Quarterly Journal of Economics*,1981,96(3).

美洲国家的数据发现,当现收现付制向完全积累制转变后,长期看可以促进劳动力供给,但短期效应不明显。当英国由职业养老基金制度转为个人养老基金制度时,劳动力供给的流动性增强。[1]

国内学者通过对中国就业数据的实证分析,得出以下结论:当养老保险的缴费率增加时,国有企业的就业增长率随之下降,[2]制造业企业雇佣人数下降,且企业工资越低效应越明显。[3] 当养老金水平提高时,现行制度会刺激职工在法定年龄退休,甚至在允许的条件下选择提前退休,[4]养老金每增加1%,职工预计退休时间就会提前 1.2 个月。[5] 但也有学者提出了相反的结论,车翼通过调研 2004 年青岛市劳动力供给发现,即使有养老保险作为可靠保障,45 岁以上的就业者仍更倾向于继续工作。[6] 而中国养老保险制度由于统筹层次不高,各地区之间条块分割严重,也严重阻碍了劳动力的流动。[7]

(四)养老保险支出的消费储蓄效应

生命周期理论认为居民终生预期收入决定其消费水平,而养老保障可以起到代替储蓄、促进消费的作用。[8] Feldstein 认为养老保险制度对居民储蓄与消费的影响是养老保障对居民储蓄的"挤出效应",和因刺激职工提前退休

---

① Richard Disney, "Public Pension Reform in Europe: Policies, Prospects and Evaluation", *Journal of World Economy*, 2003, 26(10).

② 参见杨俊:《养老保险和工资与就业增长的研究》,《社会保障研究》2008 年第 2 期。

③ 参见马双、孟宪芮、甘犁:《养老保险企业缴费对员工工资、就业的影响分析》,《经济学》2014 年第 3 期。

④ 参见王泽英:《我国基本养老保险制度的公平问题探析》,《中州学刊》2004 年第 11 期。

⑤ 参见刘子兰:《养老保险对劳动供给和退休决策的影响》,《经济研究》2019 年第 6 期。

⑥ 参见车翼:《老年劳动者劳动供给行为的 Logistic 经验研究》,《数量经济技术经济研究》2007 年第 1 期。

⑦ 参见杨晶、郭兵:《农民工养老保险关系转移接续问题研究》,《北方经济》2009 年第 5 期。

⑧ Albert Ando, Franco Modigliani, "The 'Life Cycle' Hypothesis of Saving: Aggregate Implications and Tests", *The American Economic Review*, 1963, 53(1).

而在职期间增加储蓄的"退休效应"相互博弈的结果。[1] 并且影响居民消费的因素较为复杂,养老保障制度可以通过降低未来的不确定性以刺激居民的消费。[2] 在实证研究方面,Blake[3]、Aydede[4]、Chamon[5] 分别对英国、土耳其和中国的相关数据进行分析,表明养老保险能够在一定程度上"挤出"私人储蓄,促进消费。美国与欧洲每增加 1 元的养老保障金,私人储蓄将降低 47—67 美分。[6] 也有不同观点考虑预防性效应提出,普通家庭会减少消费,增加储蓄,且该效应相较于富裕家庭更为明显。[7] 由于养老保障制度不完善,居民终生收入预期不定,因此对消费储蓄的影响并不明显。[8]

国内大部分学者认为养老保障支出对居民消费有一定的促进作用。养老保险支出对城镇居民的消费有较大的乘数效应,[9]特别是对平均年龄 60 岁以上的家庭和健康状况较差的家庭有着更为显著的影响。[10] 这种影响主要体现

① Martin Feldstein, "Social Security, Induced Retirement, and Aggregate Capital Accumulation", *Journal of Political Economy*, 1974, 82(5).

② Hayne E.Leland, "Saving and Uncertainty: The Precautionary Demand for Saving", *The Quarterly Journal of Economics*, 1968, 82(3); Zeldes.P., "Consumption and Liquidity Constraints: An Empirical Investigation", *Journal of Political Economy*, 1989, 97(1); R.Glenn Hubbard, Jonathan Skinner, Stephen P.Zeldes., "Precautionary Saving and Social Insurance", *Journal of Political Economy*, 1995, 103(2).

③ David Blake, "The impact of wealth on consumption and retirement behaviour in the UK", *Applied Financial Economics*, 2004, 14(8).

④ Yigit Aydede, "Aggregate consumption function and public social security: the first time-series study for a developing country", *Journal of Economics*, 2008, 40(14).

⑤ Marcos D.Chamon, Eswar S.Prasad, "Why Are Saving Rates of Urban Households in China Rising?", *American Economic Journal: Macroeconomics*, 2010, 2(1).

⑥ Gary V.Engelhard, Anil, Kumar, "Pension and Household Wealth Accumulation", *Journal of Human Resources*, 2011, (1).

⑦ Michael J.Boskin, "Social Security and Retirement Descions", *Economic Inquiry*, 1977, 15(1).

⑧ Rob Alessie, Viola Angelini, Peter van Santen., "Pension wealth and household savings in Europe: Evidence from SHARELIFE", *European Economic Review*, 2013, (63).

⑨ 参见杨河清、陈汪茫:《中国养老保险支出对消费的乘数效应研究》,《社会保障研究》2010 年第 3 期。

⑩ 参见贺立龙、姜召花:《新农保的消费增进效应——基于 CHARIS 数据的分析》,《人口与经济》2015 年第 1 期。

在家庭的日常生活消费上,对更高层次的消费影响不大①。养老金每增加 1%,当期老人的消费会增加 0.218%,并且对不同地区的老人的消费效应具有异质性。② 也有学者指出养老保险金的缴费金额会抵消养老保险政策对消费的促进作用,总体来看应是负向影响。③ 在储蓄方面,随着老年人口的增多,实际缴费率的上升,养老保险对居民的储蓄具有明显的抑制作用。④ 具体来说,养老保险制度对储蓄存在着 0.3 到 0.4 的替代作用,这种作用对 35 到 49 岁的户主家庭影响最为显著,当预期寿命上升时,国民储蓄率会随之增加。⑤ 如果在此基础上考虑时间因素,老年抚养比与储蓄负相关,少儿抚养比与储蓄正相关。⑥ 但是老龄化对城镇与农村居民的储蓄影响存在差异,一方面会提高城镇居民的储蓄,另一方面降低农村居民的储蓄。⑦ 也有学者提出了不同的观点,认为养老保险对储蓄的影响并不显著。⑧ 虽然对储蓄有一定的"挤出效应",但缺乏弹性。⑨ 在综合考虑少儿抚养比、养老保险覆盖率、养老保险缴费率的情况下,养老保险对中青年和老年储蓄的影响是相反的,因此不会减少总体储蓄。⑩

---

① 参见岳爱、杨矗、常芳、田新、史耀疆、罗仁福、易红梅:《新农保对家庭日常费用支出的影响》,《管理世界》2013 年第 8 期。

② 参见薛智韵:《新农保对农村老年居民消费的影响研究》,《江西社会科学》2019 年第 4 期。

③ 参见白重恩:《中国养老保险缴费对消费和储蓄的影响》,《中国社会科学》2012 年第 8 期。

④ 参见赵昕东、王昊、刘婷:《人口老龄化、养老保险与居民储蓄率》,《中国软科学》2017 年第 8 期。

⑤ 参见何立新:《养老保险改革对家庭储蓄率的影响:中国的经验证据》,《经济研究》2008 年第 10 期。

⑥ 参见范叙春、朱保华:《预期寿命增长、年龄结构改变与我国国民储蓄率》,《人口研究》2014 年第 2 期。

⑦ 参见胡翠:《人口老龄化对储蓄率影响的实证研究——基于来自中国家庭的数据》,《经济学》2014 年第 4 期。

⑧ 参见李雪增:《养老保险能否有效降低家庭储蓄——基于中国省际动态面板数据的实证研究》,《厦门大学学报》2011 年第 3 期。

⑨ 参见胡颖、齐旭光:《中国社会保险与居民储蓄关系的实证研究》,《广东商学院学报》2012 年第 3 期。

⑩ 参见杨继军、张二震:《人口年龄结构、养老保险制度转轨对居民储蓄率的影响》,《中国社会科学》2013 年第 8 期。

三、医疗保障支出经济效应研究综述

(一) 医疗保障支出的消费效应

关于医疗保障支出对居民消费的影响,国外大部分学者认为医疗保障支出对居民消费具有积极作用。Kotlikoff、Hubbard 发现不确定的医疗费用支出会对个人的储蓄产生很大的影响,而医疗保障恰恰可以减弱医疗费用的不确定性。[①] Gruber、Yelowitz 通过对比 20 世纪 80—90 年代美国的基本医疗保障项目 Medicaid 的数据以及家庭消费数据,发现越容易得到医疗保障的家庭越倾向于减少持有财产的数量,并增加消费。[②] 也有其他学者证明了美国医疗救助计划对于增加家庭消费、减少其预防性储蓄的有效作用。Gertler、Gruber 发现在医疗保障制度不完善的地区,随着居民患大病的概率的增加,其消费支出会随之减少。Wagstaff、Pradhan 在对越南进行分析时,发现越南在实行健康保险后,非医疗消费增加,其中非食品类消费增加程度最大,体现出健康保险制度对于消费的刺激作用。[③] 也有学者通过实证分析得到不同结果,比如 Stsrt-Mccluer 通过英国的相关数据发现,购买医疗保险的家庭会比没有购买医疗保险的家庭持有更多的储蓄。[④]

而国内学者就医疗保障支出的消费效应则得出三种结论:一是认为医疗保障支出具有显著的消费效应。黄学军、吴冲锋通过建立两期模型,发现政府

---

① Kotlikoff, L., " Health Expenditures and Precautionary Savings ", *NBER Working Paper Available at SSRN*: *http://ssrn. com/abstract* = 344805. Glenn Hubbard, Jonathan Skinner, StephenP. Zeldes, "Precautionary Saving and Social Insurance", *Journal of Political Economy*, 1995, 103(2).

② Jonathan Gruber, Aaron Yelowitz, "Public Health Insurance and Private Savings", *Journal of Political Economy*, 1999, 107(6).

③ Wagstaff. A., M.Pradhan, "Health Insurance Impact on Health and NonmedicalConsumption in a Developing Country", *World Bank Policy Research Working Paper NO.*3563, *Available at SSRN*, 2005.

④ Martha Starr-McCluer, " Health Insurance and Precautionary Savings ", *Journal of The American Economic Review*, 1996, 86(1).

多负担 1% 的医疗费用,居民的消费就会增加 1.6%—1.7%。① 周钦、袁燕以有无享受医疗保障为差别点,发现享受医疗保障的居民要比未享受医疗保障的居民多消费。② 李晓嘉通过 CFPS 微观调查数据发现医疗保障支出对于中低收入家庭消费的刺激强于高收入家庭。二是认为医疗保障支出具有储蓄效应。③ 解垩通过实证分析发现医疗保障支出具有促进居民增加储蓄而不是消费的作用,究其原因可能是中国的医疗风险并没有随着医疗保障的推行而降低。④ 三是医疗保障支出对居民消费的促进作用不确定。朱铭来、奎潮论证了医疗保险的资产替代效应对消费存在促进和抑制两个方向的影响,医疗保障对于消费的作用最终取决于正反两个方向的相互作用的"净值"。⑤ 沈晓燕通过实证分析发现不同区域的城镇居民医疗保障对于居民消费的影响方向是不一致的,在陕西、甘肃、新疆三个省份城镇居民医疗保障对居民消费表现为挤出效应而在其他省市则表现为挤入效应。⑥

(二)医疗保障支出的收入分配效应

国外很多学者通过运用自己所在的国家和地区的实际数据,进行了实证分析,得出医疗保障使穷人的收益更多,居民之间的收入差距会缩小。因为医疗保障制度使低收入人群看得起病,提升其健康水平,进而提高其人力健康资

---

① 参见黄学军、吴冲锋:《社会医疗保险对预防性储蓄的挤出效应研究》,《世界经济》2006年第 8 期。

② 参见周钦、袁燕:《医疗保险对我国城市与农村家庭消费影响的实证研究》,《中国卫生经济》2013 年第 10 期。

③ 参见李晓嘉:《城镇医疗保险改革对家庭消费的政策效应——基于 CFPS 微观调查数据的实证研究》,《北京师范大学学报(社会科学版)》2014 年第 6 期。

④ 参见解垩:《城镇医疗保险改革对预防性储蓄有挤出效应吗?》,《南方经济》2010 年第 9 期。

⑤ 参见朱铭来、奎潮:《医疗保障对居民消费水平的影响——基于省级面板数据的实证研究》,《保险研究》2012 年第 4 期。

⑥ 参见沈晓燕:《我国城镇居民基本医疗保险对储蓄挤出效应区域差异研究》,广州中医药大学 2017 年博士学位论文。

本创造收入的能力。[1] 建立一个公民广泛参与的医疗保险体系,可以让不同收入状况和健康状况的人群共同承担医疗风险,促使医疗保障的收入分配作用从覆盖面、筹资方式和补偿方式等方面都能够得以发挥。[2]

国内大多数学者认为医疗保障支出的确是可以缩小居民收入差距的。[3] 因为医疗保障的存在可以有效减少医疗费用的自付比例,缓解疾病对家庭收入造成的重大冲击。[4] 但也有学者认为医疗保障会加大居民收入差距。因为只有在接受医疗服务时,居民才可以享受医疗保障的补贴。而穷人的医疗消费少于富人,所以富人往往从医疗保障中更多获益,医疗保障的存在促使收入差距扩大。

(三)医疗保障支出的减贫效应

医疗保险为患者承担一部分医疗费用,直接性减少患者的经济损失。[5] Hamid 根据孟加拉国相关数据分析微型医疗保险的减贫效应,得出医疗保障可以提升健康水平、进而提高劳动收入,减少家庭贫困率。[6] Ranson、Finkelstein & Mcknight 通过实证分析得出,医疗保障有利于减少贫困,缓解因

---

① Liu Gordon G, Dow William H, Fu Alex Z, Akin John, Lance Peter, "Income Productivity in China: on the Role of Health", *Journal of health economics*, 2008, 27(1). Lindelow, M. & Wagstaff, A., "Health Shocks in China: Are the Poor and Uninsured Less Protected?", *Word Bank Working paper*, 2005.

② Schoen Cathy, Doty Michelle M., "Inequities in Access to Medical Care in Five Countries: Findings from the 2001 Commonwealth Fund International Health Policy Survey", *Journal of Health Policy*, 2004, 67(3).

③ 参见朱玲、金成武:《全球金融危机下的收入分配政策选择》,《理论前沿》2009 年第 15 期。参见胡金伟、庄国宁、马春晓:《新型农村合作医疗定位及其重构理论研究》,《卫生软科学》2008 年第 3 期。参见谭晓婷、钟甫宁:《新型农村合作医疗不同补偿模式的收入分配效应——基于江苏、安徽两省 30 县 1500 个农户的实证分析》,《中国农村经济》2010 年第 3 期。

④ 参见高梦滔、姚洋:《健康风险冲击对农户收入的影响》,《经济研究》2005 年第 12 期。

⑤ J.S. Weissman, A.M. Epstein, *Falling through the Safety Net: Insurance Status and Access to Health Care*, Johns Hopkins University Press, 1994, 89-90.

⑥ Syed Abdul Hamid, Jennifer Roberts, Paul Mosley, "Can Micro Health Insurance Reduce Poverty? Evidence From Bangladesh", *Journal of Risk and Insurance*, 2011, 78(1).

病致贫的可能性。① 但也有小部分学者认为医疗保障对于减少贫困无作用甚至存在反向作用。②

在国内现存的关于医疗保障的减贫效应的研究当中,看到城乡居民医疗保障的减贫效应是不同的。医疗保障对于城镇的年贫困人口的减贫效应很显著,但对于农村老年贫困人口,医疗保障减贫效应并不明显。③ 究其原因:一是农村医疗保障制度建立时间不长,农村医疗保障制度自身的保障水平低下;④二是2016年城镇居民基本医疗保险和新农合制度开始合并,合并后的城乡居民基本医疗保险并没有改善城乡间的医疗服务差距,以致农村地区医疗保障的减贫效应进一步受到制约。⑤

(四)医疗保障支出的劳动供给效应

由于医疗保险存在的前提是劳动者为用人单位工作了一定的时间,且企业不仅为员工提供医疗保险还为他的家人提供,这就会激励劳动者投入到工作中。⑥ 医疗保险使劳动者可以及时充分地得到医疗救治,减少重大疾病的发生,提升自身健康程度,增加劳动者的劳动参与和劳动时间。⑦ 但政府所提供的公

---

① Michael Kent Ranson, "Reduction of Catastrophic Health Care Expenditures by a Community-based Health Insurance Schme in GujaratIndia:Current Experiences and Challenges", *Bulletion of the World Health Organization*, 2002, 80(8). Finkelstein, R.Mcknight, "What Did Medicare Do(and Was It Worth It)", *NBER Working Paper*, No.11609, 2005.

② Wagstaff Adam, "The Economic Consequences of Health Shocks:Evidencefrom Vietnam", *Journal of health economics*, 2007, 26(1).

③ 参见程杰:《社会保障对城乡老年人的贫困削减效应》,《社会保障研究》2012年第3期。

④ 参见鲍震宇、赵元凤:《农村居民医疗保险的反贫困效果研究——基于PSM的实证分析》,《江西财经大学学报》2018年第1期。

⑤ 参见刘小鲁:《中国城乡居民医疗保险与医疗服务利用水平的经验研究》,《世界经济》2017年第3期。

⑥ Bradley Cathy J, Neumark David, Barkowski Scott, "Does Employer-provided Health Insurance Constrain Labor Supply Adjustments to Health Shocks? New Evidence on Women Diagnosed with Breast Cancer", *Journal of Health Economics*, 2013, 32(5).

⑦ Allan Dizioli, Roberto Pinheiro, "Health Insurance as a Productive Factor", *Journal of Labour Economics*, 2016, 40.

共医疗保险相当于通过政府转移性支出的增加来增加劳动者的非工资收入,居民可能会选择用更多的闲暇时间来代替劳动,以期获得更多的政府免费福利。[1]还有学者认为公共医疗保险对于居民劳动力供给的影响是不确定的。是促进或是抑制居民参与劳动,取决于人们在享有公共医疗保险的前提下,对于把时间花费在闲暇或者是劳动上,给自己带来的边际效用的大小。[2] 完善的医疗保障制度是吸引外来劳动力的一个巨大优势,尤其对于流动人口居多的城市来说,医疗保障对于吸引劳动力的作用更加明显。[3] 医疗保障可以通过影响健康冲击进而影响劳动供给,在相同的健康冲击水平下,享受城镇居民/新农合医疗保险的劳动者、享受公费医疗保险的劳动者以及享受城镇职工医疗保险的劳动者,其劳动时间随着医疗费用上升而减少的程度依次降低,且享受城镇职工医疗保险的劳动者,劳动力供给相对更加稳定。[4] 但是,根据现有文献来看医疗保障对于健康的影响十分复杂,并不是单纯的一种关系。

四、最低生活保障支出经济效应研究综述

(一)最低生活保障支出劳动供给效应

当前中国最低生活保障制度主要关注于保障低保人群的生活方面需要,而缺乏对低保人群劳动能力的培养提升。国外在社会救助上的丰富实践经验要继续学习借鉴。T. Lemieux、K. Milligan 通过分析加拿大的劳动力市场调查数据发现,力度较大的最低生活保障会使男性就业率减少,尤其是那些没有养

① Boyle Melissa A, Lahey Joanna N., "Health Insurance and the Labor Supply Decisions of Older Workers: Evidence from a U.S. Department of Veterans Affairs Expansion", *Journal of public economics*, 2010, 94(7).

② Ahearn M C, Williamson J M, Black N., "Implications of Health Reform for Farm Businesses and Families", *Journal of Economic Perspectives and Policy*, 2015, 37(2).

③ 参见王金营、李竞博、石贝贝、曾序春:《医疗保障和人口健康状况对大城市劳动供给影响研究——以深圳市为例》,《人口与经济》2014年第4期。

④ 参见张利库、王录安、刘晓鸥:《基于医疗保障差异的健康冲击与劳动力供给——以中国 2011—2013 年劳动力市场为对象》,《中国软科学》2017年第7期。

育子女负担且没有接受高等教育的男性，这些男性的就业率会减少 3%—5%。[1] O.Bargain，K.Doorley 发现法国的最低收入标准（RMI）制度，使得达到待遇领取条件的没有接受过教育的单身男性就业率下降了 7%—10%。[2] Stack 通过对许多国家社会救助政策及具体实施状况展开研究，发现不管国家的经济达到哪一阶段，政府指导思想一定要平衡好各个方面。但国外也有少数学者持相反结论，S.W.Parker 通过对墨西哥 1997 年进行的大型反贫困项目相关数据发现，这个项目并没有让成年人的劳动力市场参与率下降，反而使每周成年男性工作的时间延长两个小时。[3] 也有部分学者得出中性结论，就业率的下降似乎关键在于经济结构条件和劳动力市场，而不在于补助金的发放。[4]

国内对低保制度的劳动力供给效应的研究结论大致也可以分为三类，第一类认为低保制度对劳动力供给有抑制作用；第二类认为低保制度能够促进低保人群就业；第三类结论则是在两者中间的"中性"结论，有些学者认为低保制度既不会抑制低保对象就业，也不会促进低保对象就业。但三种结论中，大部分学者认为低保制度对就业具有抑制作用。慈勤英基于湖北和辽宁的低保调查数据，得出低保制度降低了低保对象的再就业意愿，提升了其失业的可能，城市的低保制度出现了一定的福利依赖现象。[5]

（二）最低生活保障支出的收入分配效应

19 世纪，随着《新济贫法》在英国的发布，社会救助开始在西方国家中逐

---

① 　T.Lemieux，K.Milligan，"Incentive Effects of Social Assistance：A Regression Discontinuity Approach"，*Journal of Econometric*，2008，142（2）.

② 　O.Bargain，K.Doorley，"Caught in the Trap？Welfare's Disincentive and the Labor Supply of Single Men"，*Journal of Public Economics*，2012，95（9）.

③ 　S.W.Parker，"The Impactof Progress on Work，Leisure，and Time Allocation"，*Washington DC：International Food Policy Research Institute*，2000.

④ 　R.Surender，M.Noble，G.Wright，et al.，"Social Assistance and Dependency in South Africa：an Analysis of Attitudes to Paid Work and Social Grants"，*Journal of Social Policy*，2010，39（2）.

⑤ 　参见慈勤英：《失业者的再就业选择——最低生活保障制度下的成本收益分析》，《学习与实践》2006 年第 1 期。

渐发展。M.Gouveia & C.F.Rodrigues 在剔除个体的行为下,考察了葡萄牙最低生活保障支出对收入分配的影响,发现最低生活保障支出使葡萄牙的基尼系数减少了 1.2%。[1] Caminada K.&K.Goudswaard 结合泰尔指数、基尼系数以及阿特金森指数量化荷兰社会救助政策的收入再分配效应,结果显示 1996 年荷兰的社会救助政策使其基尼系数减少 8%左右。[2] 但在南非,社会救助的收入分配效应没有达到理想的效果,社会救助只使得泰尔指数降低了 1%,主要原因就是高收入群体导致的收入不平等。[3] Nelson K.测算了德国、英国、意大利、芬兰、法国的最低生活保障支出和收入分配之间的关系,结果显示最低生活保障支出使英国基尼系数降低了 10.55%,使意大利的基尼系数仅降低 0.5%。[4] Chen W.&K.Caminada 研究了 OECD 组织的 36 个成员国社会救助的收入分配效应,结果表明,进行社会救助后,36 个国家的基尼系数平均降低了 7%,其中加拿大、美国和英国等国家社会救助发生了较强收入再分配的效应。

由于中国最低生活保障制度的建立、实施较晚,相关数据较为缺乏,国内关于最低生活保障支出收入分配的效应研究较少,大部分研究认为最低生活保障支出能够改善收入分配。夏庆杰、宋丽娜等通过评估测算失业津贴、生活救助和最低生活保障对收入不平等产生的影响,发现失业津贴、生活救助和最低生活保障支出有助于改善收入不平等,但改善程度不大。[5] 陈建东、马骁等[6]及陈

① Surender R., Noble M., Wright G, et al., "Social Assistance and Dependency in South Africa: an Analysis of Attitudes to Paid Work and Social Grants", *Journal of Social Policy*, 2010, 39(2).

② Caminada K., K.Goudswaard, "Social Policy and Income Distribution: An Empirical Analysis for the Netherlands", *Department of Economics Research Memorandum No.99*, 1999.

③ Armstrong P.and C.Burger, "Poverty, Inequality and the Role of Social Grants: An Analysis using Decomposition Techniques", *Stellenbosch Economic Working Papers*, 2009. No.15

④ Nelson K.Minimum, "Income Protection and Low-Income Standards: Is Social Assistance Enough for Poverty Alleviation?", *Scandinavian Working Papers in Economics*, 2009. No.9.

⑤ 参见夏庆杰、宋丽娜、Simon Appleton:《中国城镇贫困的变化趋势和模式:1988—2002》,《经济研究》2007 年第 9 期。

⑥ 参见陈建东、马骁、秦芹:《最低生活保障制度是否缩小了居民收入差距》,《财政研究》2010 年第 4 期。

建东、杨雯等[1]发现中国的城市最低生活保障制度能够在一定程度上抑制收入分配差距,可以使得基尼系数下降1%。陈宗胜、文雯等基于中国家庭收入调查的实证分析发现城市最低生活保障使基尼系数有所降低,但是下降幅度不大,低收入之间贫富关系因为最低生活保障的补助发生了改变。[2]

(三)最低生活保障支出的减贫效应

在20世纪50年代,国外学者对最低生活保障支出的减贫效应就开始进行研究,大多数学者都认为社会救助能够缓解贫困,但由于各个国家的实际情况不同,研究结果有所差异。M.Gouveia & C.F.Rodrigues 把中间收入的50%当作是贫困线,考察葡萄牙最低生活保障支出的减贫效应,发现最低生活保障支出降低了葡萄牙的贫困指数,有着显著的减贫效果。[3] 证明有条件的现金转移支付的救助方式能够显著提高收入、缓解人们的贫困。[4] A.Szulc 以波兰为研究样本,发现社会救助可以帮助贫困人口脱离贫困,并且预防不是贫困人口的人陷入贫困。Hannan Pradhan 通过孟加拉国 1996—2010 年相关数据得出,提升社会救助水平可以降低贫困发生率。[5] 也有学者持有不同观点,认为最低生活保障支出的减贫效应不明显,甚至还有一些学者认为最低生活保障支出存在着负效应。B.S.Rowntree & G.R.Lavers 通过对社会救助政策的有效性研究,发现当时的社会救助政策给予贫困人口的救助力度不到位时,将无法

---

[1] 参见陈建东、杨雯、冯瑛:《最低生活保障与个人所得税的收入分配效应实证研究》,《经济体制改革》2011年第1期。

[2] 参见陈宗胜、文雯、任重:《城镇低保政策的再分配效应——基于中国家庭收入调查的实证分析》,《经济学动态》2016年第3期。

[3] M.Gouveia and C.F.Rodrigues, "The impact of a 'Minimum Guaranteed Income Program' in Portugal. Department of Economics at the School of Economics and Management (ISEG)", *Technical University of Lisbon Working Papers*, No.3,1999.

[4] L.B.Rawlings, "A New Approach to Social Assistance:Latin America's Experience with Conditional Cash Transfer Programmers", *International Social Security Review*,2005,58(2-3).

[5] Hannan Pradhan, "An Investigation of Social Safety Net Programs as Means of Poverty Alleviation in Banglades", *Asian Social Science*,2013,9(2).

保障贫困人口的基本生活。[1]

　　国内学者就最低生活保障支出的减贫效应研究方面,基于不同的数据得出不同的结论。早期的一些学者基于定性研究的分析方法,从理论的层面上论证最低生活保障支出的减贫效应,他们认为最低生活保障支出在缓解贫困人群的贫困状况以及保障社会稳定、公平方面发挥了重要的积极作用。[2] 近几年来,伴随中国最低生活保障有关的微观数据的调查丰富开展,有关于最低生活保障支出的减贫效应以及瞄准效果方面的定量研究不断深入。Chen S. & Wang Y. 发现中国的最低生活保障支出显著降低贫困发生率,且减贫效果要优于其他发展中国家。[3]

　　综合上述,发现国内外学者就社会保障总支出以及社会保障分项目支出的经济效应的理论研究较为充足;但由于采用的实证研究方法、数据来源不同,使得实证研究结果存在很大差异。这为后续农村社会保障支出经济效应的研究提供了理论依据及参考。从现有国内外研究成果可以看出,对社会保障支出以及社会保障分项目支出的研究大多不分区域、不分时期;但是中国是一个地大物博的国家,区域间经济差异、人文差异、社会差异以及城乡差异皆很大,若对中国社会保障支出的相关数据不做区分,直接进行实证分析,所提供的对策建议会缺乏针对性,政策效果会打折扣。另外,近些年来,农村社会保障体系改革不断深入,农村社会保障支出不断加大,区域间农村社会保障资源配置差异较大,针对农村社会保障支出变化以及分项目支出变化所带来的经济效应的研究不多,缺少对农村社会保障支出政策改革经验的总结。

---

　　[1]　B.S.Rowntree, G.R.Lavers, *Poverty and the Welfare State*, Longmans, 1951.

　　[2]　参见王卫平等:《社会救助学》,群言出版社 2007 年版。参见祝建华:《城市居民最低生活保障制度的理念转型与目标重构》,《中州学刊》2009 年第 5 期。参见刘喜堂:《当前我国城市低保存在的突出问题及政策建议》,《社会保障研究》2009 年第 4 期。参见张浩淼:《转型期中国最低生活保障制度发展研究》,上海交通大学出版社 2010 年版。

　　[3]　Chen S., Wang Y., Ravallion M.Di Bao, "A Guaranteed Minimum Income in Urban China?" *Policy Research Working Paper*, 2006.

第三节　主要内容与创新之处

一、主要内容

首先,采用归纳分析法、逻辑分析法对农村社会保障支出理论的脉络进行梳理。其次,结合中国农村社会保障制度的改革进程,运用相关性分析法,以判断的形式初步确认中国农村社会保障支出政策的结果。再次,根据农村社会保障支出以及农村社会保障分项目支出的特点、功能,分别对其所带来的经济效应进行简要梳理并且就其中某一经济效应选择不同的计量经济分析方法着重分析,更为准确揭示农村社会保障支出以及农村社会保障分项目支出与经济变量间的内在联系。所使用的计量方法有收敛性分析、面板 OLS 模型、动态 GMM 模型、HCW 模型等。最后运用比较分析法,观察实证结果与理论结果的差异,并剖析其深层次原因,提出农村社会保障制度完善的政策建议。

在本书中,主要的结构安排如下:

第二章中国农村社会保障支出经济效应理论基础。梳理西方经济学社会保障理论、公共财政理论、中国社会保障支出理论以及社会保障支出的经济效应理论,为后续的中国农村社会保障支出经济效应的研究奠定理论基础。

第三章中国农村社会保障支出政策的制度背景。分阶段、分项目梳理中国农村社会保障制度体系建立与完善的整个过程,以及中国公共财政与农村社会保障体系的发展历程与现状,对中国农村社会保障支出政策的演变过程建立起较为完整、基本的认识,并对中国农村社会保障支出的经济效应做出初步判断。

第四章农村社会保障支出经济效应研究。将农村社会保障支出看作一个整体,分析农村社会保障支出的现状,分别从消费效应、劳动力供给效应以及收入分配效应三个方面展开对现有农村社会保障支出的经济效应进行分析。

基于农村社会保障支出职能的考虑,着重对农村社会保障支出的收入分配效应进行深入研究。

第五、六、七章为新农保支出、新农合支出以及农村最低生活保障支出的经济效应研究。分别对三个项目的运行现状、支出现状以及支出保障水平分区域进行分析,并对三个项目所带来的不同经济效应进行梳理,结合项目政策目标,分时期、分区域分别相应地着重对储蓄效应、消费效应、减贫效应进行深入研究,得出相应实证结论,并根据现状分析及实证结论,发现三个项目支出本身存在的问题以及制度本身存在的问题。

第八章政策建议。分别就三个项目支出存在的问题,给予具体完善的制度建议。

二、创新之处

视角方面,中国社会保障制度体系的建设与完善历经了城乡二元社会保障结构制度体系的建立,以及城乡社会保障统筹发展制度体系的完善两个阶段,目前正逐步实现城乡社会保障制度的一体化。本书以中国农村社会保障制度演进为脉络,梳理农村社会保障支出政策的演变过程。由于现有的农村社会保障体系的建立与完善实际是从2002年党的十六大召开以后,本书以2003年为数据研究起点,结合城乡社会保障制度的二元化特征,针对性分析农村社会保障支出对农村居民、农村经济的影响。

内容方面,一改只将社会保障支出作为整体研究其经济效应的做法,以农村社会保障分项目的制度改革为时间节点,分项目、分区域甚至分时期考察农村社会保障支出,以及农村社会保障分项目支出政策变迁过程中所带来的各种经济效应,根据数据特征,结合实际情况,采用不同的实证模型,得出相应结论,提出探索性的研究成果,就研究过程中所发现的问题,提出相应的政策建议。

第二章 中国农村社会保障支出 经济效应理论基础

第一节 社会保障理论

社会保障理论源远流长,古今中外很多学者都提出了自己的社会保障思想和理论。中国古代的思想体系中即体现着社会保障的思想萌芽,从孔子所描述"大同社会"时所说的:"大道之行也,天下为公,人不独亲其亲,不独子其子,使老有所终,壮有所用,幼有所长,鳏寡孤独废疾者皆有所养。"到孙中山的"三民主义"中的民生主义都体现了这一点。在西方,从古希腊时代开始,社会保障思想就已经存在,古希腊哲学家柏拉图所作《理想国》一书中就描述了这样一个财产共有,使人民皆有所养的国家。到十七八世纪,空想社会主义的学者和人文主义的兴起,提出了改变社会不平等,实现公平和谐发展的思想,为现代社会保障理论提供了最基本的思想基础。随着资本主义的发展,"圈地运动"开始,大量农民失去土地成为无产者,无产者失业、伤残、贫困和年老成为影响社会稳定的社会问题,资本主义为了进一步巩固自身统治,社会救济活动发展起来,这一活动成为现代社会保障理论的现实基础。由此,以经济学、社会学、政治学等理论为基础的西方现代社会保障理论建立起来,各种西方学术流派在这一理论领域均有建树,产生了深刻影响。

一、福利经济学社会保障理论

英国经济学家庇古在 1920 年出版了《福利经济学》一书,标志着福利经济学的诞生。庇古的旧福利经济学中用边际效用的理论分析了国民收入的效用,由于边际效用递减规律,随着某种商品或服务消费数量的增加,人们从中获取的效用的增量到达一定程度后就会减少,由此可以得出结论:增加富人的收入所带来的效用的增量小于增加穷人的收入所带来的效用的增量,因此,整体国民收入越高,国民收入越均等,社会福利越大。从这一角度,庇古主张由国家采取一系列的社会保障政策,通过社会保险和社会救济等途径实现财富与资源由富人向穷人转移,从而达到增加社会福利的目的。

新福利经济学起源于意大利经济学家帕累托的经济思想。帕累托提出了帕累托最优的概念,用以衡量社会福利。新福利经济学建立的帕累托最优分析模型对完善社会保障制度、改进收入分配具有很强的理论指导意义。1942 年英国经济学家贝弗里奇帮助英国政府策划战后社会保障计划,公布了《社会保险与相关服务报告书》。该《报告书》具有里程碑式的意义,它建立的福利国家社会保障模式,成为了 20 世纪 40 年代西方发达国家发展社会保障的普遍模式。《报告书》以社会保险为核心原则,其核心思想是建立一个全面、系统的社会保障体系,把社会保障作为全体公民的权利,并明确了社会保障应作为国家责任,这对日后世界各国社会保障制度体系的建设产生了深远影响。

二、凯恩斯主义社会保障理论

20 世纪 30 年代世界性的资本主义经济危机席卷全球,亚当·斯密所代表的自由经济学说受到冲击,凯恩斯的国家干预经济的宏观经济学说应运而生。在凯恩斯的代表作《就业、利息与货币通论》一书中,凯恩斯提出了一个国家的生产与就业取决于有效需求,但由于存在流动性偏好陷阱,有效需求不足,引起了经济危机的出现。要想解决这个问题,就要通过国家的财政支出和收入影响消费,从而刺激有效需求,拉动经济,社会保障收支即是手段之一。社会保障收支会自发地作用于社会总需求:在经济繁荣的时候,企业与个人收入增加,社会保障的收入增加,同时失业与贫困减少,社会保障支出减少;在经济衰退时正好相反。这样经济繁荣时社会保障收多支少,能够抑制社会消费与需求;经济衰退时社会保障收少支多,能够刺激消费与需求,保障居民基本生活。凯恩斯的宏观经济思想虽然没有直接关注社会保障,但其有效需求理论是现代社会保障制度建立的理论基石之一。

三、新自由主义社会保障理论

亚当·斯密所代表的古典经济学派反对推行社会保障政策,他们认为政府应该充当"守夜人"的角色,只要维护好社会的稳定和安全就足够了,只有个人才应为自己的生存与发展负责,济贫行为会使人变得懒惰。亚当·斯密认为资产阶级可以向普通劳动者让出一定的利益,以确保劳动者及其家庭的基本生存需要,来保证社会稳定运行,而不是通过建立高福利的社会保障体系。

20世纪70年代,资本主义国家经济陷入"滞胀",凯恩斯主义受到质疑,在古典自由主义经济学基础上发展出了新自由主义经济学,其主要代表人物有伦敦学派的代表哈耶克、现代货币学派的代表弗里德曼、理性预期学派的代表卢卡斯、公共选择学派的代表布坎南等人。新自由主义支持发挥市场经济的作用,反对国家干预经济,他们认为高福利的社会保障降低了人们的就业意愿,增加了财政负担,最终政府将面对社会保障的财务危机。他们从经济自由出发,提出国家应放弃社会保障的主体责任,实现社会保障私营化的主张,这一观点成为了西方社会保障制度改革的重要理论基础。

四、中间道路的社会保障理论

中间道路的社会保障理论是介于凯恩斯的国家干预主义和经济自由主义

二者之间的一种主张,它力图在国家干预与自由主义之间寻找一个新的突破口,其主要代表人物有吉登斯、布莱尔等。

20世纪80年代开始,新自由主义的私有化政策造成了新的经济危机,中间道路学派代表人物吉登斯提出了"第三条道路",将国家干预理论与自由主义理论相结合的平衡发展理念。吉登斯认为一方面自由市场经济会产生失业、贫困等市场失灵的现象,需要政府进行干预;另一方面政府提供过高的社会保障也会产生消极影响,进而阻碍社会经济发展。社会保障既不应该完全采用市场形式,也不应该由政府包办,应该是政府、非政府机构、私营机构与个人共同参与的工作。政府只提供最基本的生活保障,同时引入市场经济,鼓励私营机构参与其中,个人也应该尽力而为,改善自己的生活状况。应建立政府、企业、个人之间的有效协作机制,推动社会福利发展,尤其是福利的资金提供不应该由政府单独完成,而应该通过政府、企业、个人共同筹资。

第二节　公共财政理论

西方的公共财政理论是当前的主流,其研究对各国公共财政的管理和实践影响巨大。西方公共财政理论认为,公共财政的实施首先应该保证市场经济的运行,公共财政是为市场经济服务的,是为了克服市场失灵,保障社会经济生活正常运行。我国目前实行社会主义市场经济,西方财经学者所提出的公共财政观点可以为我国公共财政理论和实践提供一些积极有益的理论参考。

一、古典学派财政理论

自由经济主义的代表亚当·斯密崇尚自由竞争的经济原则,认为只有让市场这只"看不见的手"发挥资源配置优化的作用,才能使社会经济生活达到最佳。与此同时,亚当·斯密也清醒地认识到了市场机制自身含有缺陷,特别是在公共产品领域存在失灵现象。因此,亚当·斯密认为应该以"国家不干预经济发展"为原则,在这一基础上建立一个"廉价政府"。"廉价政府"应该尽量节省国家财政支出,把国家财政的管理范围和职能尽量缩小,只要起到抵御外国的侵略、维持社会基本秩序和建设基本公共基础工程的最低限度管理行为即可。自由经济主义确立的这种公共财政理论框架,将政府财政收支的管理限定在一定范围内,可以更好地发挥市场经济的作用,并减轻政府的财政负担。这种理论为现代发达国家削减高福利政策,刺激就业,减轻国家公共财政压力提供了理论基础。

二、社会政策学派财政理论

以经济学家瓦格纳为代表的社会政策学派对于公共财政和自由主义经济学派有相反的看法,他们认为国家活动具有生产性,有产出效益,因此扩大国家职能可以带来更多的社会效益。在这种理论的基础上,社会政策学派提出应该重视公共财政的收支,强调公共财政应当积极地干预市场经济,尤其是公共财政的收支应该着重解决社会分配中的不公平现象,通过公共财政的二次分配作用改变人们的收入,实现公平,从而解决社会问题。社会政策学派在税收方面的理论和税收政策思想是其整个思想体系的重要部分。社会政策学派还认为公共财政应该在社会各领域提供与其社会收入相适应的共同福利。对于公共财政的资金来源,社会政策学派主张采用税收的方式筹措财政资金,他们主张国家在税收上必须对奢侈品收重税,对生活必需品收轻税;对财产所得和不劳而获的所得收重税,对劳动所得收轻税;对收入采用累进税率,收入多加重税率,收入少给予减税或免征。社会政策学派的公共财政理论注重调整公共财政与个人收入的关系,通过税收制度调整收入差距,有很强的实践借鉴意义。

三、凯恩斯学派财政理论

以凯恩斯为主的凯恩斯学派经济学家支持国家干预经济,尤其把公共财政政策作为政府干预和调节经济的首要手段,提出了"功能性财政"的观点。凯恩斯认为公共财政收支平衡不能以年度财务账面为准,而应该实现整个经济周期的公共财政收支平衡,即在经济高涨时,即使公共财政收支出现盈余,也要依据经济情况实行财政紧缩;在经济衰退时,即使公共财政收支出现赤字,也要实施赤字预算的膨胀政策。凯恩斯主义经济学家把税收和公共财政支出作为调节总需要的主要手段,他们反对经济的放任自由,主张实行国家干预,提倡通过政府扩大公共财政支出,刺激有效需求,增加就业以缓和经济危机。凯恩斯学派非常重视政府福利性开支,认为福利性开支有利于稳定社会经济,他们主张扩大政府福利性开支,尤其应扩大公共财政在公共工程、应用科学研究、教育培训劳动力等方面的投资。

四、公共选择财政理论

公共选择财政理论是当代经济学领域中一个相对较新的理论分支与学说,其主要研究公共产品、公共权力、公共选择等核心概念,从新政治经济学理论的视角探讨国家的起源、政府的权利和义务、公共所有权、公共资源、公共政策、民主和自由、市场与国家等方面的基础理论,代表人物为布坎南等人。公共选择理论以"经济人"的概念为逻辑起点,将政府当作一个"经济人",对公共财政收支的政治决策做了深入的研究。公共选择财政理论认为因为是"经济人",官员们总会从自身的效用出发去制定福利政策,官员们会从政府财政中获取好处,因此不应该把增加社会福利的最终决策权交给某一阶层或机构,而应该为这些机构或阶层设置一个硬约束机制。公共选择理论对国家干预经济,以及公共财政收支的合理性是质疑的,其财政观点为财政理论和实践提供了理论参考。

五、社会保障理论与公共财政理论

西方社会保障经典理论主要包括社会保障理论与公共财政理论,这两方面的理论从整个国家宏观方面论述了社会保障支出的意义与效应。现代社会保障理论的建立,与国家财政资金的分配有直接联系,从这个角度可以认为社会保障是公共财政的一部分。一方面,社会保障是公共财政调节收入分配的手段,公共财政可以通过社会保障支出来调节收入分配,避免经济波动;另一方面,社会保障的运行本身就离不开公共财政的职能作用,社会保障资金收支的整个流程都是公共财政分配的重要组成部分。社会保障理论与公共财政理论的目标一致,都是为了避免市场失灵,使经济更好的运行。

当然,由于西方社会不存在中国城乡二元户籍制度,社会保障制度也不存在城镇社会保障制度与农村社会保障制度的区分,其社会保障支出经典理论没有就农村社会保障支出作专门的研究,但不可否认的是,上述理论为研究中国的农村社会保障支出提供了深入的理论支撑。

第三节 中国社会保障支出理论基础

社会保障理论是社会保障建设的思想基础,通过对西方社会保障理论的梳理比较,有利于中国社会保障体系的建设和发展,国内学者在这方面做了大量研究。

一、马克思主义社会保障理论

马克思从社会大生产的角度出发,认为无论是资本主义还是社会主义,社会保障对劳动者来说都是必要的,社会主义制度下,人们为自己创造财富,社会保险资金也是必要劳动的一部分。马克思主义社会保障理论阐述了社会主义社会保障的本质,为社会保障理论提供了科学依据,并在此基础上指出国家在社会保障中的主体地位,由此强调国家财政支出对于社会保障体系建立的重要性。

二、国内学者相关社会保障支出理论

国内学者关于社会保障支出的理论研究兴起于 20 世纪 90 年代,其理论研究的主要内容包括城乡之间的社会保障支出分配差距,社会保障支出对社会经济的影响效应以及社会保障支出的公平与效率等问题。国内学者从不同的角度及不同计量工具对这些问题进行了广泛的研究。

国内大部分学者都认同中国的社会保障支出在 90 年代后期出现了明显的上升,但是社会保障支出存在着明显的城乡差距。城乡居民转移性收入之间的差距,甚至已经超过城乡居民的收入差距,而这种情况表明,社会保障支出的不公平已经成为扩大城乡差距的原因之一。为了缩小城乡差距以及实现公共服务的公平,完善社会保障制度城乡一体化,加大对农村社会保障支出的投入力度是当务之急。① 关于社会保障支出的公平与效率问题,国内学者普遍认为社会保障支出作为一种再分配制度,应通过一系列社会保障项目对起点较低的社会成员给予更多的资源分配,无论性别、人种、出身及社会关系,从而保障社会公平。当然,社会保障支出在促进公平的同时,也存在效率问题,主要表现在两个方面:一是社会保障财政支出有可能存在负激励,进而造成效率损失;二是社会保障管理机构的膨胀造成效率损失。②

关于社会保障支出对社会经济的影响效应问题,国内学者提出要保持中国经济的快速发展,仅仅依靠对外出口与投资是不行的,内需拉动经济增长才是经济持续发展的根本。如何扩大内需? 进一步完善社会保障体系,改善民生,是扩大内需的出发点和落脚点。③ 因此,中国迫切需要完善社会保障制度,这对解决就业民生问题、缓和收入差距、保持经济高速增长有重大意义。

---

① 参见徐倩、李放:《我国财政社会保障支出的差异与结构》,《改革》2012 年第 2 期。

② 参见董拥军、邱长溶:《我国社会保障支出与经济增长关系的实证》,《统计与决策》2007 年第 8 期。

③ 参见郭庆旺等:《积极财政政策及其与货币政策配合研究》,中国人民大学出版社 2004 年版,第 222—224 页。

那么,如何建立适合中国国情的社会保障制度? 郑功成认为,中国社会保障体系的建立是离不开财政政策巨大作用的,并且随着改革的深化,中国政府已逐步建立了与市场经济体制相适应的公共财政支出制度,政府的财政支出已经成为社会保障资金固定和主要的渠道。①

第四节　社会保障支出经济效应的理论

社会保障没有持续稳定的资金保障是无法长效发展的,健全的社会保障体系也无从建立,尤其是对资金匮乏的农村社会保障更是如此。农村社会保障由于发展严重滞后,更加需要资金的大力支持。但是到底应该增加多少农村社会保障支出才是适度的,这些支出又应该如何分配? 这个问题一直没有一个精确的答案。农村社会保障支出给农村发展、农业基础地位以及农民生活水平带来深远经济效应,而这一经济效应又是复杂的。根据不同背景文化以及经济发展水平,各国各地始终在不停调整政府在社会福利中的责任,增加或减少社会保障支出的数量。农村社会保障支出的经济效应问题从本质上来说是一个实证问题。面对中国目前农村社会保障制度改革的良好机遇,通过对中国农村社会保障支出经济效应的系统研究,实证分析农村社会保障政策效果,达到合理配置社会保障支出在城乡间的配置,确认农村社会保障支出规模与结构,以此充分发挥农村社会保障政策在扩大国内需求和维护宏观经济稳定发展方面的作用。

一、收入再分配效应

社会保障制度在建立的初始,通过重新进行物质财富的分配来保障困难居民的基本生活即是其基本功能之一,这就决定了社会保障支出天然具

---

① 参见郑功成:《中国社会保障改革与制度建设》,《中国人民大学学报》2003 年第 1 期。

有收入再分配的效应。社会保障支出的收入再分配效应体现在三个层次上：

第一个层次，国民收入初次分配。在生产活动中，国民生产总值将首先在劳动力、资本等生产要素之间进行分配，叫做国民收入初次分配。在这一分配过程中，社会保障支出的收入再分配效应主要是通过社会保险，尤其是强制性的社会保险来产生影响。法定的社会保险如养老保险、医疗保险是由企业和个人共同缴纳，并且可以计入企业生产经营成本，享受国家税收优惠政策。这种强制性的社会保险保障了劳动者的权益，合理地调节了个人、企业及国家之间的收入分配，优化了国民收入初次分配的结构。

第二个层次，国民收入再次分配。国家运用税收、转移支付等手段在国民收入初次分配的基础上进行收入的再次调配，即为国民收入再次分配。在这一分配过程中，社会保障支出的收入再分配效应主要是通过社会救助、社会福利、优抚补助等手段来表现。社会保障支出通过这些方式保障弱势群体的基本生活，实现社会公平的目标。

第三个层次，国民收入伦理分配。在前两次国民收入分配的基础上，按照自愿原则，进行伦理分配，主要形式有：慈善捐赠、人道主义援助等。国民收入伦理分配是社会保障制度的重要补充部分，在一定程度上弥补了收入的不公平。

二、储蓄与消费效应

宏观经济学鼻祖凯恩斯认为是"有效需求"不足才导致了经济危机，为了解决有效需求不足，凯恩斯认为应该建立社会保障制度，加强国家对经济的干预，从而刺激有效需求，摆脱经济危机，这一理论直接推动了社会保障制度在发达资本主义国家的建立。从宏观经济学理论出发，一方面，农村社会保障支出会使农民储蓄减少，刺激消费。这主要是因为农民在收入水平不确定的情况下会增加储蓄，减少消费，以期为未来提供保障，即产生预防性储蓄动机。

而农村社会保障支出会减少农民收入水平的不确定性,使他们放心在当下消费,减少储蓄,从而产生了收入效应。另一方面,由于缴纳社会保障,会使农民当期的可支配收入减少,促使他们减少消费,农村社会保障的支出产生了替代作用。这两种效应的方向相反,农村社会保障支出的储蓄与消费效应的正负取决于这两种效应的大小。以此理论为依据,国内外学者对于社会保障支出的储蓄与消费效应做了大量研究。

三、就业效应

就业与社会保障是两大民生问题,它们密切相关,不可分割。一方面就业关系到社会保障的经济基础,影响社会保障的水平;另一方面社会保障对劳动力供求及劳动力的流动具有激励与非激励的效应。

从劳动力供给方面来看,增加农村社会保障支出,会为农村劳动者提供更有力、更规范的保障,使他们没有后顾之忧,进一步激发农村劳动者的工作积极性,促进劳动力的供给。但是由于农村居民收入较低,农村劳动者在面对社会保障费用缴纳的时候,会进一步产生相反作用的替代效应和收入效应。缴纳农村社会保障费用会使农村居民当前的劳动收入下降,从经济学上来说,劳动收入下降意味着闲暇的机会成本降低,劳动者会选择减少劳动力供给,用闲暇替代劳动,从而产生替代效应;缴纳农村社会保障费用也会使农村劳动力收入减少,劳动者会希望增加工作时间,提高收入来弥补,从而产生收入效应。如果替代效应大于收入效应,则总效应为负,劳动力供给减少;如果收入效应大于替代效应,则总效应为正,劳动力供给增加。

从劳动力需求方面来看,社会保障费用一般由工作单位代缴,因此会影响雇主对劳动力的需求。从劳动经济学理论上来说,农村社会保障费用支出增长,意味着企业雇佣农村劳动力的成本上升,会减少劳动力需求。从这一角度出发,企业或者减少农村劳动力需求,或者通过提高劳动强度、降低福利待遇水平等方式,将缴费成本转嫁给劳动者。我国农民进城劳动就一直面临这一问题,用人单位不给农民工缴纳社会保障费用,导致大量的农民工没有参保,出现问题没有保障。

从劳动力流动方面看,人们在迁移流动过程中主要考虑的是流动经济成本。当城乡社会保障制度较健全时,农村劳动力流动成本会降低;而在城乡社会保障制度没有得到有效统筹的情况下,会直接导致农村劳动力流动的就业成本和风险成本增加。

四、地区经济增长效应

社会保障财政支出作为一项社会公共政策,通过影响社会经济中个人的储蓄、消费、就业等微观决策,进而对整个宏观经济产生了广泛而巨大的影响,农村社会保障支出同样会对农村地区经济增长产生影响。一方面,农村社会保障支出会使农户的储蓄减少,不利于农村社会资本的形成和积累,进而对乡村区域经济发展具有负效应;另一方面,农村社会保障支出能够刺激乡村贫困人口消费,保障农村人力资本的形成与积累,从这一方面来说,农村社会保障支出对乡村区域经济发展具有正效应。

第五节　中国农村社会保障支出经济
效应研究的理论框架

中国农村社会保障支出对社会经济的影响是复杂多面的。一方面农村社会保障支出确实会给政府和个人带来经济负担;另一方面也会带来相应的福利效应:农村社会保障支出可以影响国民需求,刺激农民消费;可以拉动经济增长,增强农民收入;可以缩小贫富差距,促进社会稳定。因此,农村社会保障支出不仅仅是简单的支出,其带来的福利效应大大地超过其支出的数额。

农村社会保障支出直接增加农村居民的转移性收入,提高农村居民收入水平,其主要通过两个途径来实现:一是财政补贴;二是提供服务,如医疗保障服务等。农村社会保障支出可以降低意外事件对个人和家庭收入的影响,提高农民抵御风险的能力。农村社会保障支出还可以减少农村居民生活成本,增加农村居民收入。通过农村社会保障的支出,进行社会财富的二次分配,不仅有利于缩小城乡贫富差距,还有利于缩小地区间农村居民收入差距,使农村居民也能够共享经济发展成果。从这个意义上说,农村社会保障支出是社会公平的稳定调节器,是社会的"安全网"和"减震器"。而农村居民收入水平的提高有利于鼓励广大农村居民的生产积极性,促进农村经济健康发展,从而实现国家经济的进一步增长。对中国这样的经济大国来说,刺激国内需求是拉动经济增长的重要手段,而占全国人口1/2的农村居民是未来拉动内需的强大潜在人群。根据国家统计局测算,农村人口每增加一元消费支出,都将为国家经济带来两元的消费需求。农村人口消费能力对促进经济发展有不可取代的作用。如何降低农村居民预防性储蓄,刺激农村居民消费,使农村居民消费没有后顾之忧,就要依赖于农村社会保障体系建设、农村社会保障制度完善、农村社会保障水平提高,相应地农村社会保障支出规模会不断增加,农村社会保障支出结构会发生调整。农村社会保障支出可以提高农村居民养老生活质量,降低农村居民诊疗成本,改善贫困家庭生活环境,使农民"病有所医、老有所养、贫困有救济",使农民对未来生活的不确定性减少,预防性储蓄减少,农民的边际消费倾向自然会提高。这一点无论是西方社会保障理论中的生命周期假说以及消费选择理论,还是近期中国一些学者通过实证研究,证明了农村社会保障支出对农村居民消费行为具有显著的促进作用。

中国农村社会保障支出的状况和变化,直接或间接地作用于社会经济运行,产生一系列效应。本书通过分析社会保障、公共财政与社会保障支出经济效应的基础理论,初步建立一个农村社会保障支出经济效应的理论分析框架,希望为之后的实证分析中国农村社会保障支出的经济效应提供理论分析依据和逻辑思路。如图 2-1 的分析框架：

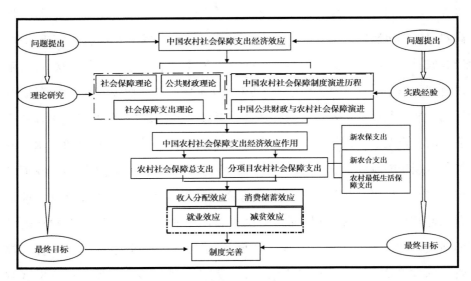

图 2-1　中国农村社会保障支出经济效应分析理论框架

第三章　中国农村社会保障支出政策的制度背景

第一节　中国农村社会保障制度的演进脉络

现代社会保障制度是现代化国家的重要经济制度之一,它关系一个国家或地区公民的生活安全与生活质量,更关系整个社会的经济稳定与发展。在英国建立社会保障制度以后的一百多年里,各国纷纷建立了不同类型的适合自己国家的社会保障制度,其中也包括中国。1949 年新中国成立后,与大多数国家不同,中国构建了一个更为复杂的,由城乡二元结构组成的社会保障制度。城镇社会保障制度是典型的业绩基准型社会保障,虽然缴费比例不同,但保障待遇水平优厚;农村社会保障制度针对的是农村居民,属于需求基准型社会保障,仅保障较低的生活需求,保障待遇较差。中国城乡二元社会保障制度的差异主要是经济、政治与法律的原因造成,两个组成部分在制度设计、待遇和筹资方面几乎完全不同,它们建立的时间不同,分别由不同的政府部门管理,覆盖的人群也不一样,形成了一种分立的状态。而中国农村保障支出政策的变化皆是以中国农村社会保障制度变革为背景的,考虑到中国农村社会保障体系建立与完善受中国农村经济制度变迁的影响巨大,在划分中国农村社会保障制度的发展阶段时主要是以中国农村经济制度的变迁为标准,分为三个阶段:1949 年至 1977 年;1978 年至 2001 年;2002 年至今。其中,1949 年至

1977年是从新中国的成立到改革开放之前,这一时期中国农村经济体制以土地公有、农业合作社为主,形成了以集体保障为主的农村社会保障制度框架。1978年改革开放后至2001年,以家庭联产承包责任制为主体的新的经济体制建立,承载农村社会保障的主体回归为家庭与土地。中国实行的工农业"剪刀差"造成了城乡发展差距过大,严重影响了农村社会保障体制的待遇水平,农村社会保障制度进入曲折发展期。随着城乡二元化问题的凸显,2002年党的十六大提出"全面繁荣农村经济",并提出了探索建立新的农村社会保障制度,标志着中国农村社会保障制度进入了新的历史时期。本书希望通过对农村社会保障制度演进脉络的梳理,观察中国农村社会保障支出政策的变化,从中找到中国农村社会保障制度的变迁路径与改革方向。

一、创立与动荡阶段(1949年至1977年)

从新中国成立到改革开放之前,这一阶段是中国农村社会保障制度的创立与动荡时期。这一时期的主要经济制度是计划经济,因此农村社会保障制度也带有浓烈的计划经济色彩。

(一)初创时期(1949年至1955年)

1949年,《中国人民政治协商会议共同纲领》明确规定:"劳动者在年老、疾病或者丧失劳动能力的时候,有获得物质帮助的权利",在此基础上,政府建立了以家庭土地为基础保障加国家救助模式的农村社会保障制度。1949年到1952年中国基本完成了农村土地革命,农民分到土地,形成了以小农户为主的经济生产方式,并在农村普遍建立了农会组织,起到了组织村民互助保障的作用。1953年开始,分到土地的农民以村为单位组织了初级农业生产合作社,形成了在农民土地个体所有制基础上以社会救济和优抚安置为主要内容的农村社会保障制度。由于这一时期战争刚刚结束,经济困难,大批伤残牺牲军人及其家属需要抚恤,大量灾荒难民需要救济,因此农村社会保障制度主要救助对象为灾民、伤残军人和农村军烈属。尽管这一时期中国生产力水平较低,财力有限,农村社会保障以家庭保障为主且保障水平不高,但这一新创建的农村社会保障制度适合当时中国农村社会与经济发展现状,极大地激发了农村民众参与社会主义生产的积极性,巩固了新生的国家政权,快速地恢复了千疮百孔的社会经济。

1953年新中国第一个五年计划开始实施,到1956年"一五"计划即将完成之时,国民经济已经得到全面恢复与初步发展,政治趋于稳定,社会秩序较为安定,基本完成了社会主义改造。在这样的政治经济基础下,政府陆续颁布了一些农村社会保障制度的法规,使农村社会保障的各项基本制度得到了进一步发展,并建立了农村集体社会保障制度。

(二)初步发展时期(1956年至1966年)

1956年全国一届三中全会通过《高级农业生产合作社示范章程》(以下简称《章程》),对农村医疗保障和社会救济作出了规定,以合作社制度为基础,负担合作社社员的社会保障,解决社员的后顾之忧。《章程》主要内容有:合作社负责因公致病或负伤社员的医疗费用并给予工时补助,如有因公死亡还将对家属给予抚恤;合作社保障丧失劳动能力的老、弱、孤、寡、残疾等生活困难社员的日常生活,并使他们能接受教育或死后安葬。[①] 1964年二届人大会议通过《全国农业发展纲要》,进一步完善了《章程》的规章制度,明确了五保户享受的五保内容:"保吃、保穿、保住、保医、保葬"。这一时期是农村合作医疗的创建时期,这种依托农业合作社,由农民创造的互助医疗保障迅速发展起来,成为解决农村医疗问题的重要形式。

1962年政府颁发了《抚恤、救济事业费管理使用办法》,对合理使用救济费用做了明确规定,保障了农村社会保障工作的资金落实。1963年面对海河

---

① 参见王跃生:《个体家庭生存和发展承载体分析——基于中国历史和现实》,《江苏社会科学》2019年第4期。

流域特大洪灾,国务院发布了一系列关于生产救灾的具体指示,保障了受灾地区灾民基本生活,国家在社会救助中的作用突显。这一时期是农村社会保障制度初步发展阶段,确立了以集体保障为主的复合型农村社会保障制度框架。农村集体社会保障制度建立了一个由生产系统本身承担社会保障功能的典范体系,不要求在生产体系以外再建立社会保障制度。但是由于当时生产力水平低下,抵御风险能力较差,仅仅是农业合作社内部的自我保障,与实际意义上的现代社会保障制度还有很大差距。农村集体社会保障制度的实施范围仍属于传统低福利需求基准型社会保障制度的范畴。

(三)动荡倒退时期(1967 年至 1977 年)

从 1966 年"文化大革命"开始,中国农村社会保障工作进入了动荡倒退时期。农村社会保障工作受到极"左"路线的严重干扰和破坏,遭到各种批判,使用公益金补助贫困受灾群众被当做剥削行为;帮助贫困农民发展副业被看作是"资本主义尾巴";国家劳动部受到严重冲击直至被撤销,各地负责社会保障工作的民政部门相继被迫撤销或解散,农村社会保障工作处于无人管理的状态。在此情况下,大批需要救济扶助的人员待遇不能及时得到解决,难以保障其基本生活。

二、改革与探索时期(1978 年至 2001 年)

党的十一届三中全会以后,随着经济体制改革和家庭联产承包责任制的普遍推广,建立在以农业生产合作社为基础上的集体保障失去了经济基础和制度依托。改革传统的农村社会保障制度,建立适合社会主义市场经济体制的新的农村社会保障制度成为一种必然趋势。

(一)改革与调整时期(1978 年至 1982 年)

1978 年"文化大革命"结束,中共中央确立了发展经济,实行改革开放的长期国家战略,国民经济开始由计划经济向社会主义市场经济转轨。中国农村经济也发生了巨大变革,以家庭联产承包责任制为主的经济形势迅速取代了农业合作社,以此为基础的农村集体社会保障也快速瓦解,取而代之的是以土地保障为基础的农村居民自有家庭保障,政府只对特殊群体的社会保障负责。例如1982年《全国农村工作会议纪要》要求:即使实行包产到户,也需留存一定公共提留统一安排五保对象生活。虽然这一时期农村整体社会保障功能弱化,但由于家庭联产承包责任制解放了生产力,使农民家庭经济功能恢复,农村保障功能反而增强。①

这一时期的农村社会保障制度工作主要体现在政府对优抚的调整和对农村合作医疗制度进行规范。其中,农村医疗保障方面,1978年第五届人大会议将"合作医疗"列入了宪法,1979年颁布的《农村合作医疗章程(试行草案)》对合作医疗规章制度提出了具体要求。到1980年,中国90%的农村地区实施了农村合作医疗,农村合作医疗成为中国医疗保障制度的三大支柱之一。

(二)初步探索时期(1983年至1991年)

伴随着中国快速的经济体制改革,原有的农村社会保障各项制度已经不适应新的经济体制,在这种情况下,农村社会保障工作进入了艰难的初步探索阶段。

在农村救济方面,为了更好地落实五保政策,政府改革了五保户救助办法,对五保户的资金来源进一步作出了明确规定。1985年《中共中央、国务院关于制止向农民乱派款乱收费的通知》指出,通过收取公共事业统筹费的办法作为供养五保对象等事业的费用。1991年国务院又颁布了《农民承担费用和劳务管理条例》,具体规定了乡村五保对象供养资金的来源——乡村统筹

---

① 参见国务院:《全国农村工作会议纪要》,《中华人民共和国国务院公报》1982年第8期。

费和公益金。这一办法保证了五保供养的持续性,五保的供养人数与水平得到了大幅度的提高。在农村医疗保障方面,家庭联产承包责任制改变了农村医疗的资源配置关系,集体经济时代建立的农村合作医疗赖以生存的外部环境已经失去,但中国农村医疗体制没有及时地进行相应的改革与调整,导致20世纪80年代末,农村合作医疗已经名存实亡。① 据统计,1989年末农村实行合作医疗的行政村只占全国行政村的4.8%。② 由此1991年《关于改革和加强农村医疗卫生工作的请示》提出,稳步推进农村合作医疗保健制度,开始了对中国农村医疗制度的探索之路。在农村养老保障方面,20世纪80年代中期,中国开始探索建立农村养老保障制度。最初是从少数比较发达的农村地区开始的,这些地方以乡村社区为依托,由集体负责农村养老保险的资金,按商业模式运行,但这一模式的运行效果并不显著,不适宜全国大规模施行。1990年国务院明确民政部门主管农村养老保险制度的建立。

(三)曲折发展时期(1992年至2001年)

这一时期,社会保障尤其是农村社会保障得到进一步发展。然而,农村社会保障制度之前积存的一些缺陷漏洞在这之后集中凸显出来,农村社会保障工作曲折向前。

在农村最低生活保障方面,中国关于建立农村最低保障的探索源于90年代中期。1995年全国民政厅局长会议提出建立农村最低生活保障,并在农村地区进行了试点工作。1996年民政部下发的《关于加快农村社会保障体系的意见》,又一次提到建立普遍的农村最低生活保障制度。另外,进一步完善五保制度,1994年颁布的《农村五保供养工作条例》详细规定了五保制度的各项规章制度,使具有中国特色的五保制度规范化、法制化。

---

① 参见郑功成:《中国社会保障制度变迁与评估》,中国人民大学出版社2002年版,第242页。

② 参见王国军:《中国农村社会保障制度的变迁》,《浙江社会科学》2004年第1期。

在农村医疗保障方面,20 世纪 90 年代中国农村合作医疗制度进入了探索重建的阶段。农村居民对医疗服务的迫切需求与农村合作医疗制度本身的缺陷及缺乏投入相矛盾,使得农村合作医疗逐渐没落。1993 年颁布的《关于建立社会主义市场经济体制若干问题的决定》提出要改革农村合作医疗制度,紧接着 1994 年卫生部与世界卫生组织联合启动了中国农村合作医疗制度改革试点工作,希望通过调查研究工作为农村合作医疗立法提供理论支撑。1997 年中央在《关于发展和完善农村合作医疗若干意见》中提出,力争在 2000 年在大部分农村地区建立农村合作医疗制度。2001 年发布了《关于农村卫生改革与发展指导意见》,要求地方政府根据中央法规文件,进一步开展农村合作医疗的组织工作。这一系列法律法规的颁布,一定程度上促进了农村合作医疗制度的恢复与发展。但是农村合作医疗制度并没有像预期一样重建,第二次国家卫生服务调查数据显示,农村居民享受医疗保障的人口仅占农村居民的 12.6%,其中合作医疗仅占 6.5%,①大部分农村居民属于自费医疗群体,农村合作医疗的目标并没有达到。②

在农村养老保障方面,1993 年全国农村社会养老保险工作会议召开,决定将农村社会养老保险制度向全国普遍推广,然而农村社会养老保险后续推广过程并不顺利。针对农村养老问题的严峻形势,1997 年颁布的《县级农村社会养老保险管理工作规程》提出了防范农村养老保险的风险要求,紧接着的中共十五大及人大九届一次会议都重申了农村养老保险工作的目标与重要性。1998 年农村养老工作由民政部转交劳动与社会保障部,之后由于多种原因,全国多数农村出现了养老保险参保人数下降,保险基金运行困难等问题,农村养老工作遭遇巨大挫折。

---

① 参见卫生部统计信息中心:《第二次国家卫生服务调查主要结果初步报告》,人民卫生出版社 1999 年版。
② 参见宋晓梧:《构筑覆盖全民的多层次医疗保障体系》,《经济参考报》2009 年 11 月 11 日。

改革开放之后,中国的农村社会保障制度经历了重大的变革,随着农村集体经济的解体,集体经济时期形成的普惠性的社会保障也崩塌了,承载着农村社会保障的主体回归为家庭与土地。所幸这一时期中国快速的经济发展带来的收入效益提高了家庭内部经济保障水平,使得农村社会保障的缺失没有造成大的社会动荡。政府也开始快速着手对农村社会保障制度进行调整,例如对农村医疗保障制度、农村养老保险制度以及农村最低生活保障制度的探索。但随着中国社会城乡分离,经济资源与经济政策的差异化分配,农村家庭生活有所改变,家庭承担养老、抚育、医疗等功能具有极大的不确定性和高风险,需要制度化的社会保障手段来化解。从 20 世纪 90 年代开始,农村社会保障制度中积累的缺陷问题逐渐暴露,农村社会保障工作呈现了曲折发展的特征,中国农村亟需建立一个与现代市场经济相适应,公平合理的农村社会保障制度。

三、创新与发展时期(2002 年至今)

20 世纪中国农村社会保障工作取得了丰硕的成果,也经历了挫折和失败,这是改革的必经之路,也为新世纪农村社会保障工作提供了宝贵的经验。党的十六大报告指出:"要探索建立农村养老保险、医疗保险和最低生活保障制度。"进入新世纪,中国农村社会保障制度也进入了新的创新与发展阶段。

(一)创新发展阶段(2002 年至 2011 年)

在农村医疗保障方面,2002 年十六大提出在有条件的地方探索建立农村医疗保险,同年国务院颁布了《关于进一步加强农村卫生工作的决定》,提出建立以大病统筹为主的新农合制度,且 2010 年要实现新农合制度基本覆盖农村居民。2003 年通过了《关于建立新农合制度的意见的通知》,决定开始实施新农合试点工作。2003 年成为中国新农合起步之年。从 2006 年开始,卫生部等部门积极着手开展新农合工作由试点向全国推广,2009 年新农合参保率达到了 94%,形成了一个较为成熟的,基本覆盖中国农村居民的新型合作医疗制度。

在农村最低生活保障方面,新中国成立以来,就一直实行以"五保户"等形式为代表的农村最低生活保障制度。不过改革开放之前,中国依托计划经济中的农村集体经济组织为农村居民提供最低生活保障。改革开放以后,原有的农村集体经济组织建立的最低保障制度体系已经破产。尤其是 20 世纪末,乡镇企业的不振以及工农产业的巨大"剪刀差"引发了大量农村贫困问题,农村迫切要求建立新的农村最低生活保障制度。进入 21 世纪,中国农村最低生活保障制度经历了"从无到有"的巨大成绩。2007 年国务院发布了《关于在全国建立农村最低生活保障制度的通知》,明确了农村最低生活保障制度的对象、标准、资金来源等,拉开了建立农村最低生活保障制度的序幕,是中国建立农村最低生活保障制度的标志。2008 年农村最低生活保障制度已经基本在全国建立起来,2010 年全国享受农村低保的农村居民已经达到 5000 万人以上。在农村五保工作方面,2003 年中国全面进行农村税费改革,改变了农村提留收取使用办法,五保供养费用由农业税中进行专项支出,五保户供养资金更有保障。2004 年民政部发布了《关于进一步做好农村五保供养工作的通知》,对税费改革后五保供养出现的新问题提出了要求。2006 年国家废除农业税,五保供养资金来源断流,政府实行了新修订的《农村五保工作供养条例》,要求由县级以上人民政府负责本区域五保供养工作,五保供养工作正式由国家财政供养,此后五保供养基本完善。

在农村养老保障方面,党的十七大第一次提出了新农保的概念。2009 年国务院发布《关于开展新农保试点的指导意见》,意见中明确了新农保的基本原则、模式、资金等内容,并开始在全国启动新农保试点工作。截至 2012 年,中国新农保参保人数已达到 4.6 亿人,新农保制度已基本实现地域范围的全覆盖。在中国经济快速发展的背景下,不完善的农村社会保障制度导致对社会稳定的威胁日益严重。随着 2002 年党的十六大的召开,中国农村社会保障工作有了突破性进展,一个以新农合、农村最低生活保障制度、新农保为主体,以政府救灾、医疗救助等其他社会保障为辅的全新的、规范化的农村社会保障体系正在加速形成,城乡社会保障失衡的趋势有所缓解。然而,这个时期虽然取得了重要成就,但现实中依然存在着诸多问题。其中最为关键的是农村社会保障的水平仍然远低于城市,城乡社会保障不均衡的局面并没有彻底改变。

(二)社会保障城乡一体化阶段(2012年至今)

2012年,新农保制度与城镇居民养老保险制度合并工作正式启动,中国城乡二元社会保障制度模式开始"破冰之旅"。2012年党的十八大首次提出以增强公平性、适应流动性、保证可持续性为重点的社会保障制度改革原则,明确指出要统筹推进城乡社会保障体系建设。为未来社会保障体系建设和发展明确了方向,这也标志着中国社会保障体系发展进入统筹城乡社会保障体系建设阶段。

在农村最低生活保障方面,2013年年底,习近平总书记提出"精准扶贫"概念,而要实现"精准扶贫",离不开最低保障体系的兜底保障作用。随着"精准扶贫"的不断推进,农村最低生活保障制度在"精准扶贫"中起到了重要作用,也对农村最低生活保障制度的运行提出了更高的要求。2014年国务院通过《社会救助暂行办法》,对于最低生活保障、监督管理以及社会力量参与等社会救助项目做了详细的规定,形成了中国特色的"8+1"社会救助体系。《办法》的实施标志着以农村最低生活保障制度为主,其他救助制度为辅的中国特色社会救助体系的建立。2016年国务院颁布《关于做好农村最低生活保障制度与扶贫开发政策有效衔接的指导意见》,通过将农村最低生活保障制度与扶贫开发政策这两项政策有效衔接,最大限度地汇集两项政策的作用及长处,发挥了最低生活保障制度在打赢脱贫攻坚战中的重要作用。

在农村医疗保障方面,新农合制度自2003年建立以来,已基本覆盖了全部农村居民,对于改善农村居民身体健康,缓解看病难的问题起了极大的作用。但是,新农合与城镇居民医疗保险存在巨大区别,城乡医疗保障资源分配不平等造成了很多社会不公平问题。因此,2016 年国务院印发《关于整合城乡居民基本医疗保险制度的意见》,提出将新农合和城镇居民的基本医疗保险两项制度整合建立统一的城乡居民基本医疗保险制度,并就整合城乡居民医保制度政策提出了在覆盖范围、筹资政策、保障待遇、医保目录、定点管理和基金管理方面的"六统一"要求。2018 年,全国两会提出机构改革方案,组建了国家医疗保障局,实现了城乡居民医疗保险的机构合并。2020 年 1 月"新农合"与城镇居民医保两项制度在全国范围内实现并轨。事实上,20 世纪 90 年代以来,中国城乡二元经济社会体制已经开始崩塌,2014 年国务院正式公布《关于进一步推进户籍制度改革的意见》,中国户籍制度改革瞄准破除城乡壁垒;2016 年 28 地出台户籍制度改革具体方案;2017 年国家发改委全面实施居住证制度,推动非户籍人口在城市落户;2019 年中办、国办印发《关于促进劳动力和人才社会性流动体制机制改革的意见》,全面放宽乃至全部取消落户限制。城乡二元社会体制的改革"倒逼"城乡居民医疗保险的合并,作为城乡一体化的重要内容,需要打破城乡居民基本医保二元分割的局面,必需转化为城乡统筹规划、统一标准、统一管理、统一经办的法治化整合型的基本医保制度。

在农村养老保障方面,新农保制度与新农合一样,走向城乡并轨的道路。2014 年出台的《城乡养老保险制度衔接暂行办法》标志着城镇居民基本养老保险和新农保合并。只要没有参加城镇企业职工养老保险,符合参保条件的农村居民就可以参加城乡居民养老保险,不再区分城市户籍和农村户籍。这一合并后的社会养老制度被称之为城乡居民基本养老保险,无论农村居民还是城市居民享受城乡居民养老保险的待遇、领取条件和规则相同。同年,国务院常务会议还提出了"在 2020 年前,全面建成公平、统一、规范的城乡居民基本养老保险制度,更好保障参保城乡居民的老年基本生活"。从 2015 年开始,中国围绕城乡基本养老保险政策的衔接做了一系列补充,相关部门相继出台了多个城乡居民基本养老保险的衔接办法,加强养老保险制度的其他社会保障配套制度改革。2017年国务院发布了《"十三五"国家老龄事业发展和养老体系建设规划》,这一规划为应对中国人口老龄化问题做出了重要战略部署,提出"推动养老金统一并轨,加快养老改革步伐。"城乡居民社会养老保险的合并符合中国城乡一体化发展战略,它为建立公平、公正、可持续发展的养老事业奠定了坚实的基础。

农村社会保障制度体系的进一步完善和发展,尤其是在农村医疗保障制度和农村养老保障制度已经开始探索与城镇社会保障制度的并轨。这一转变是对新中国成立以来一直实施的城乡二元社会保障体系做出的重大突破。党的十九大报告强调要加强多层次社会保障体系的建设。这是对中国农村社会保障制度未来建设的总规划,对于促进农村的发展,实现乡村振兴战略具有重要的意义。

第二节 中国公共财政与农村
社会保障的发展历程

具有非竞争性与非排他性双重特点的物品,称之为纯公共物品,只具备其中一个特点的称之为准公共物品,它们不能像私人物品一样在市场实现最优配置,只能通过政府实现有效供给。农村社会保障根据此标准可判断出它的属性,进而确认财政在其中的作用。

农村社会保障体系主要包括农村养老保险、农村合作医疗和农村社会救济三个项目。其中农村最低生活保障制度的保障对象是符合农村低保条件的全体农民,不具有排他性,且由于低保资金来源于政府,享受农村低保人数的变化不会影响低保供给的数量和质量,具有非竞争性,故农村低保属于纯公共物品。与农村低保相比,个人若不缴纳养老保险和医疗保险费用是被排除在外的,具有排他性;但是就保险资金筹集方面,虽然个人是筹资方,但政府是最终责任方,具有非竞争性。因此,农村养老保险和农村合作医疗属于准公共产品。

由此可见,农村社会保障具有公共物品属性,整体来说是一种准公共物品,财政要承担公共提供的责任。在中国农村社会保障体系初步形成以后,中国财政体制正处于向公共财政方向发展阶段,因而中国公共财政与农村社会保障二者之间的衔接也处在一个探索阶段。

公共财政是农村社会保障的重要资金来源和实施保障。具体表现为以下几方面:一是政府通过征收社会保障费以及发行债券等方式筹集农村社会保障资金;二是政府通过财政预算的形式合理分配和支付农村社会保障各项目的资金,满足受保障者的基本需求,从而达到国民收入再分配的效果;三是政府通过财政拨款、补贴、让利或税收优惠等方式向农村社会保障机构提供资金;四是政府承担了对农村社会保障资金的投资运营、保值增值应用的监管职能,确保农村社会保障资金的安全稳定。遍观整个农村社会保障演进历程,公共财政在其中扮演了不同角色。

一、第一阶段:新中国成立初到改革开放前(1949 年至 1977 年)

新中国成立初到改革开放前,中国一直实行的是高度集中的计划经济体制。中国形成了一套以城镇国有企业和农村集体经济为依托的城乡二元社会保障体系。城镇社会保障体系主要由国有企业承担,并得到了政府公共财政的全面支持,而农村社会保障体系主要由农村合作社或生产队承担,受到政府公共财政的支持较小,公共财政在农村社会保障方面的支出主要集中在抚恤及救济费用的支出。

以这一时期农村五保制度和农村医疗保障制度为例,五保对象供养的资金来源主要是依靠所在社队集体提供经费,即由社员大会讨论同意,对于没有依靠符合规定的困难社员,由社队给予补助;而农村合作医疗这种本身即是由农民开创的互助式医疗,其资金来源主要依靠生产队公益金的提取、农民缴纳的报建费用和药品买卖收入。从表面看农民并没有直接为农村社会保障承担费用,但实际通过体制转换,农民劳动所得都通过社队自保机制作了扣除,农村社会保障的财政重担基本都压在社队集体经济和农民自身的肩上。

二、第二阶段:改革开放到本世纪初(1978 年至 2001 年)

改革开放早期,随着家庭联产承包责任制的普遍推行,原有的依托集体经济的农村社会保障制度无法维持。从 1985 年开始对于五保户的供养,全国开始推行乡镇统筹费解决资金来源的办法。这一办法虽然使得由于缺乏资金一度难以为继的五保制度坚持下来,但是中国经济发展的区域不均衡,造成了各地五保户供养水平相差很大。经济发达地区,乡镇统筹费用充裕,五保供养标准较高,反之则较低。1979 年的《关于农村合作医疗章程(试行草案)》规定:"合作医疗基金由参加合作医疗的个人和集体(公益金)筹集。"随着集体积累减少,农村合作医疗体系由于资金筹集的问题在大多数农村地区解体,农村成为自费医疗群体。1985 年数据调查发现,全国实行合作医疗的行政村已经由90%猛降至 5%。集体财政支撑的农村社会保障重担直接由农民自身家庭承担,这时的公共财政对农村社会保障的支出主要体现在扶贫和救济,其他方面起到的作用很小。90 年代开始,通过对农村社会保障制度的不断探索,整个社会认识到公共财政在农村社会保障中的重要作用。本身农民收入水平较低,在社会保障方面的筹资能力较差,只有强化政府的资金支持,通过公共财政的补贴才能建立起良性循环的农村社会保障制度;必须保证中央和地方各级政府持久的重视和支持,将政府的资金补助制度化、规范化,以重建农村社会保障制度的政治、组织与经济基础。例如,这一时期的五保供养制度就得到了一定的公共财政补助,1994 年《农村五保供养工作条例》与 1997 年《关于在全国建立最低生活保障制度的通知》中,都规定了农村最低生活保障的资金来源以地方政府财政预算为主,中央财政对财政困难地区给予适当补助。探索的过程中也不乏有失败的例子,1992 年《县级农村社会养老保险管理工作规程》开始探索建立农村社会养老保险制度,对于农村养老保险资金筹集的原则做了规定："以个人缴纳为主,集体补助为辅,国家给予政策扶持。"实际上筹资主要以农民个人缴纳为主,现实中,集体补助成为一句空话。没有公共财政支持,农民的养老保险水平过低且无法随通货膨胀上涨,成了纯粹的个人储蓄积累保险,最终停滞。农村合作医疗制度的改革也并不顺利,1997 年《关于发展和完善农村医疗合作若干意见》提出农村合作医疗的资金筹措来自村集体提留公益金,造成了农村合作医疗在很多地区形同虚设,国家财政责任的缺失使得农村合作医疗并没有达成恢复和重建的目标。

三、第三阶段:党的十六大召开至今(2002 年至今)

2002 年党的十六大至今,是中国农村社会保障制度建设取得突破性发展的阶段,和这一时期公共财政对农村社会保障的支持是分不开的。

(一)农村最低生活保障制度与公共财政

农村最低生活保障指的是国家或社会运用掌握的资金、物质或服务向无生活来源、丧失劳动力、遭受自然灾害或事故的生活陷入困顿的农村个人或农村家庭给予接济和扶助,以保障救助者基本生存条件的社会保障产品。农村最低生活保障是向那些最需要帮助的农村底层弱势群体提供帮助,保障这些人的基本生存权,其救助对象并不像农村社会保障针对全体农村居民,而是需符合低保标准的农村居民。因此,农村最低生活保障制度具有某种独特性,它提供的是一种兜底性保障,更加体现政府的公共责任,更加需要公共财政的支持。

2006 年国家废除农业税,五保供养资金来源断流,政府及时实行了新修订的《农村五保工作供养条例》,要求由县级以上人民政府负责本区域五保供养工作,五保供养工作正式由国家财政供养。这一时期也是中国开始全面探索建立农村最低生活保障的阶段,2007 年国务院发布了《关于在全国建立农村最低生活保障制度的通知》,确立了农村最低生活保障制度的资金来源由公共财政承担,2008 年农村最低生活保障制度已经基本在全国建立起来。2012 年又发布了《国务院关于进一步加强和改进最低生活保障工作的意见》,针对农村最低生活保障制度运行过程中出现的资金问题提出了相关解决措施。伴随农村低保制度的推行,中国农村低保覆盖人数达到相对稳定的趋势。2014 年《社会救助暂行办法》中对于最低生活保障标准进行了界定,提出:"由各省、自治区或直辖市按照当地居民生活必需费用确定最低生活保障标准,并根据当地经济社会发展水平和物价变动情况适时调整。"2016 年《关于做好农村最低生活保障制度与扶贫开发政策有效衔接的指导意见》中提出:"制定农村低保标准动态调整方案,确保所有地方农村低保标准逐步达到国家扶贫标准。"

经过 70 年的发展,中国建立起了较为成熟的农村最低生活保障制度,但也存在显著缺陷,其中最大的问题在于中央与地方的财权缺乏有效统筹。农村最低保障资金主要来源于财政拨款,然而中央、省、市、县资金如何配置和管理,如何界定权责,目前各地不统一,责任并不明确。农村最低生活保障制度的完善,让全体农村居民没有后顾之忧,促进社会专业化分工,提升社会经济效率。农村最低生活保障作为稀缺资源,能否向最需要帮助者提供援助或支持,是体现资源配置最大效率的关键。因此,研究农村最低保障财政支出效应具有深远的意义。

(二)农村医疗保障制度与公共财政

新农合制度自 2003 年建立以来,直到 2007 年后基本覆盖了全部农村居民,对于改善农村居民身体健康,缓解看病难的问题起了极大的作用。这一时期新农合制度的一大特点是具有非常明显的强制性制度变迁特征。政府通过颁布政策法规,将农民纳入新农合的制度框架,明确各级政府和农民各自应当承担的筹资额度,其变迁主体是国家,具有强制性和公权力。

2003 年在《关于建立新农合制度的意见》中对于新农合制度的筹资做了

规定,通过综合考虑农村经济发展水平和多方承受能力,采用农民自愿参加,个人、集体和政府多方筹资的方式,来保证新农合制度实施。在新农合制度推广过程中,政府承担主要筹资责任,一开始农民每人缴费 10 元,各级政府补助10 元,随后各级政府对"新农合"的补助标准逐年增加,到 2012 年政府补助提高到每人 240 元。截至 2011 年,"新农合"政策范围内住院医药费用补偿比例已达到 70%,全国新农合参与率超过 97%。①

2016 年《关于整合城乡居民基本医疗保险制度的意见》提出,将新农合和城镇居民基本医疗保险两项制度整合建立统一的城乡居民基本医疗保险制度,在财政支出方面也着重规定:"确定城乡统一的筹资标准","坚持多渠道筹资,继续实行个人缴费与政府补助相结合为主的筹资方式,合理划分政府与个人的筹资责任,在提高政府补助标准的同时,适当提高个人缴费比重。"党的十九大报告中指出,要以建成"覆盖全民、城乡统筹、权责清晰、保障适度、可持续"为社会保障体系发展目标。在构建统一的城乡基本医疗保障制度的道路上,如何保障财政资金有效率的使用,保证农村医疗支出效应的最大化,是实现人人公平享有基本医疗及健康服务这一目标不可回避的问题。

(三)农村养老保险制度与公共财政支出

继新农合制度建立后,中国农村社会养老保险制度建设也进入了一个新时期。2009 年国务院《关于开展新农保试点的指导意见》的颁布,以保障农村居民年老时的基本生活为目的的新农保开始在部分县市试点实施。《意见》中明确了政府支出的原则,即中央财政和各级地方财政一起补助农民参与养老保险,称之为"新农保"。

"新农保"和"老农保"的不同在于:"老农保"参保资金仅仅由农民个人出资负担,"新农保"参保资金由政府补贴、集体补助和个人缴费共同担负。

---

①　参见王昊魁:《人人共建人人共享——十六大以来中国和谐社会建设述评》,《光明日报》2012 年 9 月 14 日。

农民个人缴费作为个人账户养老金的基数;各级地方政府财政在此基础上对农民个人至少补助每人每年30元,农民选择较高档次标准缴费的,政府财政补助也相应增加,多缴多补;中央财政负责支付最低标准基础养老金,补助基数为每人每年660元,中西部地区全额补助,东部地区补助一半。新农保的筹资责任由多方共同担负,体现了公平、效率原则,有利于新农保实现农村地区广覆盖。在试点扩面过程中,中国政府随时发现问题、解决问题,既要考虑中国农村居民养老保险的现实需要,也要考虑各级财政和乡村居民的实际承受能力。2012年年底,新农保实现了全国范围内的全覆盖。

2014年,《城乡养老保险制度衔接暂行办法》的出台,标志着城镇居民基本养老保险和新农保合并。2015年,围绕城乡社会养老保险政策的衔接做了一系列补充,为了更好地实现城乡社会养老保险衔接,中央财政提高了基础养老金水平。

新中国成立70年来,农村养老保险制度经历了从无到有,从最低限度到保障高阶养老权益的转变,这一转变离不开政府在制度设计、财政支持、监督管理等方面的努力。在这一时期养老保险制度改革中,政府在养老保障中的财政责任进一步回归。政府通过中央财政的转移支付,不断加强对城乡养老保险的财政补贴力度,大大减少了统一城乡养老保险存在的阻力。然而城乡养老保险统筹过程中,养老保险基金统筹还是存在很多问题,养老保险制度在不同地区,待遇区别对待的问题严重,这在很大程度上导致了整体效用的降低。有必要对现行的城乡养老保险财政支出的经济效应进行评估,使得政府与市场作为资源配置的重要机制,在各自合理的范围内发挥相应的作用。未来中国将逐步构建健全和规范城乡居民养老保险财政投入制度,以政府提供强制性基本养老保险为主导,市场提供自愿性商业养老保险为补充,保障制度效率和公平,从而完善中国城乡养老保障体系,进一步增进社会福祉。

通过中国农村社会保障制度发展的历史演进过程,以及中国公共财政支持农村社会保障体系发展的变迁过程,政府、集体、个人在不同时期不同模式的农村社会保障制度中所扮演的角色不同,国家公共财政社保支出的力度不同,农村社会保障支出产生的影响效应亦不同,从而体现了中国的公共财政与农村社会保障制度二者之间衔接与发展的探索历程。一个健全、完善的农村社会保障体系对实现"乡村振兴"的国家战略至关重要。随着城乡社会保障制度一体化进程的推进,农村社会保障支出的重要性会越来越大,压力也会不断增加。面对农村社会保障制度改革的良好机遇,通过分析中国农村社会保障支出的经济效应,实现社会保障资源在城乡间的合理配置、农村社会保障资源在不同项目间的合理配置,从而充分发挥农村社会保障政策在扩大国内需求和维护经济稳定发展方面的作用。

第四章　农村社会保障支出
经济效应研究

伴随中国经济的持续增长,中国政府不断加大农村社会保障支出,农村社会保障体系改革不断深入,2003 年开启新农合,2007 年在全国范围建立起农村最低生活保障制度,2010 年年底启动新农保试点,2014 年城乡居民养老保险制度合并①,2016 年出台整合城乡居民医疗保险的意见,中国农村社会保障体系逐步建立并完善起来。从制度层面上看,城乡农村社会保障的差异在不断缩小;但是由于各地区经济环境、社会环境差异较大,各地区的各项农村社会保障制度有所不同,农村社会保障程度体系的构建稍有差异。在此采用离散系数法(Coefficient of Variance)、泰尔指数法、非对称性指数分析中国农村社会保障支出的现状以及各地区农村社会保障支出的差异。对中国农村社会保障支出的经济效应进行研究并就其中一个效应进行深入探讨。

由于中国农村社会保障支出的多少与经济发展有很强的相关性,故在进行三大区域划分时,除了考虑地理位置因素外,还将经济发展程度考虑在内,在传统的三大区域划分的基础上进行了微调,将东部地区的广西和中部地区

---

① 为能在文中有效区分农村社会养老保险与城市社会养老保险,并与过去的农村社会养老保险作区分,即使在合并的情况下仍称现行的农村社会养老保险为新农保,所产生的支出为新农保支出。

的内蒙古调整到西部地区。① 在进行农村社会保障支出结构分析时,由于新型农村合作医疗(简称"新农合")、新型农村社会养老保险(简称"新农保")以及农村最低生活保障(简称"农村低保")构成农村社会保障体系的主体,故只分析这几部分的支出。

第一节　农村人均社会保障支出的地区差异

由表4-1可知,从极值比来看,人均新农保支出的两极分化情况比人均新农合支出、人均农村低保支出、农村人均社会保障支出的两极分化情况更为严重。2018年全国人均新型农村养老保险支出为787.55元,各地区在218.98—8043.20元之间浮动,最大值(上海8043.20元)是最小值(云南218.98元)的36.7311倍;全国人均新农合支出为736.69元,各地区在147.25—1857.23元之间浮动,最大值(上海1857.23元)是最小值(陕西147.25元)的12.6128倍;全国人均农村低保支出为4893.11元,各地区在3335—11640元之间浮动,最大值(上海11640元)是最小值(青海3335元)的3.4903倍;全国人均农村社会保障支出为2579.00元,各地区在1478.20—5300.70元之间浮动,最大值(上海5300.70)是最小值(云南1478.20)的3.5859倍②。从变异系数看,各地区人均新农保支出的变异系数(1.7776)明

---

① 此章节按照这种地区划分,后续性研究会根据项目的特征采用不同的地区划分标准。此划分标准参照彭海艳于2007年发表在《财经研究》第6期的《我国社会保障支出地区差异分析》,具体划分为:东部地区包含11个省市,分别是北京、天津、河北、辽宁、上海、江苏、浙江、福建、山东、广东、海南;中部地区包含9个省份,分别是山西、内蒙古、吉林、黑龙江、安徽、江西、河南、湖北、湖南;西部地区包含11个省份,分别是重庆、四川、贵州、广西、云南、西藏、陕西、甘肃、青海、宁夏、新疆。

② 农村社会保障各项目凡是涉及地方财政补贴的一般根据地区经济发展状况、财政状况等,在满足中央规定补贴额度外,可适当增加补贴额度,所以农村人口较少的上海,人均新农保支出、人均新农合支出、人均农村低保支出以及人均农村社会保障支出的数值最大属于意料之中。

显高于各地区人均新农合支出的变异系数(0.4328)、人均农村低保支出的变异系数(0.4611)及人均农村社会保障支出的变异系数(0.28394),说明农村养老保障水平差异较大需要引起注意。

表 4-1　2018 年各地农村社会保障人均支出差异状况表

指标	人均新农保支出	人均新农合支出	人均农村低保支出	人均农村社会保障支出
最大值(元)	8043.20	1857.23	11640	5300.70
最小值(元)	218.98	147.25	3335	1478.20
极差(元)	7824.23	1709.98	8305	3822.50
极值比(倍)	36.7311	12.6128	3.4903	3.5859
平均值(元)	787.55	736.69	4893.11	2579.00
标准差(元)	1399.9202	318.8435	2256.3009	732.2004
变异系数	1.7776	0.4328	0.4611	0.28394
东部地区(元)	691.31	713.73	5360.58	2486.83
中部地区(元)	328.58	637.97	3758.37	2852.00
西部地区(元)	377.48	574.65	3675.15	2468.12

注:①2014 年后城乡居民养老保险制度合并,且参与城乡居民养老保险人群主要为农村居民,故以城乡居民养老保险基金支出与参保人数的比值表示为人均新农保支出;②目前人均新农合支出只可以查到国家层面的数据,此部分目的在于考察地区差异,考虑到新农合的人均筹资额与人均新农合支出有很大的相关性以及数据的可得性,在不影响结论的情况下,用人均新农合筹资金额代替人均新农合支出的金额;③农村人均低保支出为各地区的农村最低保障标准;④由于现在还未对农村社会保障支出做相关统计,且农村社会保障支出占农村居民转移性收入较大比例,所以用农村人均转移性收入来代替人均农村社会保障支出;⑤本部分后面所涉及的指标数据代替、处理皆同于此;⑥具体数值可见附录 1。

数据来源:根据《中国民政统计年鉴》(2018)、《中国卫生统计年鉴》(2019)、《中国人口统计年鉴》(2019)有关数据整理计算得到。

在比较分析各地区人均新农保支出、人均新农合支出、农村人均低保支出及农村人均社会保障支出的变异系数以及东中西部地区的人均新农保支出、人均新农合支出、农村人均最低保障支出及农村人均社会保障支出时发现两个有趣的现象:现象一是农村人均社会保障支出的变异系数最小,说明各地区间农村社会保障水平差异最小;现象二是东部地区的人均新农保支出

（691.31 元）、人均新农合支出（713.73 元）、农村人均最低保障支出（5360.58
元）皆是三大区域中最大的,但农村人均社会保障支出（2486.83 元）却小于中
部地区。

究其原因,有两个可能性:一是长期在城镇就业的农村居民可能参加了城
镇企业职工养老保险,或参加了地方政府为他们专门提供的养老保险,而城镇
企业职工养老保险和专门的养老保险的养老保障水平是远高于新农保的,且
由前者获得的收入会纳入到农村居民的转移性收入中。二是一部分农民工游
离在养老保障体系外,但在计算农村人均转移性收入时是以所有农村居民的
人数来计算的。且大部分农村居民首选东部地区作为城镇就业地点,使得农
村人均社会保障支出偏低。

第二节　农村社会保障支出的地区经济负担差异

在此,对比分析 2012 年、2018 年的"新农保支出占 GDP 比重""新农合支
出占 GDP 比重""农村低保支出占 GDP 比重"以及"农村社会保障支出占
GDP 比重"四项指标值变化来反映农村社会保障支出水平的地区差异变化。
（见表 4-2）

表 4-2　2012 年、2018 年农村社会保障支出地区经济负担差异状况

地区	新农保支出/ GDP		新农合支出/ GDP		农村低保 支出/GDP		农村社会保障 支出/GDP	
	2012	2018	2012	2018	2012	2018	2012	2018
最大值(%)	0.7599	0.4535	1.1000	1.6275	0.8400	1.3667	2.4142	3.5895
最小值(%)	0.0761	0.1240	0.0786	0.0844	0.0081	0.0125	0.2138	0.2229
极差(%)	0.6838	0.3295	1.0214	1.5430	0.8319	1.3542	2.2004	3.3665
极值比(倍)	9.9899	3.6573	13.9950	19.2752	103.6366	109.6273	11.2941	16.1020

续表

地区	新农保支出/GDP		新农合支出/GDP		农村低保支出/GDP		农村社会保障支出/GDP	
	2012	**2018**	**2012**	**2018**	**2012**	**2018**	**2012**	**2018**
平均值(%)	0.2235	0.2642	0.4371	0.7219	0.1954	0.2767	0.8994	1.8871
标准差(%)	0.1510	0.0736	0.2425	0.3809	0.1880	0.2667	0.4567	0.8958
变异系数	0.6758	0.2786	0.5548	0.5276	0.9622	0.9640	0.5078	0.4747

数据来源:根据《中国卫生统计年鉴》(2013、2019)、《中国农村统计年鉴》(2013、2019)以及《中国统计年鉴》(2013、2019)相关数据整理得出;各省市具体数值可见附录2。

从极值比来看,新农保支出占 GDP 比重的极值比由 2012 年的 9.9899 下降到 2018 年的 3.6573,说明各地区间新农保支出水平差异在缩小;但是新农合支出、农村低保支出以及农村社会保障总支出的极值比都上升了,分别从 2012 年的 13.9950、103.6366、11.2941 上升到 2018 年的 19.2752、109.6273、16.1020,尤其是地区间农村最低生活保障支出水平差异,无论是在 2012 年还是在 2018 年都大于 100 倍,说明农村最低生活保障支出水平差异两极分化现象比较严重。另外,最大值的地区都是经济较为落后的地区,最小值皆是经济发展水平较高的地区,说明经济较为落后的地方政府提供农村社会保障这一公共物品的经济负担是大于发达地区的。

从变异系数来看,与极值比不同,只有农村最低生活保障支出的水平差异略有所升,农村最低生活保障支出占 GDP 比重的离散度从 2012 年的 0.9622 上升到 0.9640;新农保支出水平差异、新农合支出水平差异以及农村社会保障支出水平差异都在缩小,新农保支出占 GDP 比重的离散度、新农合支出占 GDP 比重的离散度以及农村社会保障支出占 GDP 比重的离散度分别从 2012 年的 0.6758、0.5548、0.5078 下降到 2017 年的 0.2786、0.5276、0.4747。其中,农村养老保险支出水平差异缩小的最为明显,对缩小农村社会保障支出水平差异的贡献最大;而农村最低生活保障支出占 GDP 比重的离散度最大,这对农村社会保障支出占 GDP 比重的离散度差异问题起支配作用,次之为新农合支出占 GDP 比重的离散度、新农保支出占 GDP 比重的离散度最小,即农村最低生活保障支出水平差异是农村社会保障支出水平差异产生的主要原因。

第三节　农村社会保障支出地区间均衡性分析

农村社会保障支出作为农村转移性收入的主要组成部分,其功能在于调节农村居民收入差距。伴随农村社会保障支出的不断加大,目前农村社会保障资源在东中西部地区间的配置以及区域内的配置相比 2003 年农村社会保障体系建立与完善的初期是否更为均衡,需做进一步的考量。在此采用泰尔指数法(Theil Index,简称 TI)对比分析 2003 年与 2018 年两年的结果,如表4-3:

表4-3　三大区域农村社会保障支出的泰尔指数

年份	东部地区			中部地区			西部地区			区域内		区域间		全国 TI
	农村社会保障支出占比%	农村人口占比%	TI	农村社会保障支出占比%	农村人口占比%	TI	农村社会保障支出占比%	农村人口占比%	TI	TI	贡献率%	TI	贡献率%	
2003	59.72	36.38	0.42	15.21	33.47	0.03	26.26	30.11	0.19	0.31	83.73	0.06	16.27	0.37
2018	40.47	33.45	0.37	25.33	34.53	0.06	34.20	32.02	0.11	0.13	93.59	0.01	6.41	0.15

注:具体计算公式为 $TI_{区域间} = \sum_{i=1}^{3} \frac{Y_i}{Y} \times \log\frac{Y_i/Y}{P_i/P}$, $TI_{区域内} = \sum_{i=1}^{3} \frac{Y_i}{Y} \times TI_i$, $TI_{全国} = TI_{区域间} + TI_{区域内}$, $\frac{TI_{区域间}}{TI_{全国}}$ 分别表示三个地区差异对整体差异的贡献率,其中 i 取值1、2、3 分别代表东中西部地区。

数据来源:《中国农村统计年鉴》(2004、2019)。

由表4-3可知,2018 年的区域间 TI、区域内 TI 以及全国 TI 皆比 2003 年要小,说明 2018 年农村社会保障资源的配置相较于 2003 年,无论是区域间、区域内还是全国范围内更为均衡,农村社会保障支出的均等化程度显著提高。2018 年区域内贡献率相比 2003 年提高了 9.86 个百分点,说明在农村社会保障支出分配更为合理的背景下,区域内部的非均衡是农村社会保障资源配置非均等化的主要原因。对比东中西部地区的 TI,发现东部地区的非均衡性最强,其次是西部地区,再次是中部地区;但 2018 年东部和西部地区相比 2003 年的均衡性有所提升,中部地区的均衡性降低。

第四节　地区间农村社会保障支出与人口分布的非对称性[①]

各地区各项目的农村社会保障支出与各地区的农村人口分布相对称是衡量农村社会保障资源配置是否公平的一个重要标准,也是评价农村社会保障资源在全国范围内是否实现了均等化的一个重要标准。但中国农村社会保障的资源配置并未体现出对称性的特征。

2012 年新农保实现了全国行政区域范围的全覆盖,标志着农村社会保障体系已基本实现了全国行政区域范围的全覆盖。因此,表 4-4 对比分析 2012 年与 2018 年的各地区新农保、新农合、农村低保以及农村社会保障的配置和各地区农村人口分布,以期更好分析在农村社会保障体系实现全覆盖的初期与 5 年后的农村社会保障资源配置与农村人口分布的对称性变化。在此,RP 表示各地区农村人口数量占全国农村总人口比重,在全国 31 个省市区中由小到大排序的名次,OI 表示各地区新农保支出占全国新农保总支出比重在全国 31 个省市区中从小到大排序的名次,ME 表示各地区新农合支出占全国新农合支出比重在全国 31 个省市区中从小到大排序的名次,LI 表示各地区农村

---

① 分析方法参考本人与叶金国于 2015 年 7 月在《河北学刊》合作发表的《中国农村社会保障财政资源配置问题及对策研究》。

最低生活保障支出占农村最低生活保障支出总额比重在全国 31 省市区中从小到大排序的名次,SSE 表示各地区农村社会保障支出占全国社会保障总支出比重在全国 31 个省市区中从小到大排序的名次,则 OI-RP、ME-RP、LI-RP、SSE-RP 即表示各地区新农保、新农合、农村低保以及农村社会保障的资源配置排名与相应农村人口指标排名的差的绝对值,并将其称之为非对称性指标。当非对称系数为 0 时,表明资源配置公平,实现了均等化;反之,说明呈现非对称性特征,非对称性指标值越大则非对称性越强。① 利用 2013 年和 2018 年的有关统计年鉴的数据进行计算得到表 4-4。由表 4-4 可看出,无论是农村社会保障分项目的资源配置还是农村社会保障整体的资源配置,与人口分布皆呈现出明显的非对称性。对比分析 2012 年、2018 年的数据,可看出农村养老保险资源配置得到改善,非对称性指标值由 146 下降到 136;但新农合、农村低保以及农村社会保障的资源配置整体都呈现出恶化的迹象。尤其是新农合,非对称性指标值由 60 上升到 164;其次为农村社会保障资源,非对称性指标值由 67 上升到 160,与新农合非对称性恶化的程度相差无几;再次为农村低保,非对称性指标值由 108 上升到 134。说明在中国农村人口多的地区,农村社会保障资源的供给却通常相对较少,农村社会保障的资源配置与农村人口分布呈现出非对称性特征;尤其是新农合支出与农村社会保障支出,社会保障资源配置多的,农村人口未必多,配置少的,反而农村人口多。

表 4-4　2012 年、2018 年农村社会保障资源配置与农村人口分布的对称性分析

地区	RP		OI-RP		ME-RP		LI-RP		SSE-RP	
	2012	2018	2012	2018	2012	2018	2012	2018	2012	2018
北京	3	5	9	5	3	-1	0	-3	3	-1
天津	5	2	12	6	2	4	-3	3	2	0

① 参见叶金国、仇晓洁:《中国农村社会保障财政资源配置问题及对策研究》,《河北学刊》2015 年第 7 期。

续表

地区	RP		OI-RP		ME-RP		LI-RP		SSE-RP	
	2012	2018	2012	2018	2012	2018	2012	2018	2012	2018
河北	26	28	−2	−3	1	−9	−7	−8	0	−8
山西	15	16	−1	−3	−1	−3	1	−1	−1	−8
内蒙古	10	8	−4	3	0	1	5	8	0	11
辽宁	14	14	−3	3	−1	14	−4	−3	−2	−4
吉林	9	10	−4	−4	0	17	0	−1	0	2
黑龙江	11	15	−4	−8	0	−4	0	−3	−3	−9
上海	1	6	8	12	4	2	0	−5	4	24
江苏	19	23	7	8	7	0	5	−5	8	−1
浙江	18	18	5	9	10	4	−4	−5	10	9
安徽	27	25	−2	−2	−2	6	0	−3	−2	6
福建	16	12	−6	8	0	3	−8	−4	−1	14
江西	20	20	−2	−6	0	−4	−2	4	0	−4
山东	29	29	2	1	1	−4	−3	−4	1	−8
河南	31	31	−3	−5	0	−5	−2	−4	0	−14
湖北	23	21	−2	1	0	−3	−3	0	0	2
湖南	28	26	−6	−2	−4	−5	−5	−7	−4	−1
广东	24	27	3	2	−5	−3	−7	−4	−5	1
广西	25	22	−10	−3	−3	−12	−4	6	−3	2
海南	7	7	−5	−3	−3	−4	−1	−4	−3	0
重庆	13	9	17	6	2	5	0	1	3	6
四川	30	30	−1	−2	−1	−10	1	0	−1	−1
贵州	21	19	−5	−7	−3	11	9	10	−3	−6
云南	22	24	−9	−8	−1	−7	6	7	−1	−10
西藏	2	1	−1	0	−1	0	2	3	−1	0
陕西	17	17	2	4	0	12	8	−3	0	1
甘肃	12	13	8	−4	0	−1	10	13	1	−2
青海	4	3	−1	0	−1	−1	3	3	−1	2
宁夏	6	4	−2	−2	−4	3	−1	3	−4	−1
新疆	8	11	0	−6	0	−6	4	6	0	−2

地区	RP		OI-RP		ME-RP		LI-RP		SSE-RP	
	2012	2018	2012	2018	2012	2018	2012	2018	2012	2018
非对称性指标			146	136	60	164	108	134	67	160

数据来源:根据《中国民政统计年鉴》(2013、2019)、《中国卫生统计年鉴》(2013、2019)、《中国人口统计年鉴》(2013、2019)相关数据整理计算得到。各省市农村社会保障支出项目具体排序可见附录3。

第五节　农村社会保障支出经济效应

一、消费效应

农村社会保障体系愈加完善,农村居民所获得的转移性收入增多,农村居民对未来的不确定性会随之降低,进而促使农村居民的消费增加以及消费结构的升级。完善的农村社会保障制度在启动农村消费市场中扮演着重要的角色。[1] 不完善的农村社会保障制度会大大提高农民收入的不确定性,从而对农村居民消费倾向产生影响。[2] 伴随农村人均社会保障支出不断增加,农村居民消费弹性系数随之增加,但是当农村人均社会保障支出超过2080元时,农村居民消费弹性系数会下降;[3]三大区域的农村社会保障支出对农村居民消费则呈现出非线性的正向效应。但是地区间农村社会保障支出的消费效应差异逐步扩大;东部地区的农村社会保障支出的引致效应最大,其次是中部地

---

[1]　参见冉净斐:《农村社会保障制度与消费需求增长的相关性分析》,《贵州财经学院学报》2004年第1期。

[2]　参见刘建国:《我国农户消费倾向偏低的原因分析》,《经济研究》1999年第3期。

[3]　参见刘丹、卢洪友:《中国农村社会保障的居民消费效应研究》,《江西财经大学学报》2017年第5期。

区,西部地区最小。①

二、劳动供给效应

农村社会保障体系建立初期,农村社会保障水平严重滞后于城市社会保障水平,造成农村劳动力自由流动的制度障碍,使得城乡统筹就业不能彻底实施。随着农村社会保障制度的建设与完善,农村社会保障支出增加,有利于提高农村人力资本的质量,进而促进农村劳动力供给增加。目前,农村社会保障制度与城市社会保障制度在逐渐由城乡社会保障统筹转向城乡社会保障一体化,使社会保障无差别无死角地覆盖于全国,覆盖于所有人群,这有助于农村劳动力向城市的自由转移,有助于建立统一、规范的用工制度和劳动力市场,有助于城镇化进程的进一步推进,有助于消除城乡二元经济结构的差别。

三、收入分配效应

中国长期实施的城乡不平衡发展战略将农村社会保障体系与城市社会保障体系分裂开来,使城乡社会保障水平差异巨大,进而拉大城乡间的收入差距。农村社会保障支出与城市社会保障支出构成社会保障支出。随着政府对农村社会保障体系建设与完善的日益重视,农村社会保障支出水平不断提高,社会保障支出总额在不断加大,缩小了城乡收入差距水平。相比税收,社会保障支出对缩小城乡居民收入差距的效果更为直接、明显,这种效果还得到大众的普遍认可。②

社会保障作为调节居民收入差距的重要工具和手段,具有综合性的收入

---

① 参见唐娟莉、倪永良:《基于三大经济地区的农村社会保障供给消费效应分析》,《河南农业大学学报》2018 年第 5 期。

② 参见徐强、张开云:《我国收入差距现状及社会保障的调节效应》,《福建论坛(人文社会科学版)》2016 年第 7 期。

分配调节功能,①农村社会保障支出作为社会保障支出的一部分,主要发挥的就是调节农村居民收入差距的功能。但目前的研究成果大都是将社会保障支出作为一个整体进行观察,根据不同时期的数据,构建不同模型,就社会保障支出与城乡间收入差距、居民收入差距间的关系得出不同结论,农村居民收入差距则鲜有提及。"伴随城乡居民养老保险制度以及城乡居民医疗保险制度的合并,城乡间的居民转移性收入差距势必会越来越小;但农村居民收入差距相比城镇居民收入差距和总体的收入差距依然很大,且已发展成为收入差距的重要来源,需引起学界关注。社会保障支出调节的是整体收入差距,作为社会保障支出的重要组成——农村社会保障支出,才是真正调节农村居民收入差距的政策工具。"②所以关于农村社会保障支出经济效应的分析,主要着重于农村社会保障支出的收入分配效应进行深入分析。

第六节　农村社会保障支出收入分配效应研究③

改革开放以来,中国农村经济发展水平不断提高,农村居民人均纯收入呈现快速增长趋势,由 1978 年的 133.6 元增加到 2018 年的 14600 元,增加了 108 倍。与此同时,中国农村居民收入差距也在不断拉大,且已成为中国收入不平等的重要来源,尤其是区域间的农村居民收入差距更为明显。④ 过大的

---

① 参见郑功成:《收入分配改革与财富合理分配》,《中共中央党校学报》2010 年第 5 期。

② 参见仇晓洁、李玥:《农村社会保障支出缩小农民收入差距了吗》,《金融与经济》2019 年第 1 期。

③ 课题组于《金融与经济》2019 年第 1 期发表的《农村社会保障支出缩小农民收入差距了吗》是本书的阶段性成果,也是这一章节的主要组成部分,此部分在原有成果的基础上进行了数据更新,并且加入动态面板模型对实证结果做进一步的验证。1994—2002 年三大区域的绝对 β 和相对 β 收敛检验的实证模型由过去的全面 FGLS 模型改为系统 GMM 模型进行检验估计,因为此模型更符合这一阶段的面板数据特征。但实证结论与原文章一致。

④ 参见任媛:《基于劳动力乡村——城市迁移的我国户籍制度改革研究》,中国财政经济出版社 2015 年版。

农村居民收入差距势必会影响区域农村经济的均衡发展,阻碍中国经济健康发展和改革的推进。但现有的研究,对此并未引起足够的重视。其中农村社会保障支出就是针对农村居民收入差距发挥调节作用的。那么农村社会保障支出作为调节农村居民收入差距的重要工具能否有效调节农村居民收入差距? 调节效果如何?

为解决以上问题,此部分通过 1994 年至 2018 年中国 29 个省份的面板数据来检验中国农村居民收入差距的收敛性,并通过分时期观察探究全国范围内以及三大区域内的农村社会保障支出对农村居民收入差距的调节效应,观察相同地区在不同时期内,农村社会保障支出对农村居民收入差距的调节效果是否存在差异;同一时期,不同地区,农村社会保障支出对农村居民收入差距的调节效果是否有差异,且影响农村居民收入差距的因素是否相同。这些对于更好地认识农村社会保障支出与农村居民收入差距的关系具有重要意义。

一、研究设计

此部分理论模型的基础是新古典经济增长模型的收敛性分析,即是指若落后地区比发达地区经济增长率快,则二者在人均收入上就会趋同,人均收入增长率与其初始值间呈负相关。目前此理论已拓展到能源、碳排放、财税政策等多个领域。收敛性常用的测度方法有收敛、绝对收敛和条件收敛[1],结合本文的研究对象,在借鉴贝克尔理论模型[2]的基础上,将收敛模型拓展为如下形式:

σ 收敛,它是指各地区农村居民收入水平的离差随时间推移而逐渐下降,

---

[1] Sala-I-Martin, X., "The Classical Approach to Convergence Analysis", *Journal of Economic*, 1996, 106(437).

[2] Barro R., "Economic Growth in a Cross Section of Countries", *Quarterly Journal of Economics*, 1991, (2).

是对农村居民收入存量的粗略描述,一般采用标准差、变异系数、泰尔指数等统计指标来衡量。在此采用式(4.1)较为准确判断农村居民收入水平的 σ 收敛趋势:

$$\sigma_t = \sqrt{\sum_{i=1}^{n} \left[ln(y_{it}) - \overline{ln(y_{it})} \right]^2 / N} \qquad 式(4.1)$$

在式(4.1)中,$ln(y_{it})$ 为 i 地区在 t 时期的农村居民人均收入水平的对数值,$\overline{ln(y_{it})}$ 为 $ln(y_{it})$ 的均值,N 表示地区数目。

1. 绝对 β 收敛

它是指农民居民收入水平低的地区在逐渐追赶上农村居民人均收入水平高的地区,并达到相同的稳态水平。它与 σ 收敛均属于绝对收敛,前者是后者的必要非充分条件(Sala-i-Martín,1996),但绝对 β 收敛能更好体现各地区农村居民人均收入水平的收敛趋势。具体的收敛方程为:

$$ln(y_{i,t+T}/y_{i,t})/T = \alpha + \beta ln(y_{i,t}) + \mu_{i,t} = \alpha - (1 - e^{-\theta t})/T ln(y_{i,t}) + \mu_{i,t}$$

$$式(4.2)$$

式(4.2)中,α 为常数项,β 为估计系数,θ 为收敛速度也称作收敛系数,T 为时间跨度,$ln(y_{i,t+T}/y_{i,t})/T$ 为 i 地区在 t 到 t+T 时间内农村居民收入水平的年均增长率,$\mu_{i,t}$ 为误差项。其中收敛速度 β 可以通过 $-(1 - e^{-\theta t})/T$ 计算出(Mankiw et al.,1992)。若 β<0(即 θa>0)且在统计上显著,则表示存在绝对收敛,也就是农村居民收入水平低的地区最终会赶上农村居民收入水平高的地区。

2. 条件 β 收敛

它与绝对 β 收敛都是对农村居民收入水平增量的考察。不同的是,条件 β 收敛放松了绝对收敛关于各地区经济初始条件完全相同的假设,即假定各地区的农村居民人均收入水平将沿着不同的路径收敛于自身的稳态水平而非相同的稳态水平。在绝对 β 收敛的基础上引入一些影响收敛状态的控制变量便构成了如下条件 β 收敛的检验方程:

$$ln(y_{i,t+T}/y_{i,t})/T = \alpha + \beta ln(y_{i,t}) + \varphi Tr_{i,t} + \mu_{i,t} = \alpha - (1 - e^{-\theta t})/T ln(y_{i,t}) + \varphi Tr_{i,t} + \mu_{i,t} \qquad 式(4.3)$$

$$ln(y_{i,t+T}/y_{i,t})/T = \alpha + \beta ln(y_{i,t}) + \varphi K_{i,t} + \mu_{i,t} = \alpha - (1 - e^{-\theta t})/T ln(y_{i,t}) + \varphi K_{i,t} + \mu_{i,t} \qquad 式(4.4)$$

由于本部分研究的是农村社会保障支出对农村居民收入差距的影响,依据Paul Cashin etal.[①]的做法,在式(4.2)的基础上加入控制变量,但控制变量的选取应取决于不同的研究目的。故相比式(4.2),在式(4.3)中只选取农村社会保障支出 $Tr_{i,t}$ 作为控制变量,其中, φ 分别表示 $Tr_{i,t}$ 的系数。由于式(4.2)中已包含农村社会保障支出对农村居民收入的收敛效应,式(4.2)中将农村社会保障支出作为控制变量即表示剔除农村社会保障支出后的收敛效应。若农村社会保障支出对农村居民收入差距具有"正向调节"作用,那么式(4.2)的估计系数 β_a 就会小于式(4.3)的估计系数 β_b,即收敛系数 $\theta_a > \theta_b$。反之,则农村社会保障支出对农村居民收入具有"逆向分配"的作用。

考虑到除农村社会保障支出会影响农村居民收入差距外,还有其他重要因素会影响农村居民收入差距,而农村社会保障支出对农村收入差距的影响相比这些因素的影响是强是弱还需做进一步分析,因此根据以往研究文献将农村社会保障支出和其他重要因素作为控制变量集合 $K_{i,t}$,通过式(4.4)进行实证分析。若估计参数 $\beta < 0$(即 $\lambda > 0$)且在统计上显著,则表示存在条件 β 收敛。

二、数据来源及变量解释

(一)数据来源

此部分考量的是农村社会保障支出对农村居民收入差距的调节作用,新

---

① PaulCashin,RatnaSahay.,"Regional Economic Growth and Convergence in India",*Journal of Finance and Development*,1996,(8).

一轮农村社会保障体系的建立与完善是以 2003 年新农合改革为起始点,故以 2003 年为时间节点,又因 1994 年中国进行了财政体制改革,为使结果更为准确,数据的起始年份定为 1994 年,将分析的时间段划分为 1994 年至 2002 年、2003 年至 2017 年、1994 年至 2017 年,考虑到重庆、西藏有部分指标数据缺失,又因在计算 $ln(y_{i,t+T}/y_{i,t})/T$ 时,是以 2018 年农村居民收入数据为基数,所以数据选取实为 1994 年至 2018 年 25 年的 29 省市的面板数据。首先通过全国 29 个省区市的面板数据得出全国农村居民收入收敛状况,继而考虑东中西部三个地区各自情况,以便从整体到局部全面分析农村社会保障支出对农村居民收入的影响效应。

本文数据具体来源于《中国统计年鉴》《中国农村统计年鉴》《中国人口和就业统计年鉴》等。

（二）变量选择

1. 收入收敛趋势 $[ln(y_{i,t+T}/y_{i,t})/T]$,为 i 地区在 t 到 $t+T$ 时间内各省市农村居民收入水平的年均增长率,以 2018 年各地农村居民纯收入为基数与各地当年农村居民纯收入相除,并求对数再除以 T 得出。此指标为被解释变量,用来衡量农村居民收入差距。

2. 收入水平 $[ln(y_{i,t})]$,以各省区市农村居民人均纯收入来表示。此指标根据前文的研究设计是解释变量。

3. 农村社会保障支出 (tr),因此部分主要研究的就是农村社会保障支出对农村居民收入差距的影响,而农村社会保障支出的重要功能就是调节农村居民收入差距,故选择为控制变量。考虑到 2012 年城乡居民养老保险合并后,从统计数据上要提取出农村社会养老保险支出的数据几乎不可能,而农村社会养老保险支出是农村社会保障支出的重要组成部分,而农村居民人均转移性收入主要由农村社会保障支出构成,基于数据可得性的考虑,采用农村转移性收入数据代替农村社会保障支出数据。

4. 农村居民抚养比（fy），为各省市 65 岁以上农村老人和 6 岁以下农村儿童人口总和与农村人口数的比值，此比值用来描述家庭结构的变化。由于农村家庭收入主要由 18 岁至 60 岁的农村劳动力来创造，家庭内部存在的公共物品可以在家庭成员间共享，农村家庭结构的差异势必影响到农村消费差距和收入差距。[①]

5. 对外开放度（$open$），为当年各省区市根据美元和人民币中间价折算得到的进出口总额与其国内生产总值的比值，以反映各地区的经济开放程度。农产品贸易是增加农民收入的重要途径，[②]一个地区的对外经济开放程度越高，农产品贸易就越活跃，农产品收入越高，对于地区间农村居民的收入差距自然会产生重大影响。

6. 经济发展水平（gdp），以各省市人均 GDP 来衡量各地区的经济发展水平。经济发展水平的高低与农村居民收入水平的高低呈正比，经济发展水平差异过大也会拉大地区间农村居民收入差距。

7. 城镇化水平（$city$），用城镇化率表示，即各省市城镇常住人口数与各省市总人口数的比率。城镇化率越高，农村居民增加收入的途径越多，收入越高。工资性收入是造成农村居民收入差距的重要原因（唐平，2006），[③]城镇化水平对于农村工资性有重要影响，当然对农村居民收入差距也会产生影响。

8. 受教育水平（$eduy$ 和 edu），用平均受教育年限（$eduty$）[④]和平均受教育年限的平方（edu）两个指标来衡量。受教育年限通过各省市学历人数乘以相应年限的总和，再除以各省市 6 岁及 6 岁以上人口得出。其中，小学 6

---

① 参见熊亮：《家庭结构、等量因子和中国农村收入差距再估算》，《北京工商大学学报（社会科学版）》2018 年第 1 期。

② 参见余新平、俞佳佳：《中国农产品对外贸易与农民收入增长——基于时间序列和动态面板数据的实证检验》，《对外经济贸易大学学报》2010 年第 12 期；赵涤非、陈宴真、郭鸿琼：《我国农产品贸易开放对农民收入增长影响的实证研究》，《东南学术》2012 年第 5 期。

③ 参见唐平：《农村居民收入差距的变动及影响因素分析》，《管理世界》2006 年第 5 期。

④ 按照人力资本理论，人力资本的边际报酬递减。

年,初中 9 年,高中 12 年,大专以上文化程度按 16 年计算,文盲为 0 年。农村居民受教育年限越长,文化程度越高,接受新鲜事物能力越强,收入水平越高。但是受教育的同时,也会增加支出,减少收入,且教育不是提高未来收入的唯一途径,因此受教育年限未必与收入完全成正比。由于教育因素对农村收入不平等的贡献率呈现出了不断增大的趋势,①在观察农村居民收入差距时必须要将教育考虑到其中。

考虑到各项指标间数据差异过大会导致异方差,收入水平、农村社会保障支出以及经济发展水平分别取对数来表示。以下为各变量的描述性统计(见表 4-5):

表 4-5　变量描述性统计

变量	变量名称	定义	均值	标准差	最小值	最大值
$ln(y_{i,t+T}/y_{i,t})/T$	收入收敛趋势	农村居民收入水平在 T 时期内的年均增长率	0.1019	0.0140	0.0585	0.1335
$ln(y_{i,t})$	收入水平	对农村居民人均纯收入取对数	8.3069	0.7933	6.5844	11.6347
tr	农村社会保障支出	对农村社会保障支出取对数	5.4805	1.4235	2.4765	8.5756
fy	农村抚养比	少儿抚养比与老人抚养比之和与农村人口总和的比值	0.4369	0.0875	0.2071	0.6744
$open$	对外开放度	进出口贸易总额与 gdp 的比值	0.3063	0.3875	0.0116	2.2030
gdp	经济发展水平	对各地区人均 GDP 取对数	9.6680	0.9961	7.3311	11.7675
$city$	城镇化率(%)	各地区城镇人口占总人口比重	0.4309	0.1873	0.1412	0.9009

---

①　参见曲直、吕之望:《基于回归方程的中国农村收入差距的分解——兼论教育对收入差距的影响》,《国家行政学院学报》2014 年第 4 期。

续表

变量	变量名称	定义	均值	标准差	最小值	最大值
eduy	平均受教育年限	以年份为权重计算平均教育年限	7.0387	0.9293	3.3253	9.8009
edu	平均受教育年限平方	上一个指标的平方	50.4054	12.6305	11.0577	96.0571

三、实证研究结果

（一）σ 收敛检验

由表4-6可知,全国的变异系数值皆小于 σ 系数,前者的收敛速度为 1.66%,后者的收敛速度为0.89%。1994年至2018年的25年间,农村居民收入的地区差异呈现出日渐平稳的收敛趋势。而中国三大地区计算的农村居民收入变异系数及 σ 系数则显示出不同特征,收敛性变化与全国层面有所不同。

表4-6　全国、三大地区变异系数及 σ 系数

年份	全国		东部		中部		西部	
	变异系数	σ 系数	变异系数	σ 系数	变异系数	σ 系数	变异系数	σ 系数
1994	0.0553	0.3859	0.0441	0.4922	0.0241	0.1943	0.0184	0.3522
1995	0.0551	0.3978	0.0415	0.4902	0.0188	0.1667	0.0198	0.3993
1996	0.0512	0.3798	0.0382	0.4599	0.0162	0.1414	0.0199	0.3967
1997	0.0481	0.3418	0.0354	0.3931	0.0315	0.1935	0.0207	0.3618
1998	0.0472	0.3575	0.0347	0.4600	0.0104	0.1027	0.0207	0.3430
1999	0.0481	0.3644	0.0349	0.4635	0.0108	0.1139	0.0215	0.3558
2000	0.0492	0.3740	0.0368	0.4850	0.0088	0.1023	0.0188	0.3542
2001	0.0501	0.3830	0.0375	0.4958	0.0092	0.1079	0.0175	0.3635

续表

年份	全国		东部		中部		西部	
	变异系数	σ系数	变异系数	σ系数	变异系数	σ系数	变异系数	σ系数
2002	0.0498	0.3846	0.0374	0.5086	0.0075	0.0954	0.0171	0.3510
2003	0.0497	0.3860	0.0371	0.5107	0.0093	0.1160	0.0181	0.3479
2004	0.0482	0.3791	0.0357	0.4917	0.0089	0.0971	0.0190	0.3602
2005	0.0494	0.3932	0.0381	0.5096	0.0087	0.1066	0.0203	0.3733
2006	0.0472	0.3982	0.0385	0.5136	0.0075	0.0972	0.0212	0.3826
2007	0.0452	0.3870	0.0369	0.4940	0.0065	0.0832	0.0219	0.3823
2008	0.0448	0.3763	0.0357	0.4792	0.0073	0.0814	0.0210	0.3728
2009	0.0433	0.3771	0.0360	0.4832	0.0086	0.0955	0.0202	0.3673
2010	0.04178	0.3696	0.0353	0.4745	0.0010	0.1021	0.0189	0.3571
2011	0.0401	0.3641	0.0324	0.4642	0.0107	0.1036	0.0192	0.3560
2012	0.0346	0.3548	0.0311	0.4551	0.0105	0.1013	0.0187	0.3426
2013	0.0337	0.3107	0.0290	0.3929	0.0068	0.0753	0.0172	0.3107
2014	0.0332	0.3064	0.0284	0.3883	0.0070	0.0760	0.0164	0.3050
2015	0.0330	0.3048	0.0283	0.3891	0.0074	0.0807	0.0155	0.2985
2016	0.0324	0.3057	0.0284	0.3925	0.0077	0.0861	0.0153	0.2951
2017	0.0327	0.3056	0.0285	0.3934	0.0082	0.0923	0.0151	0.2919
2018	0.0322	0.3037	0.0285	0.3924	0.0081	0.0909	0.0150	0.2882

　　由图4-1可看出,整个观察期里,中部地区的收敛走势变化与全国的收敛走势变化非常相近。1994年至1997年间,东部与中部地区以及全国呈现出收敛的趋势,地区间农村居民收入差距在缩小;1997年以后由于外部环境变化,比如金融危机,使全国以及三大区域的收敛趋势呈现发散特征。2003年后,东部、中部以及全国范围内的农村居民收入差距呈现波动性的收敛特征,尤其是2012年以后全国及三大地区皆呈现出明显的收敛趋势。东中西部三大地区的农村居民收入差距由大到小排列为:东部地区、西部地区、中部地区。

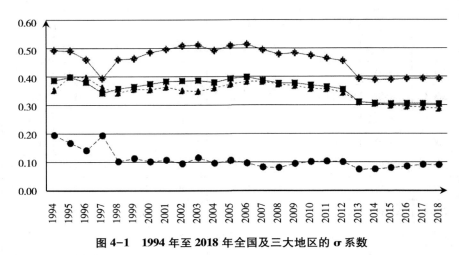

图 4-1 1994 年至 2018 年全国及三大地区的 σ 系数

数据来源:根据表 4-6 整理得出。

(二)全国层面的绝对 β 和相对 β 收敛检验

为准确把握农村居民收入水平地区差异的收敛情况,本部分将 1994 年至 2002 年、2003 年至 2018 年、1994 年至 2018 年三个时期的全国层面样本,根据模型(2)、模型(3)和模型(4)进行面板模型的估计。通过 LSDV 法考察,得出拒绝"所有个体虚拟变量都为 0"的原假设,即存在个体效应,不可使用混合回归;通过 Hausman 检验,显示拒绝"随机效应模型"原假设,故选择固定效应模型。为避免存在自相关,设置时间虚拟变量,并检验所有年度的虚拟变量,发现强烈拒绝"无时间效应"的原假设,应在模型中包括时间效应,最终通过双向固定效应模型进行估计。[①] 为准确把握农村社会保障支出水平对农村居民收入差距的影响,以此次农村社会保障体系完善的起始点 2003 年为界,将全国层面的样本区间划分为 1994 年至 2002 年、2003 年至 2017 年和 1994 年至

---

① 参见陈强:《高级计量经济学及 state 应用》,高等教育出版社 2015 年版,第 264— 265 页。

表 4-7　全国层面的绝对 β 和相对 β 收敛检验结果

参数	1994—2002			2003—2007			1994—2017		
	模型(1)	模型(2)	模型(3)	模型(1)	模型(2)	模型(3)	模型(1)	模型(2)	模型(3)
α	0.0680	0.0679	0.0367	0.3046	0.2410	0.2139	0.1638	0.1237	0.0630
	(8.59)***	(4.99)***	(1.55)	(36.07)***	(13.78)***	(6.16)***	(31.32)***	(12.81)***	(3.97)***
β	0.0044	0.0045	-0.0160	-0.2319	-0.0118	-0.0194	-0.0082	0.0005	-0.0251
	(4.24)***	(1.70)	(-2.43)**	(-23.97)***	(-3.96)***	(-7.86)***	(-12.52)***	(0.30)	(-10.51)***
tr		-0.00004	-0.0042		-0.0058	-0.0072		-0.0047	-0.0067
		(-0.02)	(-2.23)**		(-4.11)***	(-7.40)***		(-5.52)***	(-9.60)***
fy			-0.0021			-0.0253			-0.0291
			(-0.23)			(-2.44)**			(-4.35)**
$open$			0.0011			-0.0093			0.0123
			(0.30)			(-3.01)***			(4.89)***
gdp			0.0240			0.0053			0.0204
			(4.56)***			(1.77)*			(9.84)***
$eduy$			-0.0048			0.0121			0.0234
			(-0.85)			(1.27)			(2.13)
edu			0.0006			-0.0008			-0.0014
			(1.40)			(-1.27)			(-2.02)

续表

参数	1994—2002			2003—2007			1994—2017		
	模型(1)	模型(2)	模型(3)	模型(1)	模型(2)	模型(3)	模型(1)	模型(2)	模型(3)
$city$			0.0051			0.0335			0.0070
			(0.23)			(4.65)***			(1.22)
Obs	261	261	261	435	435	435	696	696	696
R2	0.0308	0.0308	0.3307	0.6927	0.7094	0.6071	0.2228	0.2569	0.5660
F	17.96	8.97	22.95	574.79	510.66	225.73	156.81	114.96	107.41

2017 年三个时期进行面板模型估计。将农村居民收入水平及其年增长率分别代入三个时期的模型（2），得到三个时期的绝对 β 收敛值。其中，1994 年至 2002 年的绝对收敛系数呈现出不显著的正效应，说明这段时期中国农村居民收入水平不具有绝对收敛特征；2003 年至 2017 年的绝对收敛系数说明在 1% 的显著水平上小于 0，说明 2003 年至 2017 年存在较强的绝对收敛趋势；但还没有强到使 1994 年至 2017 年整个时期都表现出绝对收敛趋势，整个时期表现出的是不显著的绝对非收敛特征（见表 4-7）。根据表 4-7，在 1994 年至 2002 年间的模型（1）未加入控制变量，中国农村居民收入水平在 10% 的统计水平上显著为正；加入农村社会保障支出这个控制变量后，同期模型（2）表现为不显著的收敛趋势，农村社会保障支出的系数表现为不显著的负效应，说明农村社会保障支出有利于缩小地区间农村居民收入差距，虽然影响不显著，但使得农村居民收入由较为显著的发散特征转为不显著的收敛特征。在模型（3）中农村居民收入水平呈现出在 5% 显著水平上的收敛趋势；农村社会保障支出表现为 5% 显著水平的负效应，农村社会保障支出每增加 1 元，农村居民收入的收敛趋势就会增强 0.42%；经济发展水平表现为 1% 显著水平上的正效应，说明地区间的经济发展程度的差异会扩大地区间农村居民收入差距；其他因素对农村居民收入的收敛趋势的影响皆不显著。

2003 年至 2017 年间，加入农村社会保障支出这个控制变量的模型（2）和加入控制变量束的模型（3）与同期模型（1）相比，它们各自的中国农村居民收入水平的收敛系数 β 都在 1% 的统计水平上显著为负，且数值都小于模型（1）的农村居民收入水平的绝对收敛系数 β，这就说明中国农村居民收入水平的地区差异存在条件 β 收敛。另外，同期模型（2）的中国农村居民收入水平的收敛系数为负，明显小于 1994 年至 2002 年间模型（2）的中国农村居民收入水平的收敛系数 β，说明农村社会保障支出对农村居民收入水平地区差异的调节更为明显。在同期模型（3）中除农村社会保障支出以外，抚养比、对外开放度、经济发展水平以及城镇化率这四个变量对地区间农村居民收入差距也有显著影响。其中,农村抚养比与农村居民收入收敛趋势呈现出 5% 显著水平上的负效应,即农村居民抚养比越高,地区间农村居民收入差距越小。究其原因,抚养比作为衡量家庭结构的重要指标,对于农村家庭消费具有较大影响,农村抚养比越高,农村居民消费支出越大,农村居民的纯收入就越少,农村居民收入差距自然会随之缩小。

对外开放度对农村居民收入收敛趋势具有 1% 显著水平的负效应,对外开放度越高,地区间农村居民收入差距就越小。对外开放度每提高 1%,农村居民收入差距的收敛趋势就会增强 0.0093%。分析原因,有可能是因为在对外开放度不断加强的情况下,农村居民的流动性也在加强,使得非沿海省份的农村居民从中获益,进而缩小了区域内农村居民的收入差距。城镇化率与农村居民收入收敛趋势呈现出 1% 显著水平上的正向关系,城镇化率每提高 1%,农村居民收入的收敛趋势就会减弱 0.0335%;说明城镇化水平越高,农村居民赚取收入的渠道越多,赚取收入的能力越强,地区间农村居民收入差距会变大。

见表 4-7,比较 1994 年至 2017 年间的模型(1)、模型(2)与模型(3)的中国农村居民收入水平的收敛系数 β,可知在这段时期中国农村居民收入水平的地区差异存在条件 β 收敛。在这个时期中,农村社会保障支出、抚养比、对外开放程度以及经济发展水平对中国农村居民收入水平的地区差异影响显著。

(三)三大区域的绝对 β 和相对 β 收敛检验

1. 1994 年至 2002 年三大区域的绝对 β 和相对 β 收敛检验

1994 年至 2002 年的三大区域的样本数据皆属于短面板,基于农村居民收入差距的递延性特征,在经过过度识别约束检验后,Sargan 统计值表明系统 GMM 估计的残差不存在序列相关,模型估计值是稳健可靠的,因此采用带有一阶滞后项的系统 GMM 模型来估计,具体结果见表 4-8。

表 4-8　1994 年至 2002 年三大区域绝对 β 和相对 β 收敛检验

参数	东部地区 模型(1)	东部地区 模型(2)	东部地区 模型(3)	中部地区 模型(1)	中部地区 模型(2)	中部地区 模型(3)	西部地区 模型(1)	西部地区 模型(2)	西部地区 模型(3)
因变量（滞后 1 期）	-0.1790	-0.2376	-0.3135	0.0912	0.0854	-0.3952	0.380	0.0301	-0.3680
	(-1.88)*	(-2.49)**	(-3.5)***	(0.84)	(0.76)	(-4.28)***	(0.35)	(0.28)	(-3.86)***
α	-0.0284	0.0060	0.0036	-0.0966	-0.1130	0.2220	-0.0378	-0.0508	0.0381
	(-1.15)	(0.21)	(-0.84)	(-2.70)***	(-2.81)***	(-1.37)	(-1.28)	(-1.58)	(0.71)
β	0.0176	0.0110	-0.0066	0.0250	0.0299	0.0038	0.0191	0.0231	-0.0361
	(5.70)***	(2.61)***	(-2.37)**	(5.52)***	(4.50)***	(0.58)	(4.65)***	(4.20)***	(-3.89)***
tr		0.0058	0.0001		-0.0045	-0.0028		-0.0040	-0.0056
		(2.23)**	(0.01)		(-1.04)	(-0.67)		(-1.13)	(-1.53)
fy			0.0100			0.0231			-0.003
			(1.62)			(1.06)			(-0.02)
open			0.0270			0.2245			-0.0484
			(4.80)***			(3.71)***			(-1.11)
gdp			0.0410			0.0315			0.0503
			(1.50)			(5.20)***			(5.79)***
eduy			-0.0025			0.0169			-0.0015
			(-1.32)			(0.36)			(-0.15)
edu			-0.0683			-0.0010			0.0004
			(-3.20)***			(-0.28)			(0.50)

续表

参数	东部地区			中部地区			西部地区		
	模型(1)	模型(2)	模型(3)	模型(1)	模型(2)	模型(3)	模型(1)	模型(2)	模型(3)
city			-0.2088 (-2.52)**			-0.0619 (-1.67)*			-0.1103 (-2.60)***
Obs	88	88	88	64	64	64	72	72	72
Wald	33.10	40.61	123.69	31.53	30.69	175.96	23.68	24.21	133.51
sargan 检验	103.7708	106.6232	86.6185	77.0006	71.5845	54.2928	106.7407	102.1848	78.3693

注:括号内为相应参数估计的 t 统计值,***、**、*分别表示在 1%、5%和 10%的显著水平上显著。

由表 4-8 可知,东中西地区在不同时期的绝对 β 收敛值皆为正,说明不同时期不同地区的农村居民收入都呈现出绝对发散的特征。1994 年至 2002 年三个地区在模型(1)的基础上加入农村社会保障支出这个控制变量后,东中西部地区内部的农村居民收入差距仍在扩大,呈现相对发散特征;其中东部地区的发散趋势的强度减弱,中部和西部地区相对发散趋势反而更强。东部地区的农村社会保障支出的系数为正,但不显著;中部和西部地区的农村社会保障支出表现为不显著的负向影响;说明东部地区的农村社会保障支出不利于缩小地区内农村居民收入差距,而中部与西部地区的农村社会保障支出有利于缩小地区内的农村居民收入差距。加入控制束的模型(3)中,东中西部地区的农村社会保障支出对于农村居民收入差距的影响依旧不显著;反而是城镇化水平的提高产生显著的农村居民收入收敛效应。

2. 2003 年至 2017 年三大区域绝对 β 和相对 β 收敛检验

2003 年至 2017 年以及 1994 年至 2017 年的三大区域的面板数据的样本效应时间维度属于长面板,为有效避免组间异方差、同期相关以及组内自相关等问题,选用全面 FGLS 模型分别对 2003 年至 2017 年以及 1994 年至 2017 年的三大区域的相关数据进行实证分析(见表 4-9 和表 4-10)。

根据表 4-9,2003 年至 2017 年三大区域在模型(1)的基础上加入农村社会保障支出这个控制变量后,东中西部地区的 β 系数的绝对值明显变小了,农村社会保障支出系数分别表现为 5%、1%、1%显著水平上的负效应,说明农村社会保障支出有效地缩小了地区内部的农村居民收入差距,呈现出显著的相对收敛特征。中部地区的 β 系数变大,但农村社会保障支出系数为负,说明是因为其他因素导致中部地区内部的农村居民收入差距拉大,这个在同期的中部地区的模型(3)中得到验证;其农村社会保障支出系数仍显著为负,经济发展水平和城镇化显著为正,说明农村社会保障支出有利于缩小中部地区内部收入差距,而经济发展水平和城镇化则拉大了中部地区内部的收入差距。比较 2003 年至 2017 年间东中西部地区在加入农村社会保障支出这一控制变

表4-9 2003年至2017年三大区域绝对β和相对β收敛检验

参数	东部地区 模型(1)	东部地区 模型(2)	东部地区 模型(3)	中部地区 模型(1)	中部地区 模型(2)	中部地区 模型(3)	西部地区 模型(1)	西部地区 模型(2)	西部地区 模型(3)
α	-17.8012	-17.6857	-16.6109	0.2422	0.1911	0.3052	0.3358	0.2959	0.2446
	(-44.90)***	(-45.54)***	(-23.91)***	(25.66)***	(20.94)***	(7.88)***	(17.94)***	(12.31)***	(9.89)**
β	-0.1039	-0.1011	-0.1164	-0.0153	-0.0044	-0.0021	-0.0283	-0.0211	-0.0622
	(-48.38)***	(-48.80)***	(-32.18)***	(-15.18)***	(-4.09)**	(-2.52)**	(-12.68)***	(-6.74)***	(-14.64)***
tr		-0.0010	-0.0005		-0.0069	-0.0072		-0.0032	0.0006
		(-10.76)**	(-2.53)**		(-10.87)***	(-11.72)***		(-4.79)***	(0.95)
fy			-0.0050			-0.0384			-0.0064
			(-2.58)***			(-6.65)***			(-1.66)*
open			-0.0019			-0.0178			-0.0072
			(-3.28)*			(-1.67)*			(-1.62)
gdp			0.0191			0.0126			0.0276
			(18.17)***			(6.28)***			(8.30)***
eduy			0.0068			-0.0039			0.2451
			(2.53)**			(-0.43)			(5.59)***
edu			-0.0005			0.0003			-0.0016
			(-2.57)***			(0.43)			(-4.90)***

续表

参数	东部地区			中部地区			西部地区		
	模型(1)	模型(2)	模型(3)	模型(1)	模型(2)	模型(3)	模型(1)	模型(2)	模型(3)
city			0.0029			0.0589			0.0216
			(1.88)*			(8.36)***			(6.50)***
obs	165	165	165	120	120	120	135	135	135
Wald	102.36	2589.64	1697.12	543.86	495.83	1089.05	356.13	340.7	598.11
AR(1)	0.5601	0.7964	0.8038	0.6653	0.6867	0.5735	0.6958	0.7026	0.5753

注:括号内为相应参数估计值的t统计值,***、**、*分别表示在1%、5%和10%的显著水平上显著。

表4-10　1994年至2017年三大区域绝对β和相对β收敛检验

参数	东部地区			中部地区			西部地区		
	模型(1)	模型(2)	模型(3)	模型(1)	模型(2)	模型(3)	模型(1)	模型(2)	模型(3)
α	-4.6665	-6.0070	-5.9743	0.1676	0.1464	0.0173	0.2777	0.2552	0.1548
	(-15.58)***	(-13.99)***	(-12.10)***	(17.99)***	(13.20)***	(0.42)	(14.37)***	(11.93)***	(8.20)***
ln	-0.0313	-0.0340	-0.0314	-0.0073	-0.0024	-0.0057	-0.0227	-0.0185	-0.0451
	(-23.58)***	(-16.18)***	(-12.75)***	(-8.33)***	(-2.09)**	(-3.84)***	(-9.74)***	(-6.79)***	(-11.98)***
tr		-0.0012	-0.0015		-0.0034	-0.0056		-0.0018	-0.0024
		(-4.96)***	(-4.38)***		(-4.84)***	(-6.99)***		(-3.14)***	(-3.24)***

中国农村社会保障支出经济效应研究

续表

参数	东部地区			中部地区			西部地区		
	模型(1)	模型(2)	模型(3)	模型(1)	模型(2)	模型(3)	模型(1)	模型(2)	模型(3)
fy			-0.0181			-0.0313			-0.0061
			(-5.65)***			(-5.50)***			(-1.67)*
open			0.0039			0.0015			0.0022
			(4.24)***			(0.12)			(0.32)
gdp			-0.0121			-0.0012			0.0305
			(-5.72)***			(-0.49)			(9.66)***
eduy			0.0057			0.0496			0.0118
			(3.66)***			(4.71)***			(4.21)***
edu			-0.0004			-0.0034			-0.0009
			(-3.42)***			(-4.51)***			(-4.06)***
city			0.0119			0.0476			0.0014
			(4.12)			(4.67)***			(0.27)
obs	264	264	264	192	192	192	216	216	216
Wald	1344.47	652.13	742.94	149.93	88.60	287.55	107.41	83.62	327.64
AR(1)	0.5507	0.5607	0.4780	0.8057	0.7712	0.3865	0.8339	0.8115	0.5431

注:括号内为相应参数估计值的 t 统计值,***、**、* 分别表示在 1%、5% 和 10% 的显著水平上显著。

092

量的模型(2)中的农村社会保障支出系数,可知农村社会保障支出调节地区
内部农村居民收入最为明显的是中部地区,其次是西部地区,最后是东部地
区。但在加入控制束后,由模型(3)可知,农村社会保障支出调节地区内部农
村居民收入差距由强到弱的顺序依次为中部地区、东部地区、西部地区。因为
经济发展水平、教育水平以及城镇化水平的提高拉大了西部地区内部的收入
差距,且此效应削弱了西部地区农村社会保障支出所产生的效应。

3. 1994 年至 2017 年三大区域绝对 β 和相对 β 收敛检验

根据表4-10可知,1994 年至 2017 年三个地区模型(1)中β值皆为负,呈
现出绝对收敛特征。加入农村社会保障支出的模型(2)中,东中西部地区的
农村社会保障支出与农村居民收入收敛趋势皆呈现出 1% 显著水平上的负效
应,但中部和西部地区的 β 值大于模型(1)的 β 值,说明还存在其他拉大农村
居民收入差距的因素。加入控制束的模型(3)中,三大区域的农村社会保障
支出系数皆表现为 1% 显著水平的负效应,但中部地区的 β 值的绝对值小于
相应地区的模型(1)的 β 值。根据表 4-9 可知,东部地区开放程度和经济增
长是拉大东部地区农村居民收入差距的重要因素;西部地区经济增长和教育
水平是拉大其农村居民收入差距的重要原因。

四、稳健性检验

考虑到当期农村居民收入差距往往受上期收入差距的影响很大,农村居
民收入差距具有递延性,故应将农村居民收入收敛趋势的滞后项加入到控制
变量中,利用动态面板模型来考量。就全国范围的样本数据而言,面板个体数
为 29 大于最大的时间维度(T = 24),属于短面板数据。主要适用于差分 GMM
和系统 GMM 方法。在分别经过扰动项的差分是否存在自相关和扰动项的自
相关检验后,发现二者皆接受原假设,但后者比前者标准误更小,说明系统
GMM 估计得更准确。其估计结果见表 4-11:

表4-11　基于系统 GMM 模型的全国层面的绝对 β 和相对 β 收敛检验结果

参数	1994—2002	2003—2017	1994—2017
	模型（1）	模型（2）	模型（3）
因变量 （滞后1期）	-0.3325	0.6179	0.6116
	(25.24)***	(21.79)***	(24.28)***
β	-0.0110	-0.0014	-0.0081
	(-2.97)***	(-0.74)	(-4.07)***
tr	-0.0091	-0.0052	-0.0058
	(-4.40)***	(-7.14)***	(-8.94)**
fy	0.0076	-0.0378	-0.0115
	(0.66)	(-5.03)***	(-1.96)**
open	-0.0208	-0.0106	-0.0057
	(-3.95)***	(-7.12)***	(-3.55)***
gdp	0.0341	0.0112	0.0067
	(8.66)***	(5.38)***	(3.46)***
eduy	0.0001	0.0349	0.0457
	(0.02)	(4.12)***	(9.10)***
edu	0.0006	-0.0020	-0.0029
	(0.97)	(-3.63)***	(-8.08)***
city	-0.0848	0.0526	0.0097
	(-3.24)***	(9.18)**	(1.97)**
α	-0.0404	0.0101	-1.1083
	(-1.16)	(0.31)	(-5.91)***
Obs	232	406	667
Wald	363.04	9329.11	4386.27
sargan 检验	253.1961	567.7313	1021.664

注:括号内为相应参数估计的 t 统计值,***、**、* 分别表示在 1%、5%和 10%的显著水平上显著。

　　表 4-11 中模型（1）、模型（2）和模型（3）中,Sargan 检验的 P 值表明接受

所有工具变量都有效的原假设。从系统 GMM 估计的结果来看,农村社会保障支出对农村居民收入收敛趋势的影响与面板 OLS 的估计结果是相同的,再次进一步验证了面板模型估计结果的稳健性。

五、实证结论

基于 1994 年至 2017 年中国 29 个省份的面板数据,利用绝对 β 收敛和条件 β 收敛等检验了中国农村居民收入差距的收敛性,并通过收敛回归进行分析,观察中国农村社会保障支出对农村居民收入差距的作用。主要结论为:

第一,2003 年后,政府对农村社会保障日益重视,农村社会保障支出不断加大,东部与中部地区的农村居民收入差距呈现波动性的收敛特征,2012 年后东中西部地区皆呈现出明显的收敛趋势。农村居民收入差距由大到小排序为东部地区、西部地区、中部地区。

第二,1994 年至 2002 年农村社会保障支出对农村居民收入收敛趋势的影响不显著,造成地区间农村居民收入差距扩大的原因是地区间经济发展水平的差异。2003 年至 2017 年农村社会保障支出对农村居民收入收敛趋势呈现出 5% 显著水平上的负效应,相比 1994 年至 2002 年,调节地区间农村居民收入差异的效应更加明显;此阶段抚养比、对外开放度的提高显著缩小了地区间的农村居民收入差距,不同地区间经济发展水平、城镇化水平的差异是地区间农村居民收入差距扩大的主要原因。

第三,1994 年至 2002 年,东中西部地区农村社会保障支出对农村居民收入收敛趋势的影响皆不显著,中部与西部地区呈现出的是不显著的负效应,东部地区呈现出的是不显著的正效应。究其原因,这一阶段的农村社会保障更多是依赖农民自给自足。此阶段,城镇化水平的提高是显著缩小区域内部农村居民收入差距的主要因素。

第四,2003 年至 2017 年,东中西部地区农村社会保障支出对农村居民收入起到显著的"正向调节"效应,有效地缩小了区域内部的农村居民收入差距,调节效应由强到弱排序为中部地区、西部地区、东部地区。

第五,不同时期、不同地区,扩大地区间、地区内部农村居民收入差距的原因不同,以至于农村社会保障支出产生"逆向收入分配"的效果。

通过对农村社会保障支出的地区差异、地区经济负担差异的比较,对农村社会保障支出地区间均衡性分析,以及农村社会保障支出与人口非对称性分析,深入剖析农村社会保障支出的现状,在此基础上着重研究农村社会保障支出的收入分配效应,发现农村社会保障支出呈现出以下特征:

第一,地区间农村最低生活保障支出经济负担差异大。对比分析 2012 年、2018 年两年的新农保支出、新农合支出、农村最低生活保障支出以及农村社会保障支出的经济负担差异,发现新农合支出、农村最低生活保障支出以及农村社会保障支出的两极分化现象明显,尤其是农村最低生活保障支出,2018 年的极值比达到 109.6273。地区间的农村社会保障支出经济负担差异在逐渐缩小。其中,地区间农村最低保障支出的经济负担差异对农村社会保障支出负担差异的贡献度最大。究其原因,农村最低生活保障支出主要由地方政府来承担,地区间经济发展的不均衡势必导致农村最低生活保障标准的巨大差异,且经济发展水平低的地区农村最低生活保障标准可能未必低,经济发展水平高的地区虽然其农村最低生活保障标准高但经济较为发达,经济负担并不大,以至于地区间农村最低生活保障支出经济负担差异悬殊。

第二,农村社会保障支出均等化程度显著提高。农村社会保障资源的配置无论是区域间、区域内还是全国范围内更为均衡。相比 2003 年,2018 年的农村社会保障支出的均等化程度显著提高。而区域内部的非均衡是目前农村社会保障资源配置非均衡的主要原因,其中东部地区内部的非均衡性最强,其次是西部地区,再次是中部地区。

第三,农村社会保障支出与农村人口分布的非对称性增强。2018 年农村社会保障支出与农村人口分布的非对称性比 2003 年增强很多,非对称性指数由 2003 年的 67 提高到 2018 年的 160。其中,新农合支出与人口分布的非对称性最强,其次是农村最低生活保障支出。

第四,农村社会保障支出收入分配效应明显。2003 年起,政府开始尝试农村社会保障体系的建立与完善,农村社会保障支出显著缩小了不同地区间的以及区域内部的农村居民收入差距,其中调节效应最为显著的是中部地区,其次是东部地区,再次是西部地区。而在此之前,农村社会保障支出调节农村居民收入差距的效应并不显著。根据实证分析,发现不同地区不同时期,农村居民收入差距扩大主要原因是不同的,要有效调节收入差距还需对症下药。

第五章　新农保支出经济效应研究

在中国经济快速发展,大量农村青年劳动力涌入城市的背景下,老龄化进程的加速对农村社会养老保险制度提出了更高的要求。为此,众多学者和政府一直在积极探索并不断完善农村社会养老保险制度,以期更好地保障农村老年人的晚年生活水平,进一步促进财政再分配效应、维护社会公平正义,承担更多的社会化养老责任。

1982 年以前仅有农村五保供养为农村养老保险制度的建立提供启发,直到"七五"计划才提出要在试点地区根据各地实际情况建立农村养老保险制度。1992 年中央通过对试点地区经验的总结和改进,在全国范围内建立农村社会养老保险管理机构,推广《县级农村社会养老保险基本方案》,此时的农村社会养老保险是以县为单位开展的"以个人缴纳为主、集体补助为辅,国家给予政策扶持"的养老保险制度,称之为"老农保"。但受 1998 年东南亚金融危机影响,"老农保"的运营机制出现重大问题,参保人数从高峰期的 8000 万人降至 5000 万人,国务院对其进行清理整顿,"老农保"的实施以失败告终。为解决"老农保"的筹资机制过于依赖个人责任的问题,中央开始尝试对农村社会养老保险制度进行财政补贴。2008 年《中共中央关于推进农村改革发展若干重大问题的决定》明确提出:"贯彻广覆盖、保基本、多层次、可持续原则,加快健全农村社会保障体系。按照个人缴费、集体补助、政府补贴相结合的要求,建立新农保制度。"中央财政"补出口",地方财政"补进口"。2009年全国范围内10%的县开展新农保试点计划,并逐步推进,最终在2012年实现了新农保在全国范围的"全覆盖",同时启动新农保与城镇居民养老保险的合并工作。2014年2月7日的国务院常务会议决定"依法将这两项制度合并实施,在全国范围内建立统一的城乡居民基本养老保险制度"。

"城乡居民基本养老保险制度"实现了双轨并行,打破了中国社会养老保险制度城乡二元结构的屏障,一方面提高了政府效率,另一方面优化了制度的公平性。并且国务院后续进一步出台了一系列制度衔接政策,保障全面建成公平、统一、规范的城乡居民养老保险制度,与社会救助、社会福利等其他社会保障政策相配套,更好地保障参保城乡居民的老年生活。

基于研究对象和研究范围的考虑,现有城乡居民基本养老保险制度是新农保制度与城市居民养老保险制度合并的结果,为与城市居民所享受的社会养老保险相区分,在此仍将针对农村居民提供的养老保险称为新农保,所发生的支出称作新农保支出。

另外,为了更好观察比较地区间新农保支出所带来的经济效应差异,根据经济发展情况、养老资源丰富程度,结合原有的东中西部地区的划分,对全国31个省区市重新划分区域,最终分为三类地区:一类地区为经济发达,农村养老资源丰富,养老困难较少,包括北京、天津、上海、吉林、黑龙江、内蒙古、辽宁、河北、河南、山东、江苏、浙江和广东13个省(自治区、直辖市);二类地区为经济欠发达,农村养老资源欠缺,只能维持老年人的基本生活需要,包括湖北、四川、湖南、安徽、江西、广西、贵州、重庆、福建、海南、山西11省、区市;三类地区为经济落后,农村养老资源短缺,养老极度困难,老年人生活需要无法保证,包括青海、宁夏、新疆、云南、甘肃、西藏和陕西7个省区市。[①]

---

①　参照郝金磊、贾金荣在《统计与信息论》2010年第11期《西部地区农民养老模式选择意愿的影响因素分析——基于有序Probit模型和结构方程模型的实证研究》的分区域的划分方式进行的划分。此章节所有区域划分皆按此标准。

第一节 新农保实施现状

现行的新农保在实现与城镇居民社会养老保险合并后,缴费档次由原来的五个档次上升为每年 100 元、200 元、300 元、400 元、500 元、600 元、700 元、800 元、900 元、1000 元、1500 元、2000 元 12 个档次,并对 500 元以上的缴费对象给予至少 60 元/人/年的补贴;基础养老金由原来 55 元/人/月增加到 2018 年的 88 元/人/月;并新增一次性丧葬补助金,来减轻农民家庭的丧葬费用负担。新农保是从 2009 年起在各省市开始试点推行,其数据不足以反映全国整体状况,因此数据统计从 2010 年开始。由于 2012 年新农保与城镇居民社会养老保险合并工作全面启动,官方对外公布的数据不再对城、乡居民社会养老保险分别公布,而是改为公布城乡居民社会养老保险的相关数据。由于新农保支出及人数皆占城乡居民社会养老保险的绝大比例,基于数据的可得性,在不影响统计结论的情况下,以城乡居民社会养老保险的数据替代新农保的数据。

一、新农保参保情况

结合新农保的制度变革,由表 5-1 可以看出,新农保的参保人数一直处于稳定的上升状态,其参保率持续提高。截至 2018 年,据统计数据显示农村居民的养老保险的参保人数为 52391.7 万人,参保率达到 92.89%,几乎可以推测在无重大变化的情况下,2020 年能够实现养老保险全覆盖的战略目标。其中在 2010 年和 2011 年有较大的增长幅度,这与新农保制度的全面推行密不可分。

表 5-1 2010 年至 2018 年新农保全国参保情况

指标	2010	2011	2012	2013	2014	2015	2016	2017	2018
参保人数	10276.8	32643.5	48369.5	49750.1	50107.5	50472.2	50847.1	51255.0	52391.7
实际领取人数	2862.6	8921.8	13382.2	14122.3	14741.7	14800.3	15270.3	15597.9	15898.1

续表

指标	2010	2011	2012	2013	2014	2015	2016	2017	2018
农村居民人数	67113	65656	64222	62961	61866	60346	58973	57661	56401
覆盖率（%）	15.31	49.72	75.32	79.02	80.99	83.64	86.22	88.89	92.89
实际领取率（%）	27.85	27.33	27.67	28.39	29.42	29.32	30.03	30.43	30.34

注：①农村社会养老保险覆盖率为农村社会养老保险参保人数与农村居民人数的比值；② 农村社会养老保险实际领取率为农村社会养老保险实际领取人数与参保人数的比值。

数据来源：根据《中国农村统计年鉴》（2011—2019）有关数据整理计算得到。

由表5-2，随着新农保制度的推进，一二三类地区的参保人数和参保率都呈现稳步上升的态势。但相较而言，三类地区在2018年的参保人数为6743.7万人，参保率仅为89.51%，略低于90%，在全国综合数据中属于较为落后的地区，整体新农保的发展水平明显低于一类和二类地区。二类地区的农村居民参保新农保的积极性最为高涨，由2010年的4090.7万人增加到2018年的22497.1万人，参保率由2010年的14.85%上升到98.00%。一类地区虽有较高的生活质量水平作为基础，但参保的积极性却低于二类地区，自2012年起一类地区的参保率就低于二类地区，且一类地区参保率的增长率低于二类地区和三类地区。因此想要在2020年实现新农保的全覆盖，不仅要注重向三类地区的农村居民推广并鼓励其参与新农保，还要进一步刺激一类地区农村居民的参保积极性；但同时要注意到，一类地区的参保率低可能是因为有的农村居民未参保新农保，可能参保了城镇企业职工养老保险或者是参保了地方政府专门为当地农民工设计的农民工养老保险。

表5-2　2010年至2018年新农保参保人数及参保率

	2010	2011	2012	2013	2014	2015	2016	2017	2018
全国（万人）	10276.8	32643.5	48369.5	49750.1	50107.5	50472.2	50847.1	51255.0	52391.7

续表

	2010	2011	2012	2013	2014	2015	2016	2017	2018
全国（%）	15.31	49.72	75.32	79.02	80.99	83.64	86.22	88.89	92.89
一类地区（万人）	4563.4	14898.6	21858.6	22392.3	22527.0	22601.9	22700.1	22876.3	23151.0
一类地区（%）	15.29	50.97	76.47	79.80	81.68	83.91	86.31	88.91	91.81
二类地区（万人）	4090.7	13476.0	20464.6	21182.2	21376.2	21545.4	21780.2	21908.2	22497.1
二类地区（%）	14.85	50.13	78.14	82.46	84.97	87.39	90.49	93.35	98.00
三类地区（万人）	1622.7	4268.8	6046.3	6175.7	6204.2	6324.9	6366.5	6470.2	6743.7
三类地区（%）	18.53	49.53	72.05	74.63	76.36	79.24	81.37	84.43	89.51

注：一二三类地区新农保的参保率分别为其地区内部各省市新农保参保人数总和与其地区内部各省市农村居民人数总和的比值。

数据来源：《中国农村统计年鉴》(2011—2019)。

二、新农保领取情况

由表5-3，从实际领取人数和实际领取率来看，一二三类地区实际领取人数皆呈现上升趋势，分析其原因，一方面与参保范围的扩大有关，另一方面与中国农村人口老龄化日益严峻有关。其中一类地区和三类地区分别由2010年的28.48%、20.32%上升到2018年的33.67%、22.93%；二类地区的实际领取率却由2010年的30.14%降到2018年的29.14%，可能是因为二类地区的参保人数上涨幅度大于其领取人数。结合表5-2，观察一二三类地区的实际领取率可以发现，一类地区新农保的参保率不是最高的但实际领取率是最高的。比如，2018年，一类地区的新农保的参保覆盖率为91.81%，低于二类地区的98%，而一类地区新农保的实际领取率为33.67%，却高于二类地区的22.93%。说明一类地区新农保参保人群的老龄化程度要比二类地区严重，使得一类地区相比二类地区会承担较大的运营压力。一二三类地区参保率与领取率呈现非对称性的特征,领取率较高参保率较低地区的新农保可持续的风险会增加。但从时间序列的关系来看,一二三类地区的农村社会养老保险的实际领取率还是处于一个相对稳定的状态,其背后的风险有待进一步的分析论证。

表5-3　2010年至2018年新农保实际领取人数及领取率

	2010	2011	2012	2013	2014	2015	2016	2017	2018
全国（万人）	2862.6	8921.8	13382.2	14122.3	14741.7	14800.3	15270.3	15597.9	15898.1
全国（%）	27.85	27.33	27.67	28.39	29.42	29.32	30.03	30.43	30.34
一类地区（万人）	1299.8	4175.0	6454.2	6861.3	7186.9	7202.1	7467.1	7623.6	7795.4
一类地区（%）	28.48	28.02	29.53	30.64	31.90	31.87	32.89	33.33	33.67
二类地区（万人）	1233.0	3879.2	5682.1	5953.6	6178.1	6167.1	6326.7	6455.1	6556.6
二类地区（%）	30.14	28.79	27.77	28.11	28.90	28.62	29.05	29.46	29.14
三类地区（万人）	329.8	867.5	1245.7	1307.4	1377.0	1431.4	1476.8	1519.2	1546.0
三类地区（%）	20.32	20.32	20.60	21.17	22.19	22.63	23.20	23.48	22.93

注:一二三类地区新农保的参保率分别为其地区内部各省市新农保领取人数总和与其地区内部各省市
　　参保人数总和的比值。
数据来源:《中国农村统计年鉴》(2011—2019)。

三、新农保资金来源

新农保由个人缴费、集体补助、政府补助三部分组成。其中,集体补助由于各地区的集体经济发展严重不平衡,有的地区的集体经济甚至已经瓦解,所以在此只考察来源于参保个人和政府的养老保险资金。

（一）个人缴费水平

农村居民要参保新农保必需要缴纳一定的费用才可以,农村居民的个人缴费水平的高低直接影响到农村居民参保的积极性。

根据表5-4,2009年至2013年国家制定的新农保制度规定最低缴费额度为100元,最高缴费额度为500元。2014年实行农村社会养老保险与城镇居民社会养老保险合并后,新农保的最高缴费额度上调为2000元。

表5-4 2009年至2018年新农保最低及最高缴费额度

	2009	2010	2011	2012	2013	2014	2015	2016	2017	2018
最低缴费额度	100	100	100	100	100	100	100	100	100	100
最高缴费额度	500	500	500	500	500	2000	2000	2000	2000	2000

数据来源:根据中国人力资源与社会保障部发布的文件。

由表5-5和表5-6,从时间序列的角度看,新农保最低缴费额的养老金缴费负担率,以及最高缴费额的养老金缴费负担率呈现逐年下降的趋势,这与农村居民人均纯收入的逐年递增有很大相关性。

根据表5-5,比较一二三类地区新农保最低缴费额养老金缴费负担率,一类地区的新型农村社会养老金个人缴费负担率最低,二类地区次之,三类地区最高,但即便是负担率最高的三类地区其缴费负担率也仅为0.92%,说明按照最低的缴费标准来看,各地区农村居民均有较为充足的资金来缴纳农村社会养老保险费。另外,值得注意的是,根据人力资源和社会保障事业发展统计公报显示,绝大部分新农保的参保人选择了按照最低缴费额度进行缴费,这也为农村社会养老保险制度的可持续性埋下了隐患。

表5-5　2009年至2018年新农保最低缴费额养老金缴费负担率

养老金缴费负担率	2009	2010	2011	2012	2013	2014	2015	2016	2017	2018
全国（%）	1.94	1.69	1.43	1.26	1.06	0.95	0.88	0.81	0.74	0.68
一类地区（%）	1.37	1.19	1.01	0.90	0.81	0.73	0.67	0.62	0.40	0.53
二类地区（%）	2.15	1.89	1.59	1.39	1.15	1.03	0.94	0.87	0.80	0.73
三类地区（%）	2.85	2.43	2.06	1.78	1.46	1.31	1.19	1.10	1.00	0.92

注:新农保最低缴费负担率为新农保最低缴费额与农村居民人均纯收入之间的比值。
数据来源:农村居民人均纯收入的数据来自《中国农村统计年鉴》(2010—2019)。

根据表5-6,对于最高缴费标准下的养老金缴费负担率,从2009年到2013年,无论是全国还是一二三类地区农村社会养老保险的缴费负担率都在下降;2014年,由于最高缴费标准从500元一下子调整到2000元,以至于2014年的个人缴费负担率陡增,但伴随农村居民收入水平的提高,2014年以后个人缴费负担率不断走低。其中,个人缴费负担率最高的地区为三类地区,次之为二类地区,最低的为一类地区,其原因在于三类地区的农村居民的收入水平最低,其次是二类地区,一类地区的农村居民收入水平最高。农村社会养老保险的最高缴费额度的突然调高致使农村社会养老保险的最高缴费负担率陡然上升,但也意味着为农村居民提供了更多的缴费选择空间。

表5-6　2009年至2018年新农保最高缴费额养老金缴费负担率

养老金缴费负担率	2009	2010	2011	2012	2013	2014	2015	2016	2017	2018
全国（%）	9.70	8.45	7.17	6.32	5.30	19.07	17.51	16.18	14.89	13.68
一类地区（%）	6.83	5.96	5.06	4.49	4.04	14.60	13.47	12.45	7.97	10.59

续表

养老金缴费负担率	2009	2010	2011	2012	2013	2014	2015	2016	2017	2018
二类地区(%)	10.76	9.43	7.93	6.95	5.77	20.66	18.88	17.37	15.96	14.63
三类地区(%)	14.23	12.15	10.29	8.90	7.31	26.20	23.90	21.99	20.06	18.35

数据来源:1. 新农保最高缴费负担率为新农保最高缴费额与农村居民人均纯收入之间的比值;2. 农村居民人均纯收入的数据来自《中国农村统计年鉴》(2010—2019)。

(二)财政补贴水平

1. 财政收支水平分析

新农保作为农村社会保障的重要组成部分,属于典型的公共物品,其外部性特征意味着政府财政要在其中承担着更多的责任。2014年城乡居民养老保险制度合并建立后,农村居民基金由个人缴费、集体补助、政府补助组成且全部金额计入个人账户,这部分成为政府对于农村居民基金入口的补贴。另外,养老金的支付由个人账户和基础养老金组成,其中政府对基础养老金也有财政补贴的责任,这部分成为政府对新农保出口的补贴。政府财政既补出口,又补进口,对新农保制度的正常运行起到了至关重要的作用。

由图5-1可知,2003年至2018年中央及三类地区的财政支出与收入水平处于持续上升状态,且从财政支出与收入水平的折现图来看,并未发现明显的增长速度变缓的趋势,因此预计未来十年内的财政收支依然处于上升水平。另外,一类地区、二类地区的财政支出均高于中央的财政支出水平,三类地区的财政支出水平垫底。三大区域之间的财政支出水平差异较大。在财政收入水平方面,中央的财政收入水平在2011年之前超过了三大区域的地方财政收入的合计,在2011年之后地方财政收入才超越了中央。在地方财政收入当中一类地区的贡献比例超过一半以上,其次为二类地区。在财政收支水平上,三类地区明显处于落后状态。

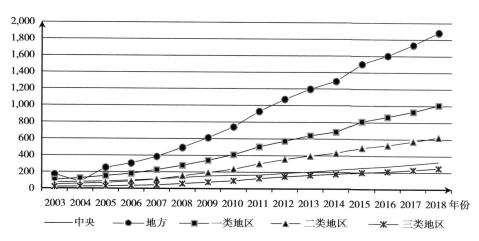

图5-1 2003年至2018年中央及地方财政支出

数据来源:《中国统计年鉴》(2004—2019)。

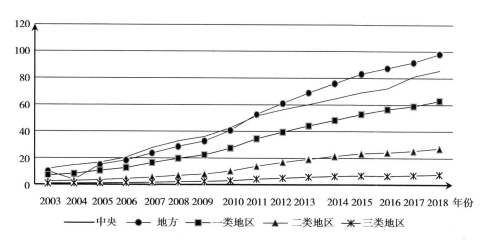

图5-2 2003年至2018年中央及地方财政收入

数据来源:《中国统计年鉴》(2004—2019)。

进一步对比全国及三大区域的地方财政支出收入比,除了中央财政支出收入比小于1,三大区域的财政都处于入不敷出的状态。并且近年来中央财政支出收入比呈现逐年下降的趋势,说明中央对财政收支采用了有效的管控手段,中央财政结余日益增加。而地方财政支出收入的比值则呈现在波动中上升的趋势,并随着经济的发展水平的提高,财政支出收入比的波动幅度越小,即经济发展水平能够有效地提高地方财政应对突发状况的能力。其中三类地区的财政支出收入比长时间维持在 3 以上,说明该类地区财政负担过重,甚至需要其他地区为其"买单",进而可能会造成该类地区城乡养老保险实施成本过大的问题。

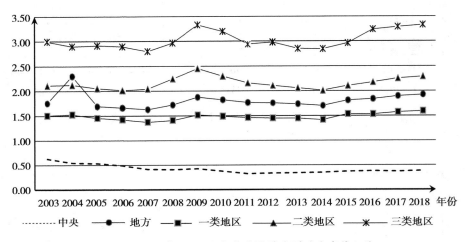

图 5-3　2003 年至 2018 年中央及地方财政支出收入比

数据来源:《中国统计年鉴》(2004—2019)。

2. 中央财政补贴

政府财政对新农保的补贴,根据来源可分为中央财政补助和地方财政补助。由表 5-7 可知,自 2010 年到 2018 年中央对新农保的财政补贴金额是逐渐递增的,由 2010 年的 47.34 亿元增加到 2018 年的 150.43 亿元,2014 年至 2018 年间中央的财政补贴比例一直维持在 0.46%—0.47%,财政负担率控制在 0.18% 左右,较为稳定,说明中央政府对农村社会养老保险财政补贴的管控较严格,且中央的财政资金在目前以及未来有足够的能力对新农保进行持续补贴。但是这一比例是否合理,需要结合地方财政补贴金额综合考虑。

表5-7 2010年至2018年新农保中央财政补贴状况

	2010	**2011**	**2012**	**2013**	**2014**	**2015**	**2016**	**2017**	**2018**
中央财政补助金额(亿元)	47.34	60.99	75.76	88.77	102.77	117.93	129.37	140.61	150.43
中央财政支出总额(亿元)	15989.73	16514.11	18764.63	20471.76	22570.07	25542.15	27403.85	29857.15	32707.81
中央财政收入总额(亿元)	42488.47	51327.32	56175.23	60198.48	64493.45	69267.19	72365.62	81123.36	85447.34
占中央财政支出比值(%)	0.30	0.37	0.40	0.43	0.46	0.46	0.47	0.47	0.46
中央财政负担率(%)	0.11	0.12	0.13	0.15	0.16	0.17	0.18	0.17	0.18

数据来源:1. 根据 Wind 数据库整理而得;2. 新农保的中央财政负担率为农村社会养老保险的中央财政补贴与中央财政收入的比值。

3. 地方财政补贴

在地方财政补贴方面,由于地方政府并未公布对城乡居民养老保险的具体补助金额,通过人工搜集相关数据,自行测算2018年各地方政府对新农保的财政补贴的总金额。其中2018年的国家基础养老金标准为88元/人/月,各地方政府根据各省市的生活消费水平进行自行调整。其中计算模型如下①:

$$LRSI = BP \times 12 \times AP + RPS \times IP \qquad 式(5.1)$$

其中, LRSI 代表各省市地方政府对新农保的财政补贴金额;BP 代表各地方担负的基础养老金②;AP 代表养老金实际领取人数;RPS 代表各省市基

---

① 参考了杨斌在《西部论坛》2016年第1期发表的《城乡居民养老保险政府财政责任和负担的地区差异》中对各省市财政补贴金额的计算模型。

② 根据国发〔2014〕8号文件《关于建立统一的城乡居民基本养老保险制度的意见》,中央财政对中西部地区按中央确定的基础养老金标准给予全额补助,对东部地区给予50%的补助。以此可知:$BP_{东部}$=各省市的基础养老金-50%×国家基础养老金,$BP_{中部}$=各省市的基础养老金-国家基础养老金,$BP_{西部}$=各省市的基础养老金-国家基础养老金。

础养老金缴费补贴①；*IP* 代表参保人数。

考虑到各省市参保范围与经济发展水平之间存在明显差异性，为了降低这些要素对地方财政补贴水平的影响，将新农保地方财政负担率②作为评价各省市新农保地方补贴财政负担大小的指标；以新农保的地方负担率③作为评价各省市地方经济承担新农保地方财政补贴的能力强弱的指标。

首先从总体金额来看，将表 5-7 与表 5-8 对照，2018 年地方总补贴为 1307.80 亿元远远超过了 2018 年中央政府的财政补贴 150.43 亿元，是中央财政补贴的 8.69 倍。其中一类地区财政补贴金额为 792.27 亿元，占全国地方财政补贴总额的 60.58%；二类地区的财政补贴金额为 436.55 亿元，占全国地方财政补贴总额的 33.38%；三类地区由于参保人数和领取人数是三大区域中最少的，即使地方财政补助标准高于二类地区，甚至高于一类地区中的某些省市，地方财政补贴总额仍是三大区域中最少的，总额为 78.98 亿元。根据表 5-8 的一二三类地区各项指标的极值比和变异系数可知，一类地区的基础养老金、地方财政对进口补贴、地方财政对出口补贴以及地方财政补贴总额的极值比是三大类区域中最大的，说明一类地区内的各省市间地方财政补贴水平两极化现象最为严重；且一类地区的基础养老金标准的变异系数大于 1，呈现出强变异特征，说明一类地区内各省市间的基础养老金差距悬殊，农村养老保障水平差异过大。

---

① 由于大部分农民选择最低档次的缴费标准，因此按 30 元的最低缴费补贴计算。

② 农村社会养老保险的地方财政负担率为地方财政对农村社会养老保障的补贴金额与地方财政收入的比值。

③ 农村社会养老保险的地方经济负担率为地方财政对农村社会养老保障的补贴金额与地方 GDP 的比值。

表 5-8　2018 年各省市地方财政补贴金额

	参保人数（万人）	实际领取人数（万人）	基础养老金标准（元/月）	地方财政入口补贴（亿元）	地方财政出口补贴（亿元）	地方财政补贴（亿元）
地方总补贴	52391.7	15898.1		1133.57	194.86	1307.80
一类地区	23151	7795.4	—	722.82	69.45	792.27
北京	209	88.9	705	70.52	0.63	71.14
天津	161.2	81.8	295	24.64	0.48	25.12
河北	3511.6	1024.1	108	78.65	10.53	89.19
内蒙古	749.9	223.7	128	10.74	2.25	12.99
辽宁	1040.8	406.6	108	31.23	3.12	34.35
吉林	684.3	251.7	103	4.53	2.05	6.58
黑龙江	896.8	294.9	90	0.71	2.69	3.40
上海	78.7	51	930	54.22	0.24	54.50
江苏	2325.4	1093.6	135	119.42	6.98	126.40
浙江	1197.8	533.9	155	71.12	3.59	74.71
山东	4551.9	1512.4	118	134.30	13.66	147.96
河南	5082.5	1382.1	98	16.59	15.25	31.836
广东	2661.1	850.7	148	106.17	7.98	114.16
极值比	64.5807	29.6550	10.3333	189.76	64.58	43.54
变异系数	0.9531	0.8557	1.1058	0.8131	0.95	0.78
二类地区	22497.1	6556.6	—	352.01	105.18	436.55
山西	1579.3	415.8	103	7.48	4.74	12.22
安徽	3487.8	923.5	88	48.76	10.46	59.22
福建	1525.6	466.3	118	41.41	4.58	45.98
江西	1884.1	481.8	98	5.78	5.6523	11.4339
湖北	2282.8	723.1	103	13.02	6.85	19.86
湖南	3405	935.4	103	16.84	10.22	27.05
广西	1889.6	585.7	108	44.98	5.67	50.65
海南	98.2	75.7	178	12.17	0.89	13.07
重庆	1119.6	367.4	115	31.30	3.36	34.66
四川	3222.4	1129.1	100	16.26	9.67	25.93
贵州	1802.7	452.8	93	2.72	5.41	8.12

续表

	参保人数 （万人）	实际领取 人数 （万人）	基础 养老金标准 （元/月）	地方财政 入口补贴 （亿元）	地方财政 出口补贴 （亿元）	地方财政 补贴 （亿元）
极值比	11.6962	14.9155	2.0227	17.95	11.6962	7.2892
变异系数	0.4859	0.5113	0.2210	0.76	0.4859	0.6252
三类地区	6743.7	1546		58.75	20.23	78.98
云南	2361	533.8	103	9.61	7.08	16.6914
西藏	165.9	3.6	170	0.35	0.50	0.85
陕西	1741.7	500	136	28.80	5.23	34.03
甘肃	1317	311.9	103	5.61	3.95	9.57
青海	245.6	46.5	175	4.85	0.74	5.59
宁夏	181.4	40.9	143	2.70	0.54	3.24
新疆	731.1	109.3	140	6.82	2.19	9.01
极值比	14.2315	148.2778	1.6990	81.3008	14.2315	39.9384
变异系数	0.8990	1.0235	0.2057	1.1279	0.8990	0.9977

数据来源：1. 参保人数及领取人数来自《中国统计年鉴（2018）》；2. 基础养老金数据来自各省市人力资源与社会保障厅网站；3. 地方财政入口补贴金额以及出口补贴金额根据式5.1算出。

由表5-7和表5-9，进一步比较新农保地方财政负担率及地方经济负担率可知，地方政府的财政负担率为1.3358%，远远超过了中央财政负担率的0.18%。根据表5-9，二类地区政府的财政负担率最高为1.6033%，其次为一类地区的财政负担率为1.2557%，三类地区的财政负担率最低为1.0420%。说明二类地区的地方政府承担着最大的财政负担压力。另外该财政负担率在不同省市之间也存在着较大差异，如广西的财政负担率在全国31个省市中最高，为3.0123%，是黑龙江的11.37倍。就地方经济负担率看，一类地区和二类地区的比值相差不大，基本上与其经济发展速度相匹配。三类地区最低为0.11%，说明对三类地区新农保的倾斜政策的补贴效果显著。二类地区最高为0.1551%，说明二类地区虽然经济发展速度较快，但较高的地方财政补贴金额所带来的经济压力是一二三类地区中最大的。相比之下，三类地区虽然新农保的基础养老金标准平均水平不低,超过了二类地区甚至一类地区的部分省市,但由于参保人员较少,中央的财政拨款较多,其地方财政补贴占GDP的比重仅为0.1115%,体现出中央政府倾斜西部地区的政策倾向。对比一二三类地区新农保地方财政补贴、地方财政负担率以及地方经济负担率的变异系数,发现三类地区地方财政补贴额变异系数最大,但地方经济负担率的变异系数最小,说明虽然三类地区内部各省市对新农保的地方财政补贴总额差异较大,但是三类地区内部各省份的财政补贴额度与各省份经济发展水平更为相当;另外,对比一二三类地区新农保地方财政补贴、地方财政负担率以及地方经济负担率的极值比,发现一类地区这三项极值比远远大于二类和三类地区,说明一类地区内部地方财政补贴总额的两极分化现象严重,导致其地区内部的财政负担以及经济负担差异同样呈现出严重的两极分化现象,究其原因:一类地区内部各省市的参保农民数量、财政能力、经济发展水平皆相差很大,财政能力强、经济发展水平高的省份,但参保农民少,对新农保的地方财政补贴总额未必高,比如上海;反之,财政能力、经济发展表现一般的省份,由于参保农民数量多,其对新农保的地方财政补贴总额高,比如山东。

表5-9　2018年各省市财政负担率及经济负担率

地区	地方财政补贴（亿元）	地方财政收入（亿元）	地方财政负担率(%)	GDP（亿元）	地方经济负担率(%)
地方总补贴	1307.80	97903.39	1.3358	914707.46	0.1430
一类地区	792.27	63096.44	1.2557	562456.42	0.1409
北京	71.14	5785.92	1.2296	30319.98	0.2346
天津	25.12	2106.24	1.1927	18809.64	0.1336
河北	89.19	3513.86	2.5381	36010.27	0.2477
内蒙古	12.99	1857.65	0.6991	17289.22	0.0751
辽宁	34.35	2616.08	1.3130	25315.35	0.1357
吉林	6.58	1240.89	0.5305	15074.62	0.0437
黑龙江	3.40	1282.6	0.2649	16361.62	0.0208

地区	地方财政补贴（亿元）	地方财政收入（亿元）	地方财政负担率（%）	GDP（亿元）	地方经济负担率（%）
上海	54.46	7108.15	0.7662	32679.87	0.1666
江苏	126.40	8630.16	1.4646	92595.40	0.1365
浙江	74.71	6598.21	1.1323	56197.15	0.1329
山东	147.96	6485.4	2.2814	76469.67	0.1935
河南	31.83	3766.02	0.8453	48055.86	0.0662
广东	114.15	12105.26	0.9430	97277.77	0.1173
极值比	43.5403	9.7553	9.5798	6.4531	11.9248
变异系数	0.7815	0.6751	0.5515	0.6702	0.5251
二类地区	436.55	27227.23	1.6033	281438.41	0.1551
山西	12.22	2292.7	0.5331	16818.11	0.0727
安徽	59.22	3048.67	1.9426	30006.82	0.1974
福建	45.98	3007.41	1.5290	35804.04	0.1284
江西	11.43	2373.01	0.4818	21984.78	0.0520
湖北	19.86	3307.08	0.6007	39366.55	0.0505
湖南	27.05	2860.84	0.9456	36425.78	0.0743
广西	50.65	1681.45	3.0123	20352.51	0.2489
海南	13.07	752.67	1.7361	4832.05	0.2704
重庆	34.66	2265.54	1.5299	20363.19	0.1702
四川	25.93	3911.01	0.6629	40678.13	0.0637
贵州	8.12	1726.85	0.4705	14806.45	0.0549
极值比	7.2892	5.1962	6.4023	8.4184	5.3593
变异系数	0.6252	0.3559	0.6617	0.4542	0.6588
三类地区	78.98	7579.72	1.0420	70812.63	0.1115
云南	16.69	1994.35	0.8369	17881.12	0.0933
西藏	0.85	230.35	0.3698	1477.63	0.0577
陕西	34.03	2243.14	1.5169	24438.32	0.1392
甘肃	9.57	871.05	1.0981	8246.07	0.1160
青海	5.59	272.89	2.0490	2865.23	0.1951

续表

地区	地方财政补贴（亿元）	地方财政收入（亿元）	地方财政负担率（%）	GDP（亿元）	地方经济负担率（%）
宁夏	3.24	436.52	0.7431	3705.18	0.0875
新疆	9.01	1531.42	0.5886	12199.08	0.0739
极值比	39.9384	9.7380	5.5400	16.5389	3.3847
变异系数	0.9977	0.7748	0.5653	0.8480	0.4265

数据来源：根据《中国统计年鉴》（2018）和表5-8中的地方财政补贴额所整理出的数据。

第二节　新农保支出保障水平

现行的新农保制度规定向参保人员发放的养老金由基础养老金和个人账户养老金两部分组成。其中，个人账户养老金为前期缴费储存所得的资金除以139，根据前文所述的12个缴费档次，多缴多得；基础养老金为中央确定的最低发放标准，地方政府可以根据自己的实际情况进行调整。由于个人账户的个体差异性较大，无法统计，通常选用基础养老金替代率来反映当前农村社会养老保险的保障水平。

基础养老金替代率是指基本养老金与不同定义下的工资收入的比值，常见的基础养老金替代率有社会平均工资替代率、目标替代率、总和替代率等。由于中国城乡的二元化特征，并不存在农村居民的社会平均工资，因此在学术研究上并没有关于农村基础养老金替代率的确定性指标。此部分参考了2015年浙江大学博士项洁雯的论文，结合地方政府常将农村居民人均纯收入作为制定基础养老金标准的现实情况，采用了当年新农保的基础养老金与上年农村居民人均纯收入之比作为基础养老金替代率[1]，另外补充了当年基础养老金与上年

---

[1] 项洁雯：《农村社会养老金替代率水平及政策仿真研究》，浙江大学2015年博士学位论文。

农村居民人均工资性收入之比作为参照,反映了新农保支出的保障水平。

一、国家规定的基础养老金标准的保障水平

国家规定的基础养老金自 2009 年实施以来在很长的一段时间内维持在 55 元/人/月,但随着社会经济的不断发展,物价的持续上涨,基础养老金却没有随之上涨,导致了基础养老金替代率从 2009 年的 13.86% 持续下降到 2014 年的 7%。直到 2015 年国家规定基础养老金标准上调才遏制住下降的趋势,但其上调幅度并不足以弥补物价的上涨。即使在 2018 年基础养老金标准上调为 88 元/人/年,其基础养老金替代率也仅仅维持在 7.86%。这与 2005 年政府所提出的基础养老金替代率达到 35% 的目标相差甚远。(见表 5-10、表 5-11)

表 5-10 2009 年至 2018 年基础养老金变化

年份	2009	2010	2011	2012	2013	2014	2015	2016	2017	2018
基础养老金	660	660	660	660	660	660	840	840	840	1056

注:此表注明的基础养老金为国家规定的基础养老金标准。表 5-8 为各地方结合自身情况在国家规定的最低基础养老金标准的基础上调整后的基础养老金标准。

根据表 5-11,通过进一步对比分析三类区域的数据可发现,越是在经济发达的地区,基础养老金的替代水平越低,并且与经济落后的三类地区的差距在日益扩大。例如,在 2018 年,一类地区的基础养老金替代率仅为 4.21%,而三类地区的基础养老金替代率为 10.59%。并且每次基础养老金水平的上调所带来的效用主要体现在经济较为落后的三类地区。2018 年进行上调后,一类地区的基础养老金替代率仅上升了 1.07%,三类地区则上升了 1.35%。这意味着"跟不上时代"的基础养老金在一定程度上阻碍了一类地区参保范围的进一步扩展。另外,对比一类地区、二类地区,两者的基础养老金替代率间的差距有逐步扩大的趋势,说明经济发展所带来的物价上涨与通货膨胀对一类地区的影响更为明显。

表 5-11　2009 年至 2018 年全国及三类地区基础养老金替代率

地区	2009	2010	2011	2012	2013	2014	2015	2016	2017	2018
全国（%）	13.86	12.81	11.15	9.46	8.34	7.00	8.01	7.35	6.79	7.86
一类地区（%）	9.76	9.01	7.87	6.68	5.92	5.33	6.13	5.66	5.23	4.21
二类地区（%）	15.29	14.20	12.44	10.46	9.17	7.61	8.68	7.93	7.30	8.43
三类地区（%）	20.64	18.78	16.04	13.58	11.74	9.65	11.00	10.04	9.24	10.59

数据来源：根据《中国农村统计年鉴》（2010—2019）相关数据计算整理得出。

　　根据表 5-12，基础养老金与农村人均工资性收入的比值基本的变化趋势与基础养老金替代率一致，但指标水平相差较多。比如 2009 年的比值为 35.60%，基础养老金替代率为 13.86%。从数值上来看，该比值更加接近于 2005 年所设立的 35% 的目标，但对于农村居民而言，可能工资性收入并不是主要生活来源，因此该比值所反映的信息还有待商榷。值得注意的是，不管是从全国数据还是三大区域的数据来看，工资性收入在农村居民收入所占比值是在逐渐扩大的。

表 5-12　2009 年至 2018 年基础养老金与农村人均工资性收入比值

地区	2009	2010	2011	2012	2013	2014	2015	2016	2017	2018
全国（%）	35.60	32.02	27.15	22.27	19.14	16.40	20.23	18.26	16.73	19.21
一类地区（%）	20.91	18.97	16.45	13.71	11.99	10.61	12.24	11.16	10.28	11.83
二类地区（%）	40.50	36.75	30.89	24.76	20.95	17.38	23.15	20.80	18.96	21.79
三类地区（%）	75.06	65.21	53.80	42.59	36.49	30.60	37.22	33.24	29.85	34.39

数据来源：根据《中国农村统计年鉴》（2010—2019）相关数据计算整理得出。

二、各地基础养老金实际保障水平

由于各省区市经济发展水平、农村居民收入水平及财政能力差异较大，地方政府为提高农村居民的参保率以及养老保障水平，结合自身实际情况对基础养老金标准进行了调整。表 5-13 为根据各地基础养老金标准算得的地方基础养老金的实际保障水平。由表 5-13 可知，一类地区的基础养老金平均水平最高，其次为三类地区，再次为二类地区。各地区基础养老金保障水平不管是根据基础养老金替代率的平均水平测算，还是根据基础养老金与农村人均工资性收入比值测算，三类地区新农保的基础养老金保障水平都最高。由三大区域的基础养老金替代率、基础养老金与农村人均工资性收入比值的极值比可看出，一类地区内部两极分化现象最为严重，三类地区的两极分化现象最为弱化；由变异系数看，一类地区的内部差异最大，其次为三类地区，二类地区的内部差异最小，究其原因：一类地区的基础养老金标准、农村人均纯收入、农村人均基础性收入皆是三大区域内部差异最大的区域。

表 5-13　2018 年各地基础养老金实际保障水平

区域	地区	基础养老金标准（元/月）	农村人均纯收入（元/年）	基础养老金替代率（%）	农村人均工资性收入（元/年）	基础养老金/农村人均工资性收入（%）
一类地区	北京	705	26490.3	31.9362	19826.70	42.6697
	河北	295	23065.2	15.3478	13568.10	26.0906
	内蒙古	108	14030.9	9.2368	7454.10	17.3864
	辽宁	128	13802.6	11.1283	2896.60	53.0277
	吉林	108	14656.3	8.8426	5644.80	22.9592
	黑龙江	103	13748.2	8.9903	3521.50	35.0987

续表

区域	地区	基础养老金标准（元/月）	农村人均纯收入（元/年）	基础养老金替代率（%）	农村人均工资性收入（元/年）	基础养老金/农村人均工资性收入（%）
一类地区	上海	90	13803.7	7.8240	3009.10	35.8911
	江苏	930	30374.7	36.7411	19503.50	57.2205
	浙江	135	20845.1	7.7716	10221.60	15.8488
	山东	155	27302.4	6.8126	16898.40	11.0070
	河南	118	16297	8.6887	6550.00	21.6183
	广东	98	13830.7	8.5028	5335.60	22.0406
	极值比	148	17167.7	10.3450	8510.70	20.8678
	平均值	10.3333	2.2094	5.3931	6.8448	5.1986
	变异系数	240.08	18878.06	13.2437	9456.98	29.3636
二类地区	山西	103	11750	10.5191	5735.80	1.5489
	安徽	88	13996	7.5450	5058.00	20.8778
	福建	1182	17821.2	7.9456	8214.70	17.2374
	江西	98	14459.9	8.1328	6121.00	19.2125
	湖北	103	14977.8	8.2522	4886.80	25.2926
	湖南	103	14092.5	8.7706	5769.30	21.4237
	广西	108	12434.8	10.4224	3691.40	35.1086
	海南	178	13988.9	15.2692	5611.40	38.0654
	重庆	115	13781.2	10.0136	4847.80	28.4665
	四川	100	13331.4	9.0013	4311.00	27.8358
	贵州	93	9716.1	11.4861	4276.20	26.0979
	极值比	2.0227	1.8342	2.0238	2.2254	2.2083
	平均值	109.7273	13668.1636	9.7598	5320.3091	25.5607
	变异系数	0.2210	0.1480	0.2270	0.2280	0.2554

续表

区域	地区	基础养老金标准（元/月）	农村人均纯收入（元/年）	基础养老金替代率（%）	农村人均工资性收入（元/年）	基础养老金/农村人均工资性收入（%）
三类地区	云南	103	10767.9	11.4786	3259.90	37.9153
	西藏	170	11449.8	17.8169	3037.20	67.1671
	陕西	136	11212.8	14.5548	4620.80	35.3186
	甘肃	103	8804.1	14.0389	2534.70	48.7632
	青海	175	10393.3	20.2053	3047.30	68.9135
	宁夏	143	11707.6	14.6571	4547.80	37.7325
	新疆	140	11974.5	14.0298	2945.20	57.0420
	极值比	1.6990	1.3601	1.7603	1.8230	1.9512
	平均值	138.5714	10901.4286	15.2545	3427.5571	50.4074
	变异系数	0.2057	0.0982	0.1876	0.2392	0.2822

数据来源：1. 基础养老金数据来自各省区市人力资源与社会保障厅网站；2. 农村人均纯收入、农村人均工资性收入来源于《中国农村统计年鉴》（2018）。

第三节　新农保支出经济效应

一、消费储蓄效应

新农保制度是在实行现收现付模式的"老农保"制度出现重大的运营问题之后改革形成的,该制度汲取了完全基金模式和现收现付模式的优点,有利于代际间的收入再分配,对储蓄具有激励作用。[①] 消费和储蓄作为一对相对的概念,农村居民储蓄减少的同时,消费会相应增加,扩大社会总需求;同样,农村居民储蓄增加的同时,消费会相应减少。岳爱、杨矗等以消费和储蓄生命

[①]　参见卢金兰:《我国养老保险制度改革的经济学分析》,《福建金融》2011年第1期。

周期理论为基础,基于具有全国代表性的农户层面随机抽样调查数据,分析了新农保参保对农村居民家庭日常费用支出的作用机制和影响,发现新农保制度实施后参保农户的家庭日常费用支出显著高于未参保农户,说明新农保制度的实施有效降低了农村居民的未来不确定性,可以降低农村家庭养老的预防性储蓄,有利于提振农村消费。①

但是由于大多数居民在参加新农保时选择的缴费标准为 100 元,预期未来能领取的养老金数额较低,无法通过财富替代和降低风险的渠道减少家庭储蓄;而 60 岁老年人不需要缴纳保险费,直接领取到的养老金占收入的比重平均达到了 22.4%,进而显著降低了 60 岁以上居民的储蓄率。② 根据 2009—2017 年农业农村部每年对约 350 个县(村)2 万农户的固定观察数据,发现新型农村社会保险政策可以显著促进农村居民消费,参与新型农村社会保险使农村居民消费支出提高了 4%,2009 年折合户均消费可以增加 700 元;新农保缴费额度每增加 1 倍,农户消费支出提高约 5.9%;且对户主年龄较大的家庭、户主受教育程度较高的家庭、家庭收入相对较低的家庭的消费促进作用更强。③

二、劳动供给效应

新农保制度作为农村社会保障体系的重要组成,增加了农村居民的转移性收入,减弱了农村居民对未来养老的不确定性,尤其是明显增加了 60 岁及以上农村老年人的收入水平。虽然新农保的养老金不足以使 60 岁及以上的农村老年人完全从劳动力市场退出,但能够显著减少农村老年人的劳动供给,

---

① 参见岳爱、杨矗、常芳、田新、史耀疆、罗仁福、易红梅:《新农保对家庭日常费用支出的影响》,《管理世界》2013 年第 8 期。

② 参见马光荣、周广肃:《新型农村养老保险对家庭储蓄的影响:基于 CFPS 数据的研究》,《经济研究》2014 年第 11 期。

③ 参见朱诗娥、杨汝岱、吴比:《新型农村养老保险对居民消费的影响评估》,《学术月刊》2019 年第 11 期。

养老金收入增加 1 元,农村老年人平均少供给 0.01 天劳动。[①] 说明新农保对于农村老年人的收入效应是显著的,农村老年人养老正在由"家庭养老""土地养老"逐渐向"社会养老"转变。然而对于 60 岁以下的农村劳动力,由于对未来收入的不确定性降低,预防性储蓄随之减少,新农保反而促使他们增加人力资本投资;[②]特别是增加周工作 40 小时以上人员的劳动供给,但是会减少周工作时间 40 小时以下人员的劳动供给,也就是说新农保制度在一定程度上促进正规农村劳动力在城乡之间正常流动。[③] 伴随农村社会养老保障水平的提高,新农保支出不断增加,农村老年人未来养老方式正在发生转变,农村劳动力供给结构日益优化,更为有利于缓解"人口红利"逐渐消失所带来的劳动力供需矛盾。

三、收入分配效应

新农保制度一改"老农保"的自我储蓄模式,加入了政府的"进口补"和"出口补",在补助农村居民个人缴费的同时,直接增加农村老年人收入。新农保的实施降低了农村家庭的经营性收入比例的同时,提高了农村家庭工资性收入的比例,即农民有了更多的就业机会,改变了农村家庭的收入模式;[④]且参保家庭的家庭总收入提高了 61.39%。[⑤] 新农保给予了所有参保的农村居民获取增量财富的机会,第二代的财富明显向第一代转移,代际之间的再分

---

① 参见黄宏伟、展进涛、陈超:《"新农保"养老金收入对农村老年人劳动供给的影响》,《中国人口科学》2014 年第 2 期。
② 参见周云波、曹荣荣:《新农保对农村中老年人劳动供给行为的影响——基于 PSM-DID 方法的研究》,《人口与经济》2017 年第 5 期。
③ 参见冯志坚、莫旋:《养老保险对城乡流动人口劳动供给的影响——基于内生转换回归模型的分析》,《人口与经济》2019 年第 4 期。
④ 参见许永志:《新农保对家庭收入模式影响的研究》,《学术论坛》2017 年第 4 期。
⑤ 参见杨晶、邓大松、吴海涛:《中国城乡居民养老保险制度的家庭收入效应——基于倾向得分匹配(PSM)的反事实估计》,《农业技术经济》2018 年第 10 期。

配效应明显;①尤其是对于那些缴费高、寿命长、经济困难的参保者,这种代际间的再分配效应更为明显。②

政府决定新农保试点实施伊始,一个重要的考虑正是"应对国际金融危机、扩大国内消费需求",新农保是否使农村居民的储蓄率降低,促进农村居民的消费需求增加,成为考量新农保是否实现政策目标的重要依据。而新农保支出最为直接的经济效应就是降低农村居民养老成本,减少农村居民的预防性储蓄,降低农村居民储蓄率。所以新农保支出经济效应分析将着重于研究新农保支出的储蓄效应。

第四节　新农保支出的储蓄效应研究

供给侧结构性改革使中国经济由高速发展转为高质量发展,在适度扩大总需求的同时,实现"三去一降一补"的目标。消费对中国经济增长的贡献率由 2007 年的 39.6%上升至 2018 年的 76.2%;同时,自 2012 年起,中国居民的高储蓄率下滑趋势明显,2012 年至 2017 年,五年内下滑近半。学者们通常将高储蓄率归咎于社会保障体系的不健全;反之,社会保障体系日益完善有利于储蓄率下降。农村居民储蓄作为中国居民储蓄的重要组成部分,伴随着与农村居民切身相关的体制和制度的变迁,尤其是在农村社会保障体系的建设与完善的大背景下,农村居民储蓄的基本经济行为也发生转变。③ 2008 年,新农合基本实现全覆盖,2009 年中国开始试点实施新农保,2012 年年底,根据《中国统计年鉴(2013)》新农保入保人数达到 4.8 亿人,实现了全国行政区划的全

---

①　参见沈毅:《农村社会养老保险收入再分配模型及实证分析——基于新农保的实践》,《改革与战略》2014 年第 9 期。

②　参见王翠琴、薛惠元:《城乡居民基本养老保险内部收益率的测算与分析》,《华中农业大学学报》2018 年第 5 期。

③　参见朱劲松:《基于双重来源视角的辽宁省农村储蓄调查》,《东北财经大学学报》2008 年第 4 期。

覆盖,是世界上覆盖人口最多的养老保险。在农村养老保障水平不断提高的情况,农村居民储蓄是否会受影响? 影响又有多大? 需要深入探讨。

一、新农保支出影响农村居民储蓄的内在机理

(一)降低收入不确定性,预防性储蓄动机减弱

根据《中国统计年鉴》(2004—2018),农村家庭规模已由 2003 年的 3.61 人降到 2017 年的 3.26 人,农村家庭规模日趋缩小,农村进入老龄化加速期,城镇化的快速推进,土地养老功能的弱化,使得农村居民养老风险不断增加,收入的不确定性增强。伴随社会阶层收入差距的拉大,人们的社会紧张感越强,对将来预期的不确定性会加大。根据预防性储蓄理论,消费具有敏感性,在不确定性情况下,未来收入下降,预防性储蓄增多,消费支出减少。而人们储蓄的主要目的就在于维持退休后的生活①。伴随着新型农村养老保险制度的建立、完善,农村居民养老保障水平不断提高,农村居民未来养老风险和收入的不确定性会降低,新农保支出的增加,会促使农村居民的预防性储蓄动机减弱,降低农村家庭储蓄,增加现有消费支出。同时,新农保支出的增加,日益满足农村居民年老后的基本生活需要,有利于农村社会经济保持稳定发展。

(二)整体边际消费倾向提高,农村居民消费需求扩大

新农保采取的是个人缴费、集体补助和政府补贴相结合的缴费制度,因此农村居民的个人缴费会降低农村居民的可支配收入水平。且新农保所缴费用不能以任何形式提前消费,受资产流动性制约,如果农村居民要保持现有消费水平不变,势必就要降低农村居民储蓄额。根据凯恩斯的"边际消费倾向递减规律",消费会随着收入水平的提高而增加,但消费支出增加的幅度小于收

---

① Albert Ando, Franco Modigliani., "The ' Life Cycle ' Hypothesis of Saving: Aggregate Implications and Tests", *Journal of The American EconomicReview*, 1963, 53(1).

入增加的幅度。农村社会保障支出可以通过收入再分配效应,增加农村贫困人群的收入,进而提高农村的边际消费倾向。农村转移性收入的增多,促使农村居民扩大农村消费需求,降低农村居民储蓄。

(三)农村转移性收入增多,农村储蓄效应增强

新农保制度是地方财政对农民缴费实行补贴,中央财政全额支付最低标准的基础养老金,以保障农村居民年老时基本生活,是带有社会福利性质的一种社会保障制度。新农保财政支出是转移性支出的一部分,具有收入再分配效应和调节农村居民收入差距的作用。在农村居民进入领取养老金阶段时,增加了来自于农村社会养老保险的收入,提高了农村家庭的转移性收入,有利于提升农村老年人的生活质量,有利于推动城乡社会公平,促进农村养老服务业的健康发展。农村老年人收入水平的提高促使农村家庭储蓄随之增加。

二、新农保实施前后农村居民储蓄的动态变化

2009 年 9 月国务院启动了"新农保"试点工作,在全国范围内确定了 320个新农保的试点县,随后的 2010 年、2011 年新农保工作快速在全国范围内展开,截至 2012 年年底,新农保在全国所有的 285 个县(市、区)实现了全覆盖。故在此以 2012 年为节点,分析农村居民储蓄动态变化。

根据国家统计年鉴,农村居民的人均储蓄额由 2003 年的 678.94 元上涨到 2011 年的 1756.2 元,年均增长 134.66 元;农村居民人均储蓄额增长率由 2003 年的 5.87%上涨到 2011 年的 14.25%,年均增长 1.05%;农村居民储蓄率由 2003 年的 25.91%下降到 2011 年的 25.17%,年均下降 0.09%。在新型农村养老保险实现全覆盖后,农村居民人均储蓄由 2012 年的 2008.6 元上涨到 2477.90 元,年均增长额为 93.86 元,比实施前年均增长减少 40.8 元;农村居民人均储蓄额增长率由 2012 年的 14.37%下降到 2017 年的 10.94%,年均下降 0.686%,与实施前相比,人均储蓄额增长率没有上升反而是下滑;农村

居民储蓄率由 2003 年的 25.89% 下降到 2017 年的 18.45%,年均下降 0.53%,相比实施前,农村居民储蓄率下降的速度更快了。根据以上统计数据貌似可得出,新农保实施后,农村居民的储蓄意愿在不断下降。

但仔细观察图 5-4[①],农村居民储蓄率的变化趋势与农村居民收入增长率的变化趋势是一致的,这与凯恩斯的绝对收入理论一致;且中国农村居民储蓄增长率的波动幅度要大于农村居民收入增长率,表示农村居民储蓄弹性较大,农村居民储蓄对农村居民收入变化格外敏感。也正是因为储蓄的增长幅度小于农村居民收入的增长幅度,导致了 2013 年至 2017 年农村居民总体储蓄率的下降,说明农民愿意花钱,乐于消费,农民的安全感在增强。

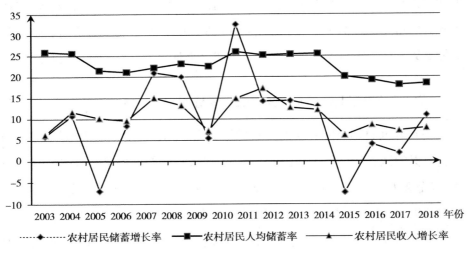

图 5-4 农村居民储蓄动态变化

数据来源:《中国农村统计年鉴》(2004—2018)。

根据国内外研究文献,居民储蓄的影响因素很多,除居民收入水平这一主

---

① 图 5-4 中的农村居民收入增长率在统计时,因考虑到 2008 年新农合实现实质意义基本全覆盖,2012 年新农保制度在地域层面实现全覆盖,2014 年农村最低生活保障制度的实施以及不断提高的农村社会保障水平对农村居民收入的影响,会从农民收入中扣除农村转移性收入后的农村居民收入水平的基础上来计算农村居民收入增长率。农村居民储蓄率为农村居民人均储蓄额与未去除农村居民转移性收入的农村居民可支配收入的商。

要影响因素外,还有抚养比、价格指数、社会保障情况等重要影响因素。那么,新型农村居民社会养老保险的实施对农村居民储蓄产生影响了吗? 又有多大呢? 据此提出如下假设:

假设 1:新农保制度的实施,对农村居民储蓄率产生影响。

假设 2:受诸多因素的影响,由于地区差异较大,新农保支出的储蓄效应不同。

三、基于反事实框架下 HCW 模型的建立

目前,学者针对新农保支出的储蓄效应的研究更多地是通过论证新农保支出的消费效应来解释新农保对农村居民储蓄的影响。他们忽视了一个问题,即实施新农保的直接效应是农村居民养老保障水平提高,预防性储蓄率会降低,但消费未必会增加。以往关于新农保支出的储蓄效应的研究较少,具有权威性的分析新农保支出的储蓄效应的文章,是马光荣、周广素利用面板数据双向固定效应模型通过对比分析 2010 年、2012 年两年的中国家庭追踪调查(CFPS)数据来考察新农保实施前后,农村居民储蓄的变化,即新农保对农村居民储蓄的短期影响,但长期是否有影响,影响有多大,并未有结论。目前政策效应的实证研究方法,多采用差分内差分(DID)、倾向得分估计(PSM)以及断点回归等反事实回归的分析方法,多侧重分析政策实施的短期效应,且这些方法皆是基于实验组与控制组个体间存在具有同质影响的、共同的趋势因子的假设前提,并要求必须具有充足数据。因此,在宏观数据有限的情况下,上述方法的使用势必受到限制,2012 年 Cheng Hsiao、Ching 及 WanHsiao 提出基于有限面板数据信息、简单易算的因子模型,打破了数据量的限制,通过比较反事实状况间的差异,观察因素间的因果关系,有效评价政策实施所带来的效应。而农村居民储蓄率会受多种因素影响,显然同质假设不成立,又由于此部分采用的是有限的宏观数据,故采用 HCW 模型来评估新农保的实施对农村居民储蓄率的影响。

根据 Cheng Hsiao 等人所提的简单易算的因子模型——HCW 模型,假设除个体 1 以外的个体均不受事件的影响,其中被观察的个体表示为 i,观察时间表示为 t,且 $\tilde{y} = (y_{1t},\dots,y_{nt})'$,事件发生时间为 T_1,若受到政策干扰,结果表现为 y_{it}^1,若未受到政策干扰,结果为 y_{it}^0。g_{it} 表示政策选择,若实施政策 $g_{it} = 1$,反之 $g_{it} = 0$ [21]。反事实框架即为①:

$$y_{it} = y_{it}^0 \quad i = 1,2,3,\dots, n \quad t = 1,2,3,\dots, T_{1-1} \qquad \text{式}(5.2)$$

$$y_{it} = \begin{cases} y_{it}^0, i = 2,3,\dots, n \\ y_{it}^1, i = 1 \end{cases} \quad t = T_1,\cdots, T \qquad \text{式}(5.3)$$

在 HCW 处置效应模型中,假设在共同因子的驱动下不同个体间产生相关性不同个体直接产生相关性,故在无法获知共同因子时,利用相关个体数据代替共同因子,即在不受事件影响的情况下,因变量的模型为:

$$y_{it}^0 = \alpha_i + \lambda_i \times f_t + \varepsilon_{it} \quad i = 1,2,3,\dots, n \quad t = 1,2,3,\dots, T \qquad \text{式}(5.4)$$

其中,α_i 代表个体效应;f_t 代表共同因子;λ_i 代表载荷参数;ε_{it} 代表误差项。事件在 $t = T_1,\cdots, T$ 时的处置效应可表示为 $\Delta_{it} = y_{it}^1 - y_{it}^0$。其中,$y_{it}^1$ 可以观察到,y_{it}^0 不可以观察到,故运用模型可得到 y_{it}^0 的估计值 $\hat{y}_{it}^0$。由于个体受到共同因子驱动且结构稳定,可以根据不受事件影响个体的信息,估计受政策影响个体的潜在路径,式(5.4)可写为式(5.5):

$$y_{it}^0 = \alpha + \tilde{\delta} \tilde{y} \quad t = 1,2,3,\cdots, T_1 \qquad \text{式}(5.5)$$

将此模型运用于本部分,在不受新农保政策影响的情况下,假设农村居民储蓄率服从共同因子模型,即为式(5.6):

$$S_{it}^0 = \alpha_i + \lambda_i \times f_t + \varepsilon_{it} \qquad \text{式}(5.6)$$

其中 S_{it}^0 为农村居民储蓄率。根据 HCW 模型,式(5.6)可写为式(5.7):

---

① Hsiao C, Steve Cheng H, Ki Wan S, "A Panel Data Approach for Program Evaluation: Measuring the Benefits of Political and Economic Integration of Hongkong with MainlandChina", *Journal of Applied Econometrics*, 2012, Vol.27.

$$y_{it}^0 = \alpha + \tilde{\delta}\tilde{S}_t \quad t = 1, 2, 3, \cdots, T_1 \qquad 式(5.7)$$

根据式(5.7),只要可以观测到,就可以估计出 $t = 1, 2, 3, \ldots, T$ 时,新农保对个体 1 所产生的影响。当 $t = 1, 2, 3, \ldots, T_1 - 1$ 时,α 与 δ 的估计值为 $\hat{\alpha}$、$\hat{\delta}$ 通过参数估计值及 $t = T_1, \ldots, T$ 时的观测值得出潜在路径 $\hat{s}_{it}^0$。处置效应则可表示为:

$$\hat{\Delta}_{it} = s_{it} - \hat{s}_{it}^0, \quad i = 1, 2, 3, \ldots, n \quad t = T_1, \ldots, T \qquad 式(5.8)$$

另外,HCW 处置效应模型假设个体只受共同因子影响,略显粗略,通常情况下,个体除了受共同因子影响外,还会受其他因素影响。因此,结合实际情况,根据杨继生、万越对 HCW 的改进,在测度新农保政策对农村居民储蓄率的影响时,假设在忽略新农保政策影响的情况下,农村居民储蓄率应服从以下模型[①]:

$$s_{it}^0 = \alpha_i + \lambda_i{}' \times f_t + \beta_i x_{it} + \varepsilon_{it} \quad i = 1, 2, 3, \ldots, n \quad t = 1, 2, 3, \ldots, T \qquad 式(5.9)$$

其中新增变量 x_{it} 与共同因子 f_t 不同,会随个体变动而变动,此部分假定 x_{it} 的变化与新农保政策实施与否无关,即 β_i 在新农保政策前后不发生变化。个体因子 x_{it} 的选取则是根据以往有关农村储蓄率的研究成果,将 x_{it} 转化为少儿抚养比(cdr)、老人抚养比(odr)、收入(inc)、价格指数(p)、人口规模(sca)和固定资产投资(inv)组成的向量。此时模型转化为:

$$s_{it}^0 = \alpha_i + \lambda_i{}' \times f_t + \beta_1 cdr_{it} + \beta_2 odr_{it} + \beta_3 inc_{it} + \beta_4 p_{it} + \beta_5 inv_{it} + \varepsilon_{it}$$

$$式(5.10)$$

$$i = 1, 2, 3, \ldots, n \quad t = 1, 2, 3, \ldots, T$$

式(5.10)中不仅仅有共同因子还包含随个体变化的个体因子,HCW 模型无法直接进行估计,因此将式(5.10)改写为:

---

① 参见杨继生、万越:《中国人口政策的变轨效应》,《华中科技大学学报》(社会科学版)2016 年第 1 期。

$$s_{it}^0 - \beta_1 cdr_{it} - \beta_2 odr_{it} - \beta_3 inc_{it} - \beta_4 p_{it} - \beta_5 inv_{it} = \alpha_i + \lambda_i{}' \times f_t + \varepsilon_{it}$$

式(5.11)

$$i = 1,2,3,\ldots,nt = 1,2,3,\ldots,T$$

令 $r_{it} = s_{it}^0 - \beta_1 cdr_{it} - \beta_2 odr_{it} - \beta_3 inc_{it} - \beta_4 p_{it} - \beta_5 inv_{it}$，与此对应，就有 r_{it}^0、r_{it}^1 及 $\tilde{r}_{it}$。如果 r_{it} 已知，那么式(5.11)与式(5.4)结构相同。式(5.11)的求解与 HCW 处置效应模型的求解方法完全相同，式(5.11)可以改写为：

$$r_{it}^0 = \sigma + \mu \tilde{r}_t$$

式(5.12)

式(5.12)与式(5.5)结构相近，可直接进行线性估计，得出未实施新农保政策时农民居民储蓄率。

根据 HCW 模型的原理，需假设农村居民储蓄率是由若干不可观察的共同因子决定，同时选取未受到新农保实施影响的个体作为参照个体。已知城镇企业职工基本养老保险制度和城镇居民社会养老保险制度基本构成了中国城镇地区的养老保险制度，该制度不受新农保制度实施的影响。利用未实施新农保的城镇居民储蓄率和实施新农保农村居民储蓄率横截面的相关关系，来构造实施新农保的地区在假设不实施新农保制度下该地区农村居民储蓄率的反事实路径。

四、样本数据及变量说明

本部分选取 2003 年至 2018 年的年度数据作为样本。2012 年新型农村社会养老保险政策实现了地域上制度的全覆盖，因此事件发生的时间定位于 2012 年。样本数据来自《中国农村统计年鉴》《中国人口统计年鉴》《中国统计年鉴》。少儿抚养比（cdr）、老人抚养比（odr）分别用农村少儿抚养比及老人抚养比和城镇少儿抚养比及老人抚养比。基于从 2003 年起农村社会保障体系逐步建立、完善的考虑，收入（inc）为分别去除转移性收入后的农村居民人均可支配收入和城镇居民人均可支配收入，并取其对数表示。

HCW 处置效应模型提出采用 AIC 准则选取预测变量,Li 和 Bell 则证明了 LASSO 的计算方法的效率更高,能够得到更好的样本,因此采用 LASSO 的方法来选择预测变量,即令 $\beta = (\tilde{\alpha}, \tilde{\alpha}')'$,LASSO 选择控制组的方法是在式(5.11)中通过对非 0 的 β_i 添加惩罚函数。在此,通过 LASSO 变量筛选方法,从 31 个未实施新农保的省区市的城镇的预测变量来构建 31 个实施新农保的省区市的农村的预测方程,并利用实施新农保政策前的数据估计相关系数。表 5-14 汇报了各个新农保政策实施前回归的拟合结果,从表 5-14 中可看出,除了广东、四川、安徽、贵州四个省份,其他城市调整后的 R^2 的值都在 0.5 以上,又由于西藏属于较为特殊的省份,为确保反事实路径的预测精度,将广东、四川、安徽、贵州、西藏五个省份从样本分析中删除。

表 5-14　新农保实施前基于 LASSO 预测变量筛选回归拟合结果

分类	省份	调整后 R^2
一类地区	北京	0.954
	天津	0.803
	上海	0.825
	吉林	0.964
	黑龙江	0.832
	内蒙古	0.72
	辽宁	0.821
	河北	0.744
	河南	0.804
	山东	0.81
	江苏	0.797
	浙江	0.7
	广东	0.355

续表

分类	省份	调整后 R^2
二类地区	湖北	0.769
	四川	0.114
	湖南	0.804
	安徽	0.182
	江西	0.875
	广西	0.502
	贵州	0.439
	重庆	0.916
	福建	0.724
	海南	0.751
	山西	0.908
三类地区	青海	0.816
	宁夏	0.881
	新疆	0.717
	云南	0.947
	甘肃	0.882
	西藏	0.91
	陕西	0.868

五、实证研究结果

（一）忽略个体因素差异的结果

与经济发达国家不同,中国具有较强的城乡二元特征,城乡社会保障制度体系的建立、完善,无论是时间还是水平皆具有很大差异,2012 年新农保制度实现地域层面的全覆盖,运用 HCW 处置效应模型,可以估计出 2012 年后,新农保政策对农村居民储蓄率的影响。首先根据式(5.6),假设农村居民储蓄率服从简单因子模型,估计新农保政策的实施对农村储蓄率的影响,以下分别为 26 个省区市 1 年、2 年、3 年、4 年、5 年的平均处置效应结果(见表 5-15,各省区市的原 HCW 模型的处置效应图见附录 4):

表 5-15　新农保制度实施平均处置效应估计（原 HCW 模型）

类别	省份	1 年	2 年	3 年	4 年	5 年
一类地区	北京	1.23	0.38	−1.10	−4.78	−7.09
	天津	−2.65	−7.42	−10.11	−12.10	−13.19
	上海	−1.00	2.24	4.00	5.70	7.11
	吉林	2.45	−1.48	−6.30	−9.62	−12.73
	黑龙江	4.58	11.31	14.45	14.96	15.66
	内蒙古	−0.64	−6.10	−8.24	−10.10	−10.80
	辽宁	−6.51	−5.41	−6.94	−8.67	−9.97
	河北	2.56	−2.02	−4.19	−6.80	−7.95
	河南	−0.16	−2.18	−3.34	−4.39	−4.86
	山东	−0.41	0.81	1.08	0.99	0.97
	江苏	3.76	2.20	1.70	−0.57	−1.39
	浙江	9.51	8.88	8.80	8.91	9.61
二类地区	湖北	−2.87	−3.59	−4.51	−5.71	−5.53
	湖南	−3.85	−6.93	−7.98	−8.62	−8.89
	江西	−1.80	−4.45	−6.04	−6.62	−6.70
	广西	−4.36	−3.04	−3.07	−3.04	−3.31
	重庆	−5.63	−9.70	−12.41	−14.59	−16.05
	福建	1.38	−3.39	−5.60	−6.73	−7.39
	海南	−1.05	−2.65	−4.35	−5.42	−5.94
	山西	−0.45	0.75	2.18	2.52	3.06
三类地区	青海	−2.50	−10.00	−12.43	−13.53	−13.28
	宁夏	−1.45	−2.23	−3.20	−3.96	−4.71
	新疆	−4.33	−6.97	−7.42	−7.36	−6.69
	云南	24.51	21.74	22.47	23.93	25.64
	甘肃	5.77	−3.43	−12.15	−16.66	−18.66
	陕西	1.80	3.01	3.85	4.19	5.29

由表5-15可看出,如果农村居民储蓄率仅受共同因子影响,在短期内,一类地区中北京、吉林、黑龙江、河北、江苏和浙江为正效应;二类地区中福建为正效应;三类地区中云南、甘肃、陕西为正效应。中期内,一类地区中,上海、黑龙江、江苏为正效应,北京、吉林、河北由正效应转为负效应,且负效应在加强;二类地区中,山西为正效应,福建由正效应转为负效应,并加强;三类地区中云南和陕西为正效应,甘肃由正效应转为负效应,并加强;长期内,一类地区中,上海、黑龙江和浙江为正效应,且正效应相比前期更为明显;二类地区中,山西为正效应,比前期更为加强;三类地区中,云南和陕西表现为更强的正效应。其他省区市随着时间的推移,负效应愈加强烈。说明自农村居民社会养老保险实施开始,短期内部分省份的农村储蓄没有下降反而提高,但随着时间的推移,新农保政策有效降低了农村居民储蓄率。这个结论符合实施新农保政策其中的一个初衷,与假设1相符。但是低水平的新农保真的能如此有效降低农村储蓄,提升人们消费的安全感吗?是否存在其他因素呢?

（二）考虑个体因素的 HCW 模型改进的结果

根据以往关于居民储蓄率影响因素的研究文献,可知少儿抚养比(cdr)、老人抚养比(odr)、收入(inc)、价格指数(p)、人口规模(sca)和固定资产投资(inv)是重要影响因素,对农村居民储蓄率影响明显,且与新农保政策是否实施没有任何相关性,将它们作为个体差异性因素引入 HCW 模型,观察新农保支出政策实施对农村居民储蓄率的影响。以下为26个省区市1年、2年、3年、4年、5年的平均处置效应结果(见表5-16,各省区市改进的 HCW 模型的处置效应图见附录5):

表 5-16　新农保制度实施平均处置效应估计（改进的 HCW 模型）

类别	省份	1 年	2 年	3 年	4 年	5 年
一类地区	北京	1.36	1.76	1.94	1.59	1.52
	天津	−0.65	−0.55	−0.19	−0.61	−0.82
	上海	−7.05	−7.12	−7.27	−7.96	−9.23
	吉林	0.56	1.06	1.33	1.64	1.51
	黑龙江	1.90	2.12	2.41	2.19	2.10
	内蒙古	−1.26	−1.52	−1.99	−2.42	−2.87
	辽宁	1.23	1.45	1.55	1.63	1.68
	河北	0.57	0.58	0.39	0.22	0.25
	河南	1.13	1.00	0.97	0.87	0.80
	山东	0.77	0.94	0.91	0.98	0.85
	江苏	1.30	1.46	1.41	1.67	1.70
	浙江	2.08	2.34	2.42	2.59	2.78
二类地区	湖北	0.16	0.22	0.15	0.10	0.17
	湖南	0.85	1.16	1.35	1.67	1.80
	江西	1.06	1.23	1.47	1.91	2.21
	广西	2.35	2.99	3.41	4.05	4.50
	重庆	−0.49	−1.05	−0.66	−0.39	−0.26
	福建	0.95	1.09	1.08	0.99	0.98
	海南	1.52	2.85	3.38	3.78	4.23
	山西	1.73	2.29	2.50	2.81	3.00

类别	省份	1 年	2 年	3 年	4 年	5 年
三类地区	青海	0.95	1.69	2.46	2.77	3.39
	宁夏	-2.66	-2.76	-2.98	-3.30	-3.68
	新疆	-4.05	-4.32	-4.49	-4.59	-4.69
	云南	-0.87	-1.17	-1.40	-1.61	-1.75
	甘肃	1.76	1.98	2.00	2.11	2.16
	陕西	-0.16	-0.34	-0.25	-0.43	-0.64

对比表5-16,如果农村居民储蓄率在考虑个体性因素的情况下,表5-16的结果发生很大的改变。短期内,一类地区中只有天津、上海、内蒙古表现为负效应,其余皆为正效应;二类地区中,仅重庆表现为负效应;三类地区中,多数表现为负效应,分别为宁夏、新疆、云南和陕西;另外两个省青海和甘肃表现为正效应。中期内,一类地区中,天津、上海、内蒙古依然表现为负效应,但天津的负效应有所减弱,另外两省的负效应渐强;二类地区中,重庆表现为相比短期减弱的负效应;三类地区中,宁夏、新疆、云南和陕西依然表现为负效应,且负效应更加强烈。长期中,一类地区中,天津、上海和内蒙古表现为更强的负效应,河北、河南表现为趋弱的正效应,其他省份表现为更强的正效应;二类地区中,重庆的负效应减弱,其余省份表现为愈强的正效应;三类地区中,宁夏、新疆、云南和陕西的负效应更强,青海和甘肃的正效应则更强。与假设2完全相符。

六、稳健性检验

在此,采取"时间安慰剂检验法"对26个省份的新农保支出储蓄效应进行稳健性检验。假设新农保实现全国区域全覆盖的时间比真实覆盖时间提前一年,在这个"假设时点"上重新评估新农保支出的储蓄效应。如果"假设时点"下的拟合水平和政策效应估计结果与"真实时点"下相比并没有发生什么

明显变化,则说明政策效应估计结果不会随设立时点的人为选择而变动,因而具有一定稳健性。(如表 5-17)

表 5-17　时间安慰剂检验

区域	省份	改进后 R^2	检验 R^2
一类地区	北京	0.672	0.740
	天津	0.87	0.904
	上海	0.848	0.738
	吉林	0.773	0.133
	黑龙江	0.776	0.514
	内蒙古	0.814	0.728
	辽宁	0.758	0.657
	河北	0.761	0.825
	河南	0.671	0.767
	山东	0.402	0.471
	江苏	0.716	0.568
	浙江	0.897	0.800
二类地区	湖北	0.842	0.928
	湖南	0.838	0.491
	江西	0.725	0.879
	广西	0.865	0.886
	重庆	0.778	0.436
	福建	0.398	0.403
	海南	0.865	0.948
	山西	0.782	0.881

续表

区域	省份	改进后 R^2	检验 R^2
	青海	0.783	0.751
	宁夏	0.783	0.694
三类地区	新疆	0.706	0.828
	云南	0.721	0.543
	甘肃	0.380	0.622
	陕西	0.773	0.749

由表 5-17 显现出时间安慰剂的检验结果,可知 14 个省份的"真实时点"的 R^2 值大于"假设时点"的 R^2 值,说明"真实时点"得到的新农保支出储蓄效应比提前一年的"假设时点"下的结果更可靠,更具有稳健性。另外 12 个省份的"真实时点"的 R^2 小于"假设时点"的 R^2 值,对照附录 5 和附录 6,发现这 12 个省份的变动趋势大致相同,说明时点的提前对政策效应的结果没有产生影响。最终得出改进的 HCW 模型所估计的新农保支出储蓄效应的结果具有一定稳健性,结合以往相关研究文献,说明在考察新农保支出储蓄效应时必需要考虑个体性因素。

七、实证结论

在考虑个体因素的情况下,不同地区、不同时期的新农保支出的储蓄效应表现是不同的。

第一,短期内,一类和二类地区的大多数省份的新农保支出的储蓄效应表现为正效应;而三类地区的大多数省份的新农保支出的储蓄效应表现为负效应。整体来看,多数省份表现为正效应,即新农保的实施在短期内并没有降低农村居民储蓄率,反而促使农村居民储蓄率的提高。

第二,中期内,一类地区只有两个省份的新农保支出的储蓄效应表现为渐强的负效应,天津表现为趋弱的负效应,其余皆表现为趋强的正效应;二类地区,只有重庆表现为趋弱的负效应,其他则为渐强的正效应;三类地区,只有青海和甘肃表现为趋强的正效应,其他则表现为更强的负效应。整体来看,短期表现为负效应的省市,除了天津,中期皆表现为更强的负效应;短期表现为正效应的省份,中期则表现为更强的正效应,说明中期是短期的延续,且效应更为显著、强烈。

第三,长期内,一类地区中,中期表现为负效应的省份,长期表现为更强的负效应,大多数表现为正效应的省份,长期内其正效应更为强烈,尤其是上海,而上海的基础养老金水平是全国最高的;二类地区中,表现为正效应的省份相比中期表现为愈强的正效应,重庆表现为比中期更为弱化的负效应,说明长期内二类地区的新农保支出反而更为刺激农村居民储蓄;三类地区中,中期内表现为负效应的省份,其长期内的负效应更强;中期表现为正效应的省份,其长期内的正效应更强。说明随着时间的推移,新农保支出对农村居民储蓄效应的影响是在逐渐强化的。

总体来看,一类地区和二类地区多表现趋强的正效应,且二类地区表现为更强的正储蓄效应;三类地区则表现为愈强的负储蓄效应。即伴随时间的推移,新农保制度在一类地区和二类地区实施后,不仅没有使农村居民的储蓄率降低,反而促使农村居民储蓄率提高;在三类地区,新农保支出则使得农村居民储蓄率明显降低。分析其原因,一类地区和二类地区经济发展水平相对较高,养老资源较为丰富,新农保所提供的低水平的保障,无法满足或部分满足农村居民的养老需求,但是强化了人们未来的养老保障意识,尤其是在面对农村家庭规模日趋缩小,老龄化严重等问题时,人们的安全感逐渐减弱,风险意识不断提高,抗风险储蓄相应增加;相形之下,三类地区经济发展水平较低,养老资源较为匮乏,却与一类、二类地区享受相同水平的养老保障,甚至于会获得更多政策上的倾斜,新农保制度的实施可能可以部分满足三类地区的农村居民的养老需求,使三类地区的农村居民降低了农村居民储蓄率。因此,差别化农村基础养老金在具有不同经济发展水平、不同收入水平的地区,所产生的农村居民储蓄效应有很大不同。

通过对新农保支出的实施现状、保障水平以及新农保支出的储蓄效应的研究,发现新农保制度存在着以下问题:

第一,三大区域参保率、领取率差异大。2018 年全国新农保参保率已达到 90% 以上。一二三类地区新农保参保率相比 2012 年皆有大幅提升,其中二类地区的新农保参保率最高,其次为一类地区,再次为三类地区,其参保率最低,为 89.51%。全国新农保的领取率由 2010 年的 27.85% 上升到 2018 年的 30.34%。领取率由高到低排序为:一类地区、二类地区、三类地区。究其原因:一类地区由于经济较为发达,财政能力较强,新农保保障水平较高,基础养老金标准普遍高于二类地区以及三类地区。在推行新型农村社会养老保险初期,一类地区的参保率最高,自 2012 年起,新农保实现行政区域范围内的制度全覆盖后,二类地区的参保覆盖率超过了一类地区。这可能与一类地区各省区市的基础养老金水平并没有随着经济的发展而显著上升有关,比如 2018 年一类地区新农保的养老金替代率仅为 4.21%,明显低于二类地区和三类地区。一类地区的许多地方政府为了提高养老金保障水平,结合自身实际条件提高了基础养老金标准,但不同地区的基础养老金水平差异巨大,如上海的 930 元/月与黑龙江的 90 元/月相差 10 倍之多。并且一类地区由于参保人数众多,受到人口老龄化的冲击,养老保险实际领取率不断增长,且一类地区地方基础养老金的保障水平是最高的,这给地方政府增加了很大的财政压力,以至于养老保险基金结余增长率一路下跌,基金的支出收入比也高于其他两类地区,基金收入的增长率也低于全国的平均水平,说明该地区的基金管理也存在一定的问题。二类地区属于经济发展速度较慢,养老资源较为稀缺的地区,一般来说各项指标所反映的发展现状均处于一类地区和三类地区之间。但二类地区自 2012 年以来新农保参保人数、参保率的快速增长,养老保险基金收入快速增长,其农村社会养老保险基金支出的财政负担率、经济负担率是三大区域中最高的。养老保险制度的快速推行为今后基金运营埋下隐患。另外，2018 年二类地区的基础养老金平均保障水平是最低的，说明各地方政府对于新农保的人均出口的地方财政补贴金额最少。三类地区作为经济发展最为落后，养老资源极度稀缺地区，确实与其他两类地区的新农保制度的发展存在着不小的差距。参保人数、参保率以及实际领取养老保险金的人数都居于最末。值得注意的是，根据国家政策统一规划的基础养老金水平所计算得到的养老金替代率来看，该区域的养老金替代率已高于全国平均水平，2018 年三类地区的地方政府再次调高了基础养老金水平，且该水平超过了全国的大部分省区市。此举进一步增加了该类地区的地方补贴金额，根据《中国统计年鉴》，三类地区地方财政收支水平长期表现为地方财政支出大于地方财政收入，且地方财政支出与地方财政收入比从 2003—2018 年皆在 3 左右徘徊，财政压力巨大。

第二，补贴标准亟待进一步提高细化。2014 年，城乡居民养老保险制度合并后，新农保在原有的基础上，提高了农村基础养老金标准和个人账户缴费标准，但其上调的幅度与中国农村居民消费水平的增长速度相比仍相形见绌。政府对个人账户所实行的差额补助方式，本意是用多缴多得的方式提供给居民更大的缴费选择空间的同时，鼓励居民选择较高档次的金额进行参保。但是就目前而言，农村居民普遍选择了 100 元的低档缴费方案，出现了"逆向投保"的现象。除部分贫困地区的农村居民收入较低之外，从总体居民的参保成本来看，100 元的参保缴费负担率都在 1% 之下，即绝大部分农村居民有能力缴纳更多的养老金。且财政补贴标准制定的不合理，阻碍了农村居民高层次参保的积极性。以湖南省为例，100 元的缴费标准政府补贴 30 元，而 3000 元的投保标准政府补贴仅 60 元，高层次与低层次的补贴比例相差较大。因此现行的养老保险的缴费制度也有待进一步优化。从反映基础养老金水平的养老金替代率来看，即使在 2015 年和 2018 年分别上调了基础养老金的标准，保障水平仍然偏低，距离城乡居民养老保险"保基本"的目标存在一定差距。其中一类地区作为经济发展水平较高的地区,这一差距最为明显,从 2009 年的 9.76% 下降为 2018 年的 4.21%,即使 2018 年将基础养老金从 70 元/人/年上调为 88 元/人/年,也没有抑制住基础养老金替代率下降的趋势。并且根据中华人民共和国人力资源和社会保障部所公布的《2018 年度人力资源和社会保障公报》所列示的数据来看,新农保和城镇职工养老保险的养老金金额之间的差距巨大,2018 年全国参加城镇职工基本养老保险人数为 41902 万人,基金支出 44645 亿元,而新农保参保人数 52392 万人,基金支出为 2906 亿元,由此可见新农保的养老金偏低。并且伴随着城镇化进程的加快,农村青年劳动力大量涌入城市,许多农村居民的生活水平并不一定低于城镇职工,加剧了农村居民的养老负担。因此,基础养老金标准需要"跟得上时代"。另外,虽然地方政府为了适应生活成本的上涨,不断增加财政补贴额度,但基础养老金"只见补,少见涨"的现象,仍使得各地的基础养老金标准差异化程度加大,增加了地方财政的支出压力,造成区域间养老资源差距的进一步加大。

第三,中央及地方财政补贴成本失衡。新农保的财政补贴由中央政府和地方政府共同承担,但中央政府和地方政府并没有对补贴责任进行明确的划分,地方政府对于养老保险的实际补贴金额也没有公布实际数值,上文中对于中央政府和地方政府财政补贴的金额也是结合实际状况建立合理模型自行进行估计测算得到的。模糊的成本分摊机制,在一定程度上造成了中央和各地方政府的财政补贴成本失衡。财政成本的失衡主要体现在以下两个方面。首先是财政补贴支出与财政收支水平的失衡。由中央和三大区域财政收支的总体水平数据可知,除了中央政府的财政收入大于财政支出,三大区域的地方政府财政支出均在不同程度上大于财政收入,即地方政府的财政收支基本上是靠借款和中央财政拨款得以正常运行。在地方财政本身就面临较大的运行压力的情况下,地方政府对养老保险的财政补贴金额远远超过了中央政府,财政负担率也显著高于中央政府。这意味着,在新农保的运营上,地方政府承担着较重的财政压力。其次,中央与地方政府补贴项目的划分也存在着失衡状况。

在《国务院办公厅关于印发基本公共服务领域中央与地方共同财政事权和支出责任划分改革方案的通知》(国办发〔2018〕6 号)中,未将养老保险制度纳入中央与地方共同财政事权范围的八大类 18 项的基本公共服务事项中,即养老保险的事权应归属于地方,但中央与地方政府对各自财政补助的具体补助项目及其补助方式并没有一个明确的规划,导致地方政府之间的补贴金额无统一标准,部分地方政府既要对"进口"的缴费金额进行补贴,又要对"出口"的基础养老金水平进行补贴。财政补贴的模糊不清,长此以往会增加新农保实施的整体成本与运营风险。

第四,统筹层次偏低。农村社会养老保险制度历经四个阶段的不断优化,一代又一代人的不懈努力,最终实现城乡居民养老保险合并,但就政策实施的现状而言还是存在着养老保险统筹层次偏低的情况。目前,省级统筹是新农保制度的最高统筹层次,有些城市或地区甚至还是县市级的统筹模式,以县为单位进行养老金的征收、管理及发放。一方面造成了区域之间养老政策制定的不统一,进一步影响养老保险制度作为社会再分配制度的公平与公正。比如,各省区市基本养老金和财政补贴数额是各地方政府根据当地的实际情况合理确定的,但同为京津冀城市群的北京市 2018 年的基础养老金金额为 705元/月,天津市的基础养老金金额为 295 元/月,河北省仅为 108 元/月,三个省市之间相距不过几百公里,但基础养老金差距竟在 3—6 倍。诚然,北京市作为全国政治经济中心,相应的经济发展水平更快,生活成本更高,但过于悬殊与不统一的制定标准造成碎片化的制度存在诸多漏洞。既不符合公平正义的原则也为养老保险在各地区之间的转移交接设置了障碍。从另一方面来看,县市级政府和省级政府的人力、财力、智力等方面都存在差距,把较少的养老保险基金交由县级政府保管运营,反而会增加养老保险基金的机会成本与管理成本,进而引发养老保险基金的可持续性问题。因为养老保险统筹层次偏低给养老保险制度的发展埋下了重大威胁。

第五,区域间新农保保障支出的储蓄效应差别大。一类地区和二类地区的新农保支出问题随着时间的推移表现为趋强的正储蓄效应,即一类地区和二类地区在实施新农保制度后,农村居民的储蓄率没有降低反而提高。三类地区的新农保支出则伴随时间的推移表现为显著的负储蓄效应。结合新农保实施现状,三类地区的经济发展水平较低,财政能力较弱,农村居民收入水平不高,但其新型农村社会养老保障支出的水平是最高的,可以部分满足三类地区的农村居民的养老需求,有效降低了三类地区的农村居民储蓄率。相形之下,一类地区新型农村社会养老保险支出的平均保障水平较高,但地区内部差异过大、两极分化现象严重,所以像上海、天津基础养老金标准较高的经济发达城市表现为负储蓄效应,其他省市则表现为正效应;二类地区的新农保支出的平均保障水平是最低的,虽然比新农保实施初期有较大提高,但保障水平还是偏低;故一类地区和二类地区在面对日益严重的老龄化问题时,由于新型农村社会养老保障水平的参差不齐,提高了人们养老保障的风险意识,导致预防性储蓄可能没有减少反而提高了。

第六,新农保监管机制需要严格把控。由于中国农村居民养老保险制度的统筹层次较低,养老保险基金运营的监管机制由各地政府自行管理,较为独立与分散,这就造成了各地监管标准和监管水平的差异。一般来说,经济发展较为落后的地方,养老保险的监管水平也较为落后,进而无法对养老基金进行有效的管理形成有效的养老资源,从而形成一个恶性循环。且各省区市之间,尤其是省际之间缺乏统一的参保人员信息网,重复参保的情况常有发生,往往参保人员在住址地和工作地分别拥有一张社会保障卡。较为混乱的监管体系不仅为参保人员带来不便,也为许多不法人员提供了可乘之机。养老保险的多头监管为养老保险的持续运营增添了隐患,影响了监管的效率与效果,在一定程度上阻碍了城乡居民养老保险制度的进一步发展。且监管机制缺乏一套合理的评价标准及指标,无法正确评价该年度养老保险政策的实施效果并积极据此作出调整;"盲人摸象"式的监管制度只能造成人力、物力和基金无谓的损失,严格的养老监管机制的制定迫在眉睫。

第六章　新农合支出经济效应研究

20世纪80年代以后,随着经济体制改革的推进,之前建立的合作医疗制度赖以生存的集体经济逐渐瓦解,加上原有制度本身固有的缺陷,传统的合作医疗出现了大面积滑坡,大部分农民丧失了医疗补助,成为完全的自费医疗群体,疾病经济负担十分沉重,因病致贫、因病返贫现象十分突出。在这一前提条件下,2002年,国务院颁布了《关于进一步加强农村卫生工作的决定》,提出建立以大病统筹为主的新农合制度,并明确2010年新农合制度要基本覆盖农村居民的目标。这标志着中国农村居民的基本医疗保险迈入了新的建设征程。2008年,提前实现了新农合基本覆盖全体居民的目标,标志着新农合制度在中国全面建立。2009年到2015年新农合制度得到更加深入的发展,管理方式和管理效率进一步提升,覆盖受益人群和疾病种类、药物种类进一步扩大。2016年,国务院发布第3号令——《关于整合城乡居民基本医疗保险制度的意见》,实现城乡居民基本医疗保险制度的统一,此处的统一是指覆盖范围、筹资政策、基金管理、定点管理等各个方面的统一。截至2018年年底,全国各省区市大都已出台整合文件并实施,仅剩7个省份还在实行新农合制度,但是那些已经出台政策的省份执行和推行进度还比较慢,尚需进一步推广完善。

基于研究对象和研究范围的考虑,现有城乡居民基本医疗保障是新农合与城镇居民基本医疗保障合并的结果,为与城镇居民所享受的医疗保障相区分,在此仍将针对农村居民提供的医疗保障称作新农合,所产生的支出称作新农合支出。

第一节　新农合实施现状

自 2003 年新农合开始实施试点到 2008 年新农合实现基本全覆盖期间,新农合制度一直处于试点推广阶段,新农合的执行情况不足以反映全国的执行现状,因此执行数据统计从 2008 年开始。

一、新农合参合情况

2008 年,新农合的参合率达到 91.5%,参合人数为 8.14 亿人次。[①] 2010年以后,参合率一直保持在 95% 以上。2012 年,天津率先实施城乡居民医疗保险,实现了新农合与城镇居民医疗保险合并。后续,浙江、山东、广东、甘肃、宁夏开始实施新农合与城镇居民医疗保险合并,直到 2016 年出台《关于整合城乡居民基本医疗保险制度的意见》,多个省区市都出台并实施了整合城乡居民基本医疗保险的办法,自此,新农合逐步被城乡居民基本医疗保险所替代。故在统计新农合数据时,2016 年发生了大幅的波动。

根据表 6-1,2016 年、2017 年新农合的参合人数和新农合的受益人次急剧下降;究其原因,2016 年部分地区在这一年实现了城乡居民医疗保险合并,截至 2016 年 10 月,全国有 20 个省区市对建立城乡居民基本医疗保险提出了总体规划,这项工作的开展对新农合参合人数的统计产生影响,使参合人数的统计值低于实际参合人数,新农合人数被纳入到城乡居民医疗保险人数统计中,新农合受益人次计入到城乡居民医疗保险的受益人次中,且享受城乡居民

---

① 参见中国网:《2008 年参加新农合医疗人口达 8.14 亿,参合率 91.5%》,http://www.china.com.cn/2009lianghui/2009-03/05/content_17378697.htm。

医疗保险的人口中农村人口占绝大比例。同时新农合的人均支出是逐步上升的,说明虽然部分地区的新农合纳入到城乡居民基本医疗保险体系中,但是针对农民的医疗保险继续向前发展,并没有因制度的整合而发生改变。诊疗人次和基层医疗卫生机构数在 2008 年以后稳步增长,2017 年全国诊疗人次达到 10.73 亿次,基层医疗卫生机构数达到 94.36 万个。

表 6-1　2008—2017 年全国新农合参合情况

指标	2008	2009	2010	2011	2012	2013	2014	2015	2016	2017
参合人数（亿人）	8.15	8.33	8.36	8.32	8.05	8.02	7.36	6.70	2.75	1.33
补偿受益人次（亿人次）	5.85	7.59	10.87	13.15	17.45	19.42	16.52	16.53	6.77	3.00
人均基金支出（元）	81.27	110.79	142.09	205.55	299.13	362.74	392.72	437.82	495.87	567.01

数据来源:根据 Wind 数据库整理。

　　为了进一步比较区域间新农合参合情况的差异,将全国 31 个省区市分为东中西部地区①。由表 6-2,新农合的参合人数自 2012 年开始下降,但参合率却一直在上升,这是由于有的省份开始实施新农合与城镇居民医疗保险的合并。在 2008 年,东部地区的参合人数最多,其次是中部地区,西部地区参合人数最少;2015 年东部地区参合人数有较大幅度下降;2016 年中部和西部地区的参合人数出现大幅下降。说明东部地区实施城乡居民医疗保险合并要早于中部和西部地区。原有的新农合数据转记入城乡居民社会基本医疗保险。东中西部地区参合人数皆出现大幅下降,除了因为城乡居民医疗保险合并

---

　　①　东部地区包括北京、天津、河北、辽宁、上海、江苏、浙江、福建、山东、广东和海南等 11 个省区市;中部地区包括山西、吉林、黑龙江、安徽、江西、河南、湖北、湖南等 8 个省区市;西部地区包括四川、重庆、贵州、云南、西藏、陕西、甘肃、青海、宁夏、新疆、广西、内蒙古等 12 个省区市。此部分凡是涉及东、中、西部地区的皆按此分类。此章节的分析皆按此标准。

的原因之外,还可能是由于进入 21 世纪以来,中国农村人口数量一直在下降,以致新农合的参合人数下降;另外,有的实行新农合的省份未公布新农合参合人数。2017 年仅有 5 个省份公布参合人数,而到 2018 年全国仍有 7 个省份在实行新农合制度,数据收集不全是新农合参合人数急剧下降的另外一个原因。

表 6-2   2008—2017 年三大区域新农合参合情况

地区	2008	2009	2010	2011	2012	2013	2014	2015	2016	2017
全国(亿人)	8.15	8.33	8.36	8.32	8.05	8.02	7.36	6.70	2.75	1.33
参合率①(%)	91.53	94.19	96.00	97.48	98.26	98.70	98.90	98.80	99.36	99.47
东部(亿人)	2.8899	2.9125	2.8532	2.4093	2.4435	2.9343	2.4832	1.44	0.57	0.18
中部(亿人)	2.7437	2.8289	2.9109	3.2801	2.9821	3.0341	3.0651	3.03	1.10	0.59
西部(亿人)	2.5182	2.5895	2.6410	2.6767	2.6777	2.6741	2.6944	2.24	1.10	0.59

数据来源:根据 Wind 数据库整理。

伴随新农合参合人数的上升,其受益人次也随之增加;当部分省区市开始实施新农合与城镇居民医疗保险的合并,参合人数下降,受益人次随之下降。由表 6-3 可以看到,新农合补偿受益人次由 2008 年的 5.85 亿人次上升到 2013 年的 19.42 亿人次,2014 年新农合补偿收益人次开始下降,这可能是由于 2014 年国务院提出推行"三保合一"政策,即城镇职工基本医疗保险、城镇居民基本医疗保险、新农合实现统一。但该项制度在提出当年产生的效果微小,由于一些问题的存在使该政策进展缓慢,没有产生大的影响。② 之后,

---

①   参合率=参合人数/参合目标人群。
②   新浪网:国务院力促医保整合:三保不能合一 政策可先合一,https://finance.sina.com.cn/roll/2016-11-17/doc-ifxxwrwk1275967.shtml。

2016 年"两保合一"政策的提出,也是为了实现"三保合一"的"权宜之计"。

表 6-3 2008—2017 年新农合支出受益人次

地区	2008	2009	2010	2011	2012	2013	2014	2015	2016	2017
全国（亿人次）	5.85	7.59	10.87	13.15	17.45	19.42	16.52	16.53	6.77	3.00
东部地区（亿人次）	2.71	3.30	3.86	5.41	4.62	7.24	2.78	3.94	2.04	0.53
中部地区（亿人次）	1.25	1.95	4.07	3.88	7.91	7.03	8.36	7.58	1.98	1.19
西部地区（亿人次）	1.89	2.33	2.93	3.86	4.92	5.15	5.38	5.01	2.75	1.28

数据来源:Wind 数据库。

根据表 6-4,绝大部分的年份,东部地区的新农合受益人次与参合人数的比值最大。可能是由于东部地区经济比较发达,农村居民收入较高,农村居民的预防意识较强。

表 6-4 2008—2017 年三大区域受益人次与参合人数的比值

地区	2008	2009	2010	2011	2012	2013	2014	2015	2016	2017
东部地区	0.9377	1.1330	1.3529	2.2455	1.8907	2.4674	1.1195	2.7361	3.5789	2.9444
中部地区	0.4556	0.6893	1.3982	1.1829	2.6525	2.3170	2.7275	2.5017	1.8000	2.0169
西部地区	0.7505	0.8998	1.1094	1.4421	1.8374	1.9259	1.9967	2.2366	2.5000	2.1695

数据来源:根据表 6-2 和表 6-3 整理得出。

二、新农合基金筹集

（一）人均筹资额

从全国来看,2008 年以后,新农合的人均筹资额一直在增加,从 2008 年的每人每年 96.30 元增加到了 2017 年的每人每年 613.46 元,增长了 5.37

倍,每年增长率为57.91%。东中西部地区的人均筹资额皆在保持增长,增长幅度分别为 5.45 倍、6.15 倍、6.56 倍,每年的增长率分别为 58.63%、64.98%、59.65%。说明新农合抵抗风险的能力变强,且在较长的一段时间内资金筹集能力保持着良好的增长态势。由表 6-5 可看出,东中西部区域间的人均筹资额显现出较大的差距,东部地区的人均筹资额远高于全国平均水平,而西部地区的人均筹资额略低于全国人均筹资额的平均水平。或许是因为东部地区人均筹资额的基数较大,虽然东部地区的经济发展水平高于中部和西部地区,但是人均筹资额的增长率却低于中部地区和西部地区,这一现象说明东部地区提高新农合筹资水平的积极性略低于中部和西部地区。另外,东中西部地区的人均筹资额和新农合受益人次呈现不对等。结合表 6-4 发现,2017 年东部地区的受益人次与参合人数比值是东中西部三大区域中最大的,人均筹资额最高,且东部地区获得财政补贴的比例要少于中部地区和西部地区,相比中部和西部地区,东部地区的新农合支出可能会承担更大的运营压力。

表 6-5 2008—2017 年新农合人均筹资额

地区	2008	2009	2010	2011	2012	2013	2014	2015	2016	2017
全国（元）	96.30	113.36	156.57	246.21	308.50	370.59	417.20	483.60	559	613.46
东部地区（元）	110.66	136.58	179.04	312.64	337.84	402.52	469.78	524.34	664.90	713.73
中部地区（元）	89.01	103.18	147.80	207.76	296.58	355.60	393.58	481.72	546.12	636.22
西部地区（元）	87.58	105.14	148.87	234.78	300.56	360.00	411.77	480.09	554.61	574.65

数据来源:根据 Wind 数据库相关数据计算整理。

（二）资金来源

新农合保障水平的高低取决于新农合基金筹资水平。

1. 资金来源结构

新农合的资金分别来源于参合农民个人、集体和政府,由于各地区的集体经济发展严重不平衡,有的地区的集体经济甚至已瓦解,所以在此只考察来源于参合个人和政府的新农合资金。

由表6-6可知,在新型农村合作筹资过程中,政府对新农合参合人的财政补助金额逐年提升,从2008年的每人每年80元逐渐上升到2017年的每人每年450元,增长了4.625倍。在2010年新农合参合率达到95%以上后,每年财政补助每位参合人员的金额都在增加。在这个过程中,中央财政发挥了巨大的作用,对于补偿标准中的增加部分,中央政府按照东中西部地区按照不同比例给予补助,基本按照西部地区补助80%,中部地区补助60%,东部地区按一定比例补助的形式进行补助。2008年以后农民个人缴费经过不断上涨从每人每年10元上涨到每人每年180元。由此可得出,新农合的资金主要来源于财政补助,其比重占到70%以上,个人缴费占人均筹资的比例较小。但在政府财政对新农合的支持力度不断增大,各级财政补贴金额不断提高的同时,财政的出资比例从2014年起在不断降低;相形之下,个人缴费金额在不断增涨,个人缴费水平在不断上升的同时出资比例也在不断提高;说明伴随新农合制度的不断完善,农村居民个人收入在不断提高,个人的筹资责任在不断强化。

表6-6　2008—2017年新农合制度规定的资金来源结构

指标	2008	2009	2010	2011	2012	2013	2014	2015	2016	2017
人均筹资额（元/人）	100	100	150	250	300	350	410	500	570	630
各级财政（元/人）	80	80	120	200	240	280	320	380	420	450
财政支出占人均筹资额（%）	80	80	80	80	80	80	78.05	76	73.68	71.43

续表

指标	2008	2009	2010	2011	2012	2013	2014	2015	2016	2017
个人缴费（元/人）	20	20	30	50	60	70	90	120	150	180
个人缴费占人均筹资额（%）	20	20	20	20	20	20	21.95	24	26.32	28.57

数据来源:新农合的个人缴费标准与财政补贴标准是根据中国城乡居民基本医疗保险(新农合)信息平台,以及历年《关于做好新农合工作的通知》整理得出,其中财政支出占人均筹资比例以及个人缴费占人均筹资比例是根据历年新农合文件中规定的政府和个人出资金额算得。

由表6-7可以看出,个人缴费占实际人均筹资总额的比例在2008年至2013年间处于波动态势,自2014年起呈上升趋势,说明在实际操作中参合个人的筹资责任的确是在不断强化的。另外,结合表6-2,在个人缴费金额不断上升的同时,中国新农合的参合人数和参合率仍处于上升趋势,说明个人缴费金额的提升并未影响到农村居民参与新农合的积极性。

在观察表6-7新农合实际人均缴费及筹资结构时,会发现一个有趣的现象,即财政出资比例与个人缴费比例的和超过了100%。究其原因,新农合制度中规定对于享受农村最低生活保障及传统救济的农村居民,个人参加新农合时不需缴费,政府财政按照文件依旧承担每个人的财政补助金额,还有可能是因为存在遗漏、少交或者是缴费、补贴滞后的情况。

表6-7 2008—2017年新农合实际人均缴费及筹资结构

指标	2008	2009	2010	2011	2012	2013	2014	2015	2016	2017
人均筹资额(元)	96.30	113.36	156.57	246.21	308.50	370.59	417.20	483.60	559	613.46
个人缴费(元)	20	20	30	50	60	70	90	120	150	180
财政支出占人均筹资额(%)	83.07	70.57	76.64	81.23	77.79	75.55	76.70	78.58	75.13	73.35

续表

指标	2008	2009	2010	2011	2012	2013	2014	2015	2016	2017
个人缴费占人均筹资额（%）	20.77	17.64	19.16	20.31	19.45	18.89	21.57	24.81	26.83	29.34

数据来源：新农合的个人缴费标准与财政补贴标准是根据历年《关于做好新农合工作的通知》，以及中国城乡居民基本医疗保险（新农合）信息平台整理得出。

2. 新农合筹资替代率的地区差异

所谓新农合筹资替代率，即新农合的人均筹资额与农村人均纯收入的比值，用来衡量新农合的筹资能力。根据表6-8，全国的新农合筹资替代率由2008年的2.02%上升到2017年的4.57%，东中西部地区的新农合的筹资替代率分别由2008年的1.74%、1.98%、2.49%上升到2017年的4.28%、5.01%、5.33%。无论是全国范围还是分区域，其筹资替代率皆在不断上升。结合表6-5可知，2008年至2017年东部地区人均筹资额是最高的，人均筹资额占人均纯收入的比例却是最少的，说明东部地区的个人筹资能力最强；西部地区的新农合人均筹资额是最少的，但是筹资替代率却高于中部地区低于东部地区。究其原因，地区间筹资替代率的差异源于地区间农村居民收入水平差异，这说明中部地区的新农合筹资能力相比西部地区是有上升空间的。

表6-8　2008—2017年新农合筹资替代率的地区差异

地区	2008	2009	2010	2011	2012
全国（%）	2.02	2.20	2.65	3.53	3.90
全国人均收入（元）	4799.70	5189.61	5972.20	7095.80	8067.14
东部地区（%）	1.74	1.98	2.28	3.36	3.22
东部地区人均收入（元）	6365.03	6889.22	7840.72	9291.15	10487.45
中部地区（%）	1.98	2.13	2.64	3.12	3.91

地区	2008	2009	2010	2011	2012
中部地区人均收入(元)	4503.69	4845.34	5598.53	6655.26	7580.75
西部地区(%)	2.49	2.75	3.36	4.45	4.96
西部地区人均收入(元)	3524.08	3818.87	4429.20	5276.90	6055.20
地区	2013	2014	2015	2016	2017
全国(%)	3.93	3.98	4.23	4.52	4.57
全国人均收入(元)	9427.22	10487.11	11433.04	12380.87	13421.33
东部地区(%)	3.43	3.61	3.70	4.33	4.28
东部地区人均收入(元)	11741.28	13008.32	14184.56	15353.68	16675.41
中部地区(%)	3.93	3.90	4.40	4.62	5.01
中部地区人均收入(元)	9059.23	10091.01	10957.72	11817.64	12703.79
西部地区(%)	4.86	4.98	5.30	5.61	5.33
西部地区人均收入(元)	7400.58	8262.83	9064.48	9882.87	10790.45

注:新农合筹资替代率为人均筹资额与人均纯收入的比值。

数据来源:1. 东中西部地区的农村人均收入根据《中国农村统计年鉴》(2009—2018)得出;2. 农村人均筹资额来源于 Wind 数据库。

第二节　新农合支出现状

一、新农合支出替代率

新农合基金支出替代率为新农合基金支出与农村居民人均收入的比值。该项指标用来衡量新农合的保障水平,反映新农合改善居民收入状况的效果。由表6-9中可以看出,新型农村合作医疗基金支出替代率由2008年的1.69%上升到2017年的4.22%,增加了1.49倍;东中西部地区分别由2008年的1.28%、1.80%、2.31%上升到2017年的3.40%、4.46%、5.25%。根据《中国统计年鉴》,

2017 年中国农村居民人均纯收入相比 2008 年上涨了大约 280%,而新农合支出替代率却不降反升,这表明中国新农合保障水平伴随农村人均收入的增加是逐年提高的。如表 6-9 所示,除了 2014 年新农合支出替代率略有下降以外,其余各年均处于上升势头,且东中西部地区的新农合支出替代率呈现出与全国的新型农村合作支出替代率相同态势。西部地区新农合支出替代率最大,其次为中部地区,再次为东部地区。说明西部地区的新农合的保障水平最高,改善农村居民收入状况最为明显。究其原因,可能是因为西部地区医疗资源不太丰富,医疗技术较为落后,过度治疗的情况较为严重;还有可能是因为西部地区新农合基金管理能力较低,导致新农合资金使用效率的低下。

表 6-9　2008—2017 年新农合支出替代率

地区	2008	2009	2010	2011	2012	2013	2014	2015	2016	2017
全国(%)	1.69	2.13	2.38	2.90	3.71	3.85	3.74	3.83	4.01	4.22
东部地区(%)	1.28	1.61	1.81	2.21	2.85	3.09	3.02	3.09	3.23	3.40
中部地区(%)	1.80	2.29	2.54	3.09	3.95	4.00	3.89	4.00	4.20	4.46
西部地区(%)	2.31	2.90	3.21	3.90	4.94	4.90	4.75	4.83	5.02	5.25

数据来源:1. 东中西部地区的农村人均收入根据《中国农村统计年鉴》(2009—2018);2. 新农合基金支出来源于 Wind 数据库。

二、新农合基金结余率

新农合基金结余率是衡量该制度基金运行效率的重要指标。基金结余率可以分为当期基金结余率和累计基金结余率。由于 2008 年之前的数据不可得,累计结余率计算过程中会存在较大误差,这里只分析新农合当年基金结余率。

所谓新农合当年基金结余率,为当年人均基金收入和人均基金支出的差额与当年人均基金收入的比值。① 由表 6-10 可以看出,新农合基金的人均筹资额和人均支出额皆在逐年上升,最大值与最小值之间存在 7—8 倍的差距。而新农合基金的结余率波动幅度较大,最大值和最小值之间存在近 10 倍的差距,最大值达到 16.51%,最小值只达到 2.12%。说明新农合基金面临入不敷出的风险是很大的,在财政补助金额不断提高,个人筹资责任不断强化的同时,如何加强新农合资金管理,更好运营新型农村合作资金,如何确保新农合的可持续性成为迫在眉睫要解决的问题。

表 6-10 2008—2017 年新农合当年基金结余率

指标	2008	2009	2010	2011	2012	2013	2014	2015	2016	2017
人均基金支出（元）	81.27	110.79	142.09	205.55	299.13	362.74	392.72	437.82	495.87	567.01
人均筹资额（元）	96.3	113.36	156.57	246.21	308.5	370.59	417.2	483.6	559	613.46
当年结余（元）	15.03	2.57	14.48	40.66	9.37	7.85	24.48	45.78	63.13	46.45
当年结余率（%）	15.61	2.27	9.25	16.51	3.04	2.12	5.87	9.47	11.29	7.57

数据来源:Wind 数据库。

第三节 新农合支出的经济效应

一、消费效应

依据消费理论,未来医疗支出的不确定性降低,居民的消费水平会随之提

---

① 参见张邹:《全民医保实施效果评价指标体系的构建——以珠海市为例》,《人民论坛》2011 年第 5 期。

高。[1] 新农合的实施降低了农村居民对未来医疗花费的不确定性,显著提升了农村居民的食物消费支出水平;[2]显著增加了居民热量、碳水化合物以及蛋白质等营养的摄入。[3] 但是新农合对农村居民消费的促进作用较为有限,要弱于城镇居民基本医疗保险对城镇居民消费的刺激作用,而商业健康保险的促进作用比城镇职工基本医疗保险的刺激作用还要大;究其原因,新农合的保障水平有待提高。[4] 当农村居民面临重大疾病、受到健康冲击时,新农合对消费的刺激作用就不再显著。即使新农合降低了农村居民医疗费用中的自付比例,提高了农民的健康水平和医疗服务的利用率,可是农民的自付医疗费金额并没有明显减少,新农合的实施在实际上并没有降低农民的医疗负担。[5] 另外,对于收入较低或健康状况较差的农村家庭,新农合的消费效应更强,且对于参保时间长于一年的农村家庭,新农合的消费效应明显大于参保时间低于一年的农村家庭。[6]

二、劳动供给效应

对于公共医疗而言,当劳动者享有医疗保险服务时,劳动者可以及时充分地得到医疗救治,减少重大疾病的发生,提升自身健康程度,增加劳动者的劳动参与和劳动时间。对于新农合而言也是如此。新农合的实施降低了农民发生重大疾病的概率、提高了农民的健康水平和健康意识,进而增加了农民的劳

---

① Zeldes.P., "Consumption and Liquidity Constraints: An Empirical Investigation", *Journal of Political Economy*, 1989, 97(1).

② 参见王艳玲、栾大鹏:《新农合与中国农民食物消费:经验判断和实证研究》,《天府新论》2014年第4期。

③ 参见马双、臧文斌、甘犁:《新型农村合作医疗保险对农村居民食物消费的影响分析》,《经济学(季刊)》2010年第10卷第1期。

④ 参见朱铭来、奚潮:《医疗保障对居民消费水平的影响——基于省级面板数据的实证研究》,《保险研究》2012年第4期。

⑤ 参见程令国、张晔:《"新农合":经济绩效还是健康绩效?》,《经济研究》2012年第1期。

⑥ 参见白重恩、李宏彬、吴斌珍:《医疗保险与消费:来自新型农村合作医疗的证据》,《经济研究》2012年第2期。

动参与率、延长了农民参与劳动的时间。另外,新农合的实施使农民的医疗支出减少,改变家庭收入可能会影响劳动供给。新农合的实施在使得农民的农业劳动供给时间和农业劳动供给概率显著提升的同时,也显著降低了参合农民退出劳动力市场的概率和减少其因病不能工作的时间。① 其中,新农合显著提高了 60 岁以上的农民的劳动供给率,但是减少了他们的非农劳动时间,增加了他们的农业劳动时间;且新农合对男性老年人的农业劳动供给率的影响比对女性老年人的影响更为显著。②

三、收入分配效应

根据 Bloom 等的研究,健康和经济之间存在着相互作用的关系,健康可以促进经济的发展,经济也可以提升居民健康水平,形成正面的双向循环,居民健康状况好就可以获得更高的收入。新农合的直接目标就是减轻疾病给农民带来的经济负担同时提高农民的健康水平。但是根据中国健康与营养调查(CHNS)数据实证分析的结果,表明新农合没有缩小反而增大了农村居民的收入差距;且从个体特征看,新农合扩大农村居民收入差距的作用主要发生在中老年人、女性和已婚居民群体中;从区域看,主要发生在东部地区居民群体中。③

根据预防性储蓄理论可知,新农合支出的经济效应最为直接的表现就是降低了农村居民未来的医疗风险,导致与之相关的医疗保健的消费支出会发生变化,农村居民的消费结构会发生改变,农村居民消费规模会发生变动。而且现有的新农合支出的消费效应更多是以微观数据库作为数据来源,对某一

---

① 参见沈政:《新农合对劳动供给、贫困缓解的影响研究》,中国农业大学 2017 年博士学位论文。

② 参见陈华、张哲元、毛磊:《新农合对农村老年人劳动供给行为影响的实证研究》,《中国软科学》2016 年第 10 期。

③ 参见成前、李月、李策划:《"新农合"对农村居民收入差距的影响研究》,《人口与社会》2019 年第 3 期。

种类或某几类的消费品的消费数量的影响,且缺乏区域间的比较分析。所以,新农合支出的经济效应分析应着重于围绕新农合的消费效应展开,且分区域、分类别进行实证分析。

第四节　新农合支出消费效应分析

一、新农合支出影响农村居民消费内在机理

(一)新农合支出带来的收入提升效应

第一,提高农村居民健康水平,促进农村居民收入增加。

新农合制度的确立,降低了农村居民对未来医疗支出的不确定性,在不断降低参合者医疗费用自付比例的同时,新农合显著提高了农村居民的健康水平。Bloom 通过研究经济发展与劳动者健康之间的关系,发现劳动者身体健康可促进经济的快速发展,然后经济发展再反作用于劳动者的身体健康水平,即劳动者的身体健康与经济发展存在着双向循环的互为促进作用,且这一结论通过对中国相关数据的实证分析得到了验证,进而得出农村居民健康水平的提高,有利于促进中国经济发展。虽然在中国经济增长之初,经济增长并没有促进改善国民健康状况,甚至使其发生"恶化",但长期来看,中国经济增长对国民健康水平是具有显著正向作用的。[①] 据此可知,农民健康水平也会伴随中国经济增长得到大大改善,有效增强他们的体力、延长工作时间,很好地增加了农村居民人力资本积累,进而促进农村居民收入水平的提高。

第二,补偿农村居民教育正外部性,蓄力农村居民收入。

教育投资是人力资本投资的重要组成部分,相比物力投资具有更高风险,

---

① 参见石静、胡宏伟:《经济增长、医疗保健体系与国民健康——基于 1991—2006 年中国数据的分析》,《西北人口》2010 年第 1 期。

但发展和完善新农合制度,对于稳定农村居民教育投资的未来收益有较大帮助,某种程度上化解了人力资本投资与未来收益间的矛盾,补偿了农村居民教育投资的正外部性,使农村居民教育的正外部性内在化,降低了教育投资风险提高了农村居民投资教育的积极性,为农村居民收入长期增长蓄力。

第三,提升农村居民就业率,提高农村居民收入水平。

碍于农村居民的自身整体素质不高、专业技能不强,在城镇多从事的是待遇低、稳定性差、保障程度弱的工作岗位,现实的环境限制了农村居民参与城镇企业职工医疗保险。自 2014 年天津、山东、广东三地政府率先试点实施新型农村合作医疗制度与城镇居民医疗保险合并,截至 2020 年 1 月,全国范围内实现城乡居民医疗保险制度的合并实施。解决了农村居民在城镇就医的后顾之忧,一定程度上击破城乡二元格局,让农村居民不再仅仅依赖于土地、家庭,在所居的城镇同样也能够享受医疗保障;有利于促进农村剩余劳动力向城镇转移及城镇化进程的推进;无论在城镇还是乡村,农村居民皆不需为治病忧虑,使城乡人口结构更为合理,使农村居民的就业选择更为丰富,进而增加农民收入。

(二)新农合支出所带来的收入分配效应

农村社会保障制度是政府调节农村居民收入差距的一项重要工具。新农合制度作为农村社会保障制度的一个重要组成部分,由于社会统筹账户及其筹资、给付不对等的制度设计,在给付阶段体现出很强的互济性。2018 年,新农合人均个人缴费标准达到 220 元/人/年,各级财政人均补助标准达到 490元/人/年。其中,人均新增财政补助的一半(人均 20 元)用于大病保险,重点聚焦深度贫困地区和因病因残致贫返贫等特殊贫困人口,完善大病保险对贫困人口降低起付线、提高支付比例和封顶线等倾斜支付政策①。伴随新农合

---

① 源于国家医疗保障局、财政部、人力资源社会保障部、国家卫生健康委联合印发《关于做好 2018 年城乡居民基本医疗保险工作的通知》。

制度的不断完善,有效地防止因病致贫、返贫的现象发生,大大降低因病拉大收入差距的可能性。

(三)新农合支出所带来的负储蓄效应

根据国际经验分析,社会保障水平的提高会促使人们去消费。伴随新农合制度的产生、发展和完善,个人筹资水平及各级政府的人均补助标准不断提升,农村居民的社会保障水平随之提高,农村居民对未知风险的不确定性随之降低,农村居民不需因为得病去过多储蓄,其改善了农村居民对风险的过度预期,调减了预防风险的储蓄资金,将延时消费转化为即时消费,从而更加有利于实现刺激消费拉动内需的目标。另外,在我国利益分配制度短期内不会发生根本改变之前,政府更多是通过二次分配,将财政支出向人民群众的社会保障与日常生活倾斜,这对于提高整个社会的消费能力是十分必要的。[①] 政府不断加大对新农合倾斜力度的同时,农村居民相对减少个人的医疗负担,增加了农村居民的可分配收入,最终提升农村居民的消费能力。

二、农村居民消费的动态变化趋势

(一)农村居民消费支出规模

随着新农合制度的日益完善,农村医疗保障水平不断提高,农村居民消费水平有了大幅度的提升。以 2003 年新农合制度试点实施为节点,2003 年前农村居民家庭人均消费只有 1900 多元。从 2003 年起,农村居民消费水平呈现出快速增长态势。考虑到新农合制度会对农村居民医疗保健支出有较大影响,故在分析时,将农村居民消费支出分为农村居民医疗保健支出和将农村居民医疗保健支出扣除后的农村居民生活消费支出。第一阶段为 2003 年前,农

[①] 参见张燕源、董登新:《社会保障水平与居民消费、储蓄行为的关联性分析》,《商业经济》2010 年第 2 期。

村居民人均生活消费支出由 1999 年的 1507.4 元增长到 2002 年的 1730.4 元,年均增长为 55.75 元;第二阶段由 2003 年的 1822.75 元增长到 2017 年的 9895.8 元,增加了 4.5 倍,年均增长 538.20 元,相比前一阶段,生活消费支出有了大幅度的增加。分析其原因,离不开政府为提振农村经济所采取的一系列制度创新、完善以及其他相关的政策措施,尤其是针对农村居民所建立的农村社会保障制度,而农村社会保障制度的建立就是以新型农村居民合作医疗制度的建立、完善为起点的,它不仅降低了农村居民医疗支出的不确定性,提高了农村居民收入,而且拉动了农村居民生活消费,提高了农村居民生活消费水平。据统计,农村居民医疗保健支出,在 2003 年前,由 1999 年的 70 元增加到 2002 年的 103.9 元,年均增长 8.48 元;第二阶段,农村居民人均医疗保健支出由 2003 年的 115.75 元增加到 2017 年的 1058.7 元,增加了 8.15 倍,年均增长 62.86 元。农村居民生活消费支出和农村医疗保健支出绝对额双升。

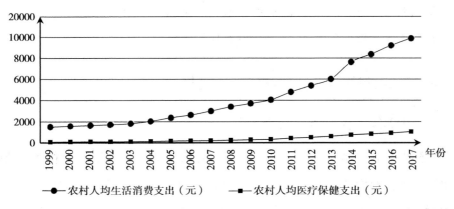

图 6-1 中国农村居民消费水平变化

数据来源:《中国农村统计年鉴》(2000—2018)。

(二)农村居民消费支出结构

农村居民消费支出结构发生了相应的变动。农村居民医疗保健支出占农村居民消费支出比重由 2003 年的 5.96% 上升到 2017 年的 9.66%,而农村居民生活消费支出占农村居民消费支出的比重由 2003 年的 94.04% 下降到 2017 年的 90.34%。农村居民消费支出结构的变化原因:一是随着农村居民收入的增加,农村居民消费结构势必会进行相应的调整;二是信息时代的到来,提高了农村居民对身体健康重要性的认识;三是新型农村居民合作医疗制度的实施,降低了农村居民支出的自付比例。

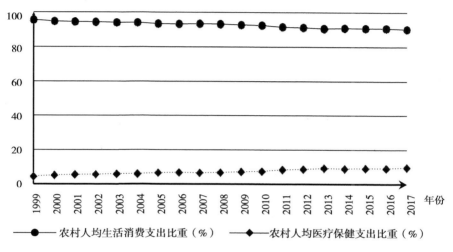

图 6-2 中国农村居民消费支出结构变化

数据来源:《中国农村统计年鉴》(2000—2018)。

(三)农村居民消费倾向

为方便观察,农村居民消费倾向根据农村居民消费结构分为农村居民生活消费倾向和农村居民医疗保健消费倾向,且指的是平均消费倾向,即分别用农村居民生活消费支出、农村居民医疗保健支出与农村居民收入的商来表示。如图 6-3,农村居民人均生活消费倾向自 1999 年至 2017 年处于上下波动的状态,但整体来看,农村居民人均生活消费倾向是有较大提升的。而农村居民人均医疗保健消费倾向则呈现出渐进式增长,尤其是在 2003 年实施新农合后,有了明显涨幅。

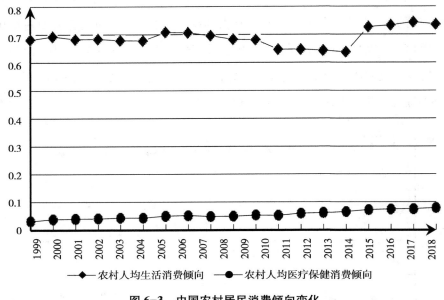

图 6-3　中国农村居民消费倾向变化

三、模型设定

由于将农村居民消费作为被解释变量进行线性描述可不依赖于某一特定理论或特定环境,[1]易于把经典消费理论所描述的影响消费的主要因素都囊括在内,[2]且现在消费情况势必受到过去消费习惯的影响,根据凯恩斯消费函数理论和 Feldstein 扩展生命周期模型,结合中国农村实际,本书通过面板模型来评估新型农村居民合作医疗对于促进我国农村消费所带来的积极影响,并将模型设定为:

$$C_{it} = \alpha + \beta MSL_{it} + \lambda RCI_{it} + \theta K_{it} + \mu_{it} \qquad \text{式}(6.1)$$

---

[1]　参见李文星、徐长生、艾春荣:《中国人口年龄结构和居民消费:1989~2004》,《经济研究》2008 年第 7 期。

[2]　参见栾大鹏、欧阳日辉:《新型农村合作医疗对我国农民消费影响研究》,《社会保障研究》2012 年第 2 期。

式(6.1)中,下标 i 表示不同省份,t 表示时间,C_{it} 为农村居民消费水平,MSL_{it} 为农民居民医疗保障水平,RCI_{it} 为农村居民收入水平,K_{it} 为控制变量,μ_{it} 为随机扰动项。

考虑到两种消费的消费倾向在不同地区呈现出不同变化,本文将农村居民消费分为农村居民医疗保健消费和农村居民生活消费两部分,分别考察新农合对这两种不同消费所带来的影响。因此,模型最终设定为:

$$MC_{it} = \alpha + \beta MSL_{it} + \lambda RCI_{it} + \theta K_{it} + \mu_{it} \qquad 式(6.2)$$

$$LC_{it} = \alpha + \beta MSL_{it} + \lambda RCI_{it} + \theta K_{it} + \mu_{it} \qquad 式(6.3)$$

同时,对部分变量取自然对数进行相应的数学变换,以消除变量间可能存在的异方差。

四、数据来源及变量选择

新农合制度实施起始时间为 2003 年,但基本在全国范围实现实质性全覆盖是在 2007 年,且有关新农合数据的公开发布也是起始于 2007 年。根据数据可得性原则,所有变量选择的时间区间为 2007 年至 2017 年 11 年的 31 个省份的分析数据,由于西藏较为特殊,故在此不纳入分析范围中。数据主要来源于《中国农村统计年鉴》《中国卫生统计年鉴》《中国人口统计年鉴》《中国统计年鉴》。

(一)被解释变量

一是农村居民医疗保健消费水平(MC)。新农合制度的设计在于当个人进行治疗时只需担负部分比例,伴随个人缴费金额的提高,各级政府给予的财政补贴也在增加,农村医疗保障水平得到相应提升,势必会对农村居民医疗保健消费水平产生直接影响。此指标以农村居民人均医疗保健消费支出的对数来表示。

二是农村居民生活消费水平(LC)。前文在分析新农合制度变革所带来的收入效应和储蓄效应时已提出,此项制度的变革对农村居民生活消费水平的提升产生间接影响。此指标以农村居民人均生活消费支出的对数来表示。

（二）解释变量

农村居民医疗保障水平（*MSL*）。农村医疗保障水平的高低取决于农村居民医疗费用报销的程度,报销比例越高,农村居民医疗保障水平越高,反之则反,二者成正比。但现有年鉴中只对新型农村居民合作医疗的人均筹资额度进行了统计,并未统计农村居民医疗报销金额,庆幸的是二者呈正相关关系,故以新型农村居民合作医疗的人均筹资额的对数来表示农村居民医疗保障水平。

（三）控制变量

一是新农保（*rpi*）。2010 年农村居民养老保险开始试点实施,因考虑到其会降低农村居民未来养老的成本,进而带来现在消费的增加,将此变量设为虚拟变量,若参加了,赋值为 1,若没有参加赋值为 0。

二是农村居民消费价格指数（*p*）。农村居民消费价格指数的高低会对农村居民购买力产生直接的影响,进而影响农村居民的消费水平。用各地的农村居民环比消费价格指数表示。① 由于北京、上海、重庆未公布农村居民消费价格指数,故这三个地方用其城镇居民消费价格指数来代替。

三是其他控制变量。根据以往学者就农村居民消费影响因素的分析,将农村居民收入水平（*rci*）、人均抚养比②（*rdr*）、性别比（*rsr*）及受教育年限③

---

① 根据王宇鹏于 2011 年第 1 期《中国人口科学》中《人口老龄化对中国城镇居民消费行为的影响研究》的研究,环比价格指数比定基消费价格指数对我国居民消费所产生的影响更大。且控制此变量,就不需再换算实际收入水平,更为简便。

② 抚养比为少儿抚养比和老人抚养比之和。

③ 受教育年限通过各省区市学历人数乘以相应年限的总和,再除以各省区市 6 岁及 6 岁以上人口得出。其中,小学 6 年,初中 9 年,高中 12 年,大专以上文化程度按 16 年计算,文盲为 0 年。

(*rsy*)作为控制变量引入模型。其中,农村居民收入水平以农村居民人均纯收入的对数来表示。另外,根据预防储蓄理论,未来养老成本的高低,会影响现在消费规模的大小;而新型农村社会养老保险制度是否实施,会影响农村居民对养老风险的预测,也就会影响到他们现在的消费决策。故将是否实施新型农村社会养老保险制度(*rpi*)纳入控制变量中,若实施了新农保制度,赋值为"1",若未实施新型农村社会养老保险制度,赋值为"0"。表 6-11 为各变量的描述性统计。

表 6-11　变量描述性统计

变量	定义	均值	标准差	最小值	最大值
lc	农村居民生活消费水平	8.6852	0.4735	7.635	9.7475
mc	农村居民医疗保健消费水平	6.3117	0.6019	4.5685	7.5963
msl	农村居民医疗保障水平	5.7453	0.7346	4.352	7.6516
rci	农村居民收入水平	9.0351	0.5032	7.9098	11.6347
rdr	农村居民人均抚养比(%)	35.6314	6.4689	19.3	51.9
rsr	农村居民性别比(女=100)	106.2344	3.7219	93.95	123.8
rsy	农村居民受教育年限(年)	7.6466	0.6107	5.8783	9.8009
p	农村居民消费价格指数	102.8341	2.2327	97.5389	112.3442
rpi	是否实施新型农村居民养老保险	实施=1,未实施=0			

五、实证研究结果

(一)模型说明

由于此部分意在观察新农合的发展对农村居民消费的影响,故选用面板模型研究此问题。分别选用农村居民消费水平(*c*)、农村居民医疗保健消费(*mc*)、农村居民生活消费(*lc*)作为被解释变量。首先,从全国范围看,研究新农合支出的消费效应;其次,由于地区经济发展水平不同,政府财政补贴程度不同,新农合所带来的消费效应会有所差别,故分东中西部地区,分区域研究新农合对农村居民医疗保健消费、农村居民生活消费的影响。

(二)全国层面的消费效应分析

考虑到面板回归模型分为随机效应模型、混合回归模型、固定效应模型三种。在回归分析前通过 LSDV 检验比较混合回归和固定效应的结果,发现显著拒绝"所有个体虚拟变量都为 0"的原假设,即存在个体效应,应选择固定效应模型;然后通过 Hausman 检验,在固定效应模型和随机效应模型中做选择,发现强烈拒绝原假设,最终确认模型设定类型为固定效应模型;说明由于每个省市的情况不同,可能存在不随时间而变的遗漏变量。并通过一阶差分(FD)获得检验的 p 值为 0.0035,强烈拒绝在 1% 的显著性水平下存在面板自相关的假设。同时,在固定效应模型估计中检验时间效应,结果强烈拒绝"无时间效应"的原假设,故在模型中须包括时间效应。最终通过双向固定效应模型进行估计。估计结果如表 6-12。

表 6-12　面板 OLS 估计结果

参数	模型（1）		模型（2）		模型（3）	
	（a）	（b）	（a）	（b）	（a）	（b）
α	2.7678	4.8892	−0.9401	2.0189	2.8076	4.8218
	(10.38) ***	(8.02) ***	(−2.56) ***	(2.29) **	(2.8076) ***	(7.84) ***
msl	0.2789	0.3307	0.4122	0.4608	0.2690	0.3202
	(12.28) ***	(13.76) ***	(13.20) ***	(13.29) ***	(11.76) ***	(13.22) ***
rci	0.4885	0.3835	0.5414	0.4495	0.4802	0.3744
	(11.49) ***	(9.22) ***	(9.26) ***	(7.49) ***	(11.22) ***	(8.93) ***
rdr		0.0052		0.0023		0.0053
		(1.69) *		(0.52) ***		(1.71) *

续表

参数	模型（1）		模型（2）		模型（3）	
	（a）	（b）	（a）	（b）	（a）	（b）
rsr		−0.0034		−0.0047		−0.0034
		（−1.5）		（−1.41）		（−1.48）
rsy		0.1098		0.0528		0.1185
		（2.94）***		（0.9800）		（3.14）***
rpi		−0.1473		−0.1299		−0.1486
		（−5.01）***		（−3.06）		（−5.01）***
p		−0.0195		−0.0222		−0.0190
		（−5.24）***		（−4.15）		（−5.08）***
R²	0.9134	0.9177	0.8314	0.8333	0.9215	0.9425
F	5.31	5.87	20.32	17.63	5.92	6.61

注：***、**、*分别表示在1%、5%和10%的显著水平上显著，（）内为相应参数估计的 t 检验值。

表6-12分别显示出新农合对农村居民消费水平、农村居民医疗保健消费水平和农村居民生活消费水平影响的效应估计。三个模型各自分为未加控制变量的模型估计（a）和加控制变量的模型估计（b）。

由农村居民消费模型、农村居民医疗保健消费模型和农村居民生活消费模型的未加控制变量的模型估计结果可知，农村居民医疗保障水平和农村居民收入水平对农村居民消费水平、农村居民医疗保健消费水平及农村居民生活消费水平皆产生显著的正向效应，且是在1%的水平上显著。在三个未加控制变量的模型中，农村医疗保障水平的系数分别是0.2789、0.41、0.2690，说明新型农村居民合作医疗制度的实施对农村居民医疗保健消费的促进效应最为明显，即新农合筹资水平每提高1%，人均医疗保健消费支出将提高0.41%，其次是农村居民消费水平，再次是农村居民生活消费水平。

模型(b)相比模型(a)加入可能影响农村居民消费因素的主要控制变量，进一步检验新农合制度的实施对农村居民消费水平、农村居民医疗保健消费水平和农村居民生活消费水平的影响是否具有稳健性。由表6-11可知，在加入控制变量后，农村居民医疗保障水平和农村居民收入水平对这三者的影响仍为正向，且影响程度大小的排序没有发生任何变化，其实证结果是稳健的。至于其它影响农村居民消费的因素：第一，抚养比，三个模型的系数皆通过显著性检验，对农村居民生活消费的影响最为显著，与生命周期理论假说正相符。与栾大鹏、欧阳日辉的结论不同，即抚养比未通过显著性检验，却表现为负值，原因是收入水平较低、农村社保体系及金融信贷体系不健全。分析结论不同的原因是二位学者采用的是1999—2006年的面板数据，而本文采用的是2007—2017年的数据，农村居民收入水平大幅增长，农村社会保障体系、金融信贷体系日益完善的时期，恰恰实证证明二位学者的结论。第二，农村居民性别比，三个模型的系数虽为负值，但皆不显著。第三，农村居民受教育年限，三个模型的系数皆为正值，其中对农村居民生活消费和农村居民消费的影响表现为在1%显著水平上的显著正效应，对农村居民医疗保健消费支出的影响并不显著。第四，是否实施新型农村居民养老保险，对农村消费规模、农村生活消费规模具有显著负效应，说明新农保制度的实施并没有使农村居民认为未来养老风险会降低，反而促使他们认为未来面对的养老风险会提高，这与第五章新型农村社会养老支出的储蓄效应的实证结果一致，进一步验证了结论的准确性。第五，农村居民消费价格指数，对农村居民消费水平和农村居民生活消费水平的影响显著性为负，对农村居民保健消费支出为负但不显著，因为农村居民在计划消费时多倾向于将当年消费价格水平与上一年度消费价格水平进行对比分析，预测未来价格走势，若当年价格过高，势必下一年价格会下降，自然减少当年消费。

表6-13 东中西部地区实证结果

参数	东部地区			中部地区			西部地区		
	因变量c 模型(4)	因变量mc 模型(5)	因变量lc 模型(6)	因变量c 模型(7)	因变量mc 模型(8)	因变量lc 模型(9)	因变量c 模型(10)	因变量mc 模型(11)	因变量lc 模型(12)
msl	0.0382	0.285	0.0152	0.5268	0.7238	0.5082	0.2289	0.4152	0.2095
	(1.12)	(3.94)***	(0.41)	(16.63)***	(11.84)***	(16.23)***	(8.17)***	(7.75)***	(7.55)***
rci	1.0601	0.7964	1.0887	0.0968	0.1652	0.0871	0.6607	0.4989	0.6799
	−17.56	(5.82)***	(16.98)***	(2.72)***	(1.87)*	(2.57)**	(13.78)***	(5.83)***	(14.18)***
rdr	0.0046	−0.0053	0.0054	−0.003	−0.0297	0.0003	−0.0042	−0.02	−0.0028
	(2.71)***	(−1.19)	(2.94)***	(−1.47)	(−11.10)***	(0.21)	(−2.63)***	(−7.50)***	(−1.75)*
rsr	−0.0051	−0.0176	−0.0041	0.0026	−0.2007	0.0045	−0.0022	−0.0133	−0.0013
	(−2.91)***	(−4.01)***	(−2.21)**	(0.58)	(−2.78)***	(0.97)	(−0.81)	(−2.92)***	(−0.46)
rsy	−0.0264	0.0181	−0.0284	−0.05	−0.0748	−0.044	−0.0148	0.1439	−0.0317
	(−1.35)	(0.39)	(−1.38)	(−1.32)	(−1.39)	(−1.15)	(−0.71)	(4.13)***	(−1.53)
rpi	−0.0545	−0.0289	−0.0559	−0.295	−0.3922	−0.2825	−0.1622	−0.2075	−0.1541
	(−1.69)*	(−0.42)	(−1.62)	(−5.96)***	(−4.87)***	(−5.69)***	(−4.17)***	(−2.93)***	(−3.98)***
p	−0.008	−0.0109	−0.0075	−0.035	−0.0487	−0.0328	−0.0189	−0.0248	−0.018
	(−1.68)*	(−0.97)	(−1.48)	(−4.70)***	(−4.28)***	(−4.45)***	(−3.74)***	(−2.56)**	(−3.58)***

续表

参数	东部地区			中部地区			西部地区		
	因变量 c	因变量 mc	因变量 lc	因变量 c	因变量 mc	因变量 lc	因变量 c	因变量 mc	因变量 lc
	模型(4)	模型(5)	模型(6)	模型(7)	模型(8)	模型(9)	模型(10)	模型(11)	模型(12)
α	0.364	0.343	-0.0104	8.8897	9.9166	8.4469	4.1015	3.3344	3.8186
	(0.46)	(1.19)	(-0.01)	(8.17)***	(5.57)***	(-7.77)***	(5.97)***	(2.47)**	(5.58)***
obs	121	121	121	88	88	88	121	121	121
R^2	0.9644	0.8928	0.9583	0.9458	0.9344	0.9417	0.968	0.9411	0.9666
Wald	3781.88	1011.02	3267.45	1624.1	1299.89	1501.59	3820.61	1873.14	3682.07

注：***、**、*分别表示在1%、5%和10%的显著水平上显著，（）内为相应参数估计的 t 检验值。

（三）三大区域的消费效应分析

分别就东中西部地区的面板数据,通过 Greene 提供的对组间异方差的沃尔德检验和对组间同期相关的 Breausch-Pagan LM 检验,发现存在组间异方差,但不存在组间同期相关,基于模型的稳健性考虑,采用"OLS+面板校正标准误差(PCSE)"来估计,得出的结果见表6-13。

根据表6-13可知,无论是东部、中部还是西部地区,新农合制度的实施对农村居民消费水平、农村居民医疗保健消费水平和农村居民生活消费水平都起到促进作用;其中,对农村居民医疗保健消费的促进作用最大,其次是农村居民消费,再次是农村居民生活消费。其中,东部地区农村医疗保障水平虽然对农村非医疗保健消费以及农村消费水平产生正向效应,但不显著。在不同地区,新农合制度实施对农村居民消费水平、农村居民医疗保健消费水平和农村居民生活消费水平影响大小的程度不同。东中西部地区新农合的实施对农村居民消费水平、农村居民医疗保健消费水平以及农村居民生活消费水平的影响程度由大到小的排序皆是:中部地区、西部地区、东部地区。且影响三大区域的农村居民消费水平、医疗保健消费水平以及生活消费水平的因素除新农合以外,还有其他影响显著的因素,但由于三大区域的经济差异、社会差异、人文差异等导致三个区域的影响显著因素也有所不同。

六、稳健性检验

考虑到消费具有"棘轮效应",会受过去消费习惯的影响,应将消费滞后项加入到控制变量中,尝试使用动态面板模型来估计。就全国范围内的新型农村居民合作医疗对农村居民消费影响的面板数据中,面板个体个数为30大于时间维度($T=11$),属于短面板数据,主要适用于差分 GMM 和系统 GMM 方法。在分别经过扰动项的差分是否存在自相关和扰动项的自相关检验后,发现二者皆接受原假设,但后者比前者标准误差更小,说明系统 GMM 估计较为准确。其估计结果见表 6-14。

表 6-14　系统 GMM 估计结果

参数	因变量:c 模型(13)	因变量:mc 模型(14)	因变量:lc 模型(15)
因变量	0.6523	0.5797	0.6597
(滞后 1 期)	(25.24)***	(12.98)***	(19.56)***
因变量	0.1239	0.1137	0.1183
(滞后 2 期)	(5.00)***	(8.38)***	(4.30)***
msl	0.0954	0.2089	0.0861
	(4.73)***	(5.51)***	(4.05)***
rci	0.1164	0.1080	0.1204
	(2.80)***	(2.90)***	(2.95)***
rdr	0.0049	0.0020	0.0044
	(6.67)***	(0.64)	(6.06)***
rsr	−0.0057	−0.0001	−0.0068
	(−7.91)***	(−0.06)	(−6.30)***
rsy	0.1066	0.1563	0.0846
	(14.08)***	(9.03)***	(8.99)***
rpi	−0.0643	−1.6228	−0.0924
	(−0.57)	(−1.64)*	(−0.73)
p	−0.0023	−0.0176	0.0013
	(−2.35)**	(−3.32)***	(−1.48)
α	0.5556	0.9591	0.3031
	(2.03)**	(2.26)**	(1.03)
Obs	330	330	330
sargan 检验	0.7682	0.7023	0.7177

注:***、**、* 分别表示在 1%、5% 和 10% 的显著水平上显著,( )内为相应参数估计的 t 检验值。

　　根据表 6-14 可知,模型(13)、模型(14)和模型(15)中,sargan 检验的 P

值表明接受所有工具变量都有效的原假设。从系统 GMM 估计的结果来看，新型农村居民合作医疗制度的实施以及农村居民收入对农村居民消费水平、农村居民医疗保健消费水平、农村居民生活消费水平与面板 OLS 估计结果的影响是相同的，进一步验证了面板 OLS 结果的稳健性。

七、实证结论

第一，新农合制度的实施对农村居民医疗保健消费的促进效应最为明显，新农合筹资水平每提高 1%，人均医疗保健消费支出将提高 0.41%，证明新农合的实施过程中，伴随人均筹资水平的不断提高，人们对农村医疗保健消费的欲望增加。分析原因有二：一是新型农村居民合作医疗制度的实施，有效降低了农村居民医疗支出的自担比例，减轻了农村居民的医疗负担，缓解了农村居民"看不起病"的现象；二是政府补助标准远高于个人缴费标准，以 2017 年为例，各级财政补助标准每人每年已达到 450 元，个人缴费标准则为 180 元，现有的制度设计，比如报销制度，会诱发农村居民和医疗机构过度治疗等道德风险。农村居民收入水平的系数分别是 0.4885、0.5414、0.4802，说明农村居民收入水平对农村居民医疗保健消费支出的促进效应最为明显，很有可能是因为过去农村居民就医压力过大。

第二，随着受教育年限的增加农村居民对未来风险预知性、可控性和防御性在增强，所以会增加即期消费；但是就医疗保健支出上可能更多还是着重于得病治病，对于预防治疗、保健的认识即使再提高，还是不太重视。

第三，是否加入新型农村居民养老保险的系数为负，说明新型农村居民养老保障水平还是较低，人们对未来养老风险所带来的不确定性仍很强，但是阻碍了人们即期消费。

第四，新农合的实施，对中部和西部区域的农村医疗保险消费、农村非医疗保健消费以及农村总消费皆产生 1% 显著水平上的正向效应。但是对于东部地区，只是对农村医疗保险消费产生 1% 显著水平上的正向效应，农村非医疗保险消费以及农村总消费的激励效应并不显著。且对中部地区的农村医疗保健消费的正向效应最为强烈,其次是西部地区,最小为东部地区。究其原因,可能是由于中部地区农村人口占总人口比重相比东部、西部地区较大,新农合制度的实施,对于农村居民消费的促进效应更为明显;而西部地区,受政策倾斜影响,对消费的促进效应较为明显;至于东部地区,可能是因为其新农合支出替代率最低,即东部地区新农合保障水平最低,所以对农村居民的生活消费影响并不显著;且东部地区的经济发展较为快速,城镇化程度较高,农村居民的收入水平相比其他地区较高,收入水平对消费的促进效应更为明显,这一点从各地区农村居民收入水平这一控制变量系数的比较可以看出。

通过对新农合制度实施现状、支出现状的分析,以此为基础着重对新农合支出的消费效应进行深入研究,发现新农合制度存在以下问题:

第一,三大区域新农合支出的利用效率差距大。东部地区的受益人次与参合人数的比值是东中西部三大区域中最大的,其次是西部地区,再次是中部地区;人均筹资额由高到低排序为东部地区、中部地区、西部地区;地方政府承担财政补贴比例由高到低排序为西部地区、中部地区、东部地区。从中可看出,相比中部地区和西部地区,东部地区财政承担着更大的新农合的运行压力。究其原因可能是因为东部地区经济最为发达、医疗水平最高,且参合农民的保健意识最强,进而导致东部地区与中部、西部地区之间新农合保障效果的差距。

第二,个人筹资责任过于弱化。新农合属于混合性公共产品,其资金主要来源于个人缴费和财政补贴。其中个人缴费对应于个人责任,个人通过缴费获得享受新农合的资格。财政补贴对应于政府责任,逆向选择、调节收入差距、外部效应以及公平性要求政府必需为农村居民提供此项公共产品。根据新农合缴费现状的分析,可知个人缴费占新农合筹资额的比例日益增大,个人的筹资责任在不断强化,但所占比例依旧很小,2018 年个人筹资额仅占人均筹资额的 28.57%,政府财政占 70% 以上的支出责任。这样很可能会导致道德风险的发生,恶意虚报、多报医疗消费支出或过度消费医疗资源,同时影响到新农合制度的运行效率。

第三,新农合缴费过程存在基金流失状况。根据新农合人均实际筹资情况,发现新农合个人缴费金额与政府补贴金额之和大于人均实际筹资水平,二者之间的差额说明个人缴费和政府补贴实际上存在落实不到位的情况,可能是因为存在个人遗漏、少交或者是缴费、补贴滞后的情况。需要加大落实新农合资金的力度。

第四,新农合运行效率不稳定。衡量新农合运行效率高低的重要指标就是新农合基金结余率。从 2008 年基本实现新农合的全覆盖到 2017 年,新农合基金结余率一直处于波动的态势,从未表现出稳定的趋势,最高为 16.51%,最低为 2.12%,平均为 8.3%。不稳定的基金结余率,影响了新农合的运行效率。当基金结余率过大,说明新农合资金没有充分使用。可能是因为新农合的参合过程限制条件少,门槛低,但是医疗用的报销阶段具有较多的限制条件,需要较多的材料,导致新农合的基金收入和支出的不对等;还有可能是因为跨区域的报销比例大大低于当地治疗的报销比例,以至于新农合报销支出较少。当基金结余过低,说明新农合的运行的风险加大,影响新农合运行的可持续性。

第五,新农合的应用范围偏窄。虽然新型合作医疗的参合率近乎达到 100%,但是对于有些疾病和药物尤其是较为昂贵的药物种类并没有覆盖到。在生活中导致农村居民因病致贫的因素除了重大疾病,还包括一些常见病和慢性病,很多的慢性病都需要长期服药和定期的身体检查,这些费用对于农村的大多数家庭来说是一笔不小的开销。现在新农合的报销范围在不断扩大,未覆盖的医药品种以及疾病类型,特别是各种慢性病的常用药应逐渐纳入到报销范围中来,加大新农合的政府投入,不断扩大新农合覆盖的药品种类及疾病种类。

第六,地区间新农合保障水平差异大。伴随新农合支出不断加大,新农合的保障水平日益提高,其对农村居民消费、医疗保健消费以及生活消费皆具有1%显著水平上的激励效应,且对农村居民医疗保健消费的促进效应最为显著,新农合支出水平每提高1%,人均医疗保健消费支出将提高0.4122%。但是东中西部地区新农合支出的消费效应完全不同,中部地区和西部地区的新农合支出对其农村医疗保健消费、农村生活消费以及农村总消费产生1%显著水平上的正向效应。但是东部地区的新农合支出仅对农村医疗保健消费产生1%显著水平上的正向效应,对农村生活消费以及农村总消费的激励效应并不显著。可能是因为其新农合支出替代率最低,即东部地区新农合保障水平最低,所以对农村居民的生活消费影响并不显著。

第七章　农村低保支出经济效应研究

1986 年起,政府开始大规模扶贫开发,而作为反贫困的重要手段——农村最低生活保障制度,开始于山西省 1990 年建立起的农村社会保障试点工作。1995 年 12 月,《武鸣县农村最低生活保障救济暂行办法》颁布,这是全国第一个县级农村低保制度文件。1996 年,民政部发布的《关于加快农村社会保障体系建设的意见》指出,在有建设农村社会保障体系的地方,都要把农村低保制度看作重点,就算是标准比较低,也要建立起农村低保制度。与此同时,民政部颁布《农村社会保障体系建设指导方案》,明确由地方各级财政和村集体承担农村最低生活保障的财政资金筹集,承担比例由各个地方根据实际情况确定。1997 年后,涌现了一大批的城市失业人口,社会保障的中心由原来的农村转向城市,城镇低保制度开始广泛推行,农村低保制度建设脚步放缓。2000 年全面实行的农村税费改革,削减了乡镇的财政收入,农村低保支出骤减,农村低保处于瘫痪状态,有名无实。随着贫困特征的转变和区域扶贫效益的下降,政府开始重视农村低保制度的建设。2002 年,党的十六大提出要加强建设农村低保制度,这使得农村低保制度实施进程加快了不少。同年年底,大部分地区的农村低保制度已经完成建设。2007 年,国务院发布《关于在全国建立农村低保制度的通知》,进一步对农村低保对象的分类以及申请流程进行了规范。2011 年,国务院发布《中国农村扶贫开发纲要(2011—2020

年)》,要求做好扶贫开发与农村低保有效衔接,由扶贫开发帮助农民脱贫致富,由农村低保制度解决贫困人口温饱问题。2016 年,国务院发布《关于做好农村低保制度与扶贫开发政策有效衔接指导意见的通知》,明确对符合农村低保标准的农村贫困人口实行政策性保障兜底,通过扶贫开发政策与农村最低生活保障有效衔接形成政策合力,确保 2020 年脱贫目标的实现。

第一节　农村低保制度实施现状

由于 2007 年农村低保制度才在全国范围内实现,所以实施数据统计从 2007 年开始。

一、农村低保保障人数

2007 年前,接受农村社会救济的主要是由农村最低生活保障人员和农村特困救助人员(五保户)构成。据《中国农村统计年鉴(2007)》统计,2006 年中国的农村低保对象占据了农村绝对贫困人口的 70.25%。2007 年,中国的农村低保保障人数超过了农村绝对贫困人数,农村特困救助制度逐渐取消。截至 2018 年年底,中国农村低保保障人数达到 3519.1 万人,城镇最低生活保障人数为 1008 万人,农村低保保障人数占全国城乡最低生活保障人数总额的 77.73%。由图 7-1 可以清晰看出,在 2013 年前农村低保保障人数不断增加;2013 年后,农村低保保障人数呈现出下降的趋势。究其原因是,2013 年前农村低保制度的瞄准识别常以个人特征代替农村家庭状况,且外部监督近乎缺失,导致农村低保对象识别不够准确;2012 年 11 月,党的十八大将脱贫攻坚确定为全面建成小康社会的底线任务,并纳入"五位一体"总体布局和"四个全面"战略布局,以前所未有的力度推进;2013 年后,政府开始加强农村最低生活保障的动态管理,强化"应保尽保,应退尽退"的执行目标。据统计,党的十八大以来,中国每年平均顺利脱贫的人数达到了 1000 万人以上,正因如此,能够满足申请农村最低生活保障条件的人也逐年减少。另外,伴随中国农村社会保障制度体系的不断完善,农村低保制度在整个农村社会保障体系的定位更为清晰、准确;精准扶贫的提出,对农村扶贫开发和农村低保对象做了有效、明确的区分;农村最低生活保障就是保障农村贫困人口的基本生活,是整个农村社会保障体系的最后一道防线,在精准扶贫中发挥"兜底性"扶贫的作用。尤其是自2016年起,中国农村低保保障人数迅速下降,各地进一步强化对农村低保对象经济情况的核对,确保真正有困难的贫困家庭参与保障,更加精确地保障农村低保对象。在对农村低保对象管理时采取靶向性原则,定期审查农村低保救助对象的各方面信息,做到能够把收入高过救助标准的对象

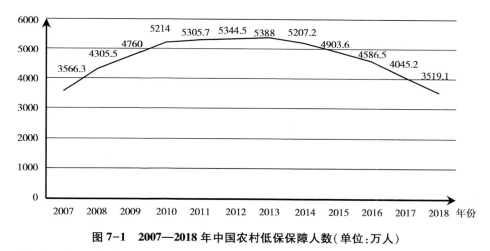

图7-1　2007—2018年中国农村低保保障人数(单位:万人)

数据来源:农村低保保障人数来自于历年《民政事业统计发展公报》,中华人民共和国民政部网站 http://www.mca.gov.cn。

及时剔除。由表7-1可知,东中西部地区农村低保保障人数差异明显,发展十分不平衡。2007年,东中西部地区农村低保保障人数比值,粗略估计为1:1.3:2;到2018年三大区域的农村低保保障人数比值为1:1.8:2.9。当前,中部与西部地区集中着中国的大多数农村贫困人口,截至2018年年底,东部地区有农村贫困人口147万人,中部地区597万人,西部地区916万人,中部

和西部地区的农村贫困人口占到了中国农村贫困人口总数的91.14%,这为中国分地区农村最低生活保障的平衡发展带来了很大的压力。11年间,东部地区的农村低保保障人数涨幅不大,较为平稳,且相比中部和西部地区的农村低保保障人数,东部地区的农村低保保障人数一直是最少的。究其原因,经济发展水平高的地区,农村居民的人均收入水平高,更易超过当地的农村最低生活保障线,线下农村贫困人口就少;相反,西部地区经济发展较为落后,农村居民人均收入水平低,更多农村贫困人口处于农村最低生活保障线以下,不容易超越。线下农村贫困人口更多。还有可能是因为东部地区的公共物品提供水平高于西部地区,农村社会保障水平较高,也使得东部地区的低保线下的农村贫困人口更容易脱贫。

表 7-1 2007—2018 年中国农村低保保障人数   （单位:万人）

地区	2007	2008	2009	2010	2011	2012
东部	831.7	907.8	953.1	1026.9	1045.9	1041.3
中部	1083.1	1279.9	1494.1	1550	1579.1	1593.1
西部	1651.9	2118.1	2313.1	2637.3	2680.8	2710.2
地区	2013	2014	2015	2016	2017	2018
东部	1036.9	991.1	956.8	894.3	792.2	614.4
中部	1644.9	1651.7	1558.8	1404.5	1168.8	1116
西部	2706.4	2564.5	2388.2	2287.9	2084.3	1788.5

数据来源:分省区市的农村低保保障人数来自于历年《民政事业统计发展公报》,中华人民共和国民政部 http://www.mca.gov.cn。

二、农村低保覆盖率

由表7-2可知,2007年农村低保制度在全国范围内建立起来,农村低保线下的农村贫困人口只有3566.3万人,占全国农村人口总数的4.9%,农村低保覆盖范围较小,存在着严重的贫困现象,有困难的农村居民得不到应有的救助,没有基本的生活保障;2013年,中国农村低保覆盖率上升到了

8.56%。分析其原因,可能有两个:一是此阶段是农村低保制度快速扩张的
阶段,且教育、医疗等救助专项皆与农村低保制度相挂钩,以致农村低保家
庭不愿付出努力提高收入水平;二是农村低保对象瞄准效率低,形同虚设的
农村低保公示,将不该保的农村居民纳入到农村低保范围。2013 年后,农
村低保覆盖率逐年下降,2018 年下降到 6.24%。说明 2014 年发布的《社会
救助暂行办法》有效规范了农村低保对象的认定、审批等程序,错保、漏保
现象有所改善;还可能是国家推行的各项扶贫政策与农村低保制度联合发
力的结果。

表 7-2　2007—2018 年中国农村低保覆盖率①

指标	2007	2008	2009	2010	2011	2012
农村人数(万人)	72750	72135	71288	67113	65656	64222
农村低保覆盖率(%)	4.90	5.97	6.68	7.77	8.08	8.32
指标	2013	2014	2015	2016	2017	2018
农村人数(万人)	62961	61866	60346	58973	57661	56401
农村低保覆盖率(%)	8.56	8.42	8.13	7.78	7.02	6.24

数据来源:1. 农村低保保障人数来自于历年《民政事业统计发展公报》,中华人民共和国民政部 ht-
tp://www.mca.gov.cn;2. 农村居民人数来自于《中国人口与就业统计年鉴》(2008—2019)。

由表 7-1 和表 7-2 可知,中国农村低保线以下的农村贫困人口大都集中
在中部和西部地区,因此中部地区和西部地区的农村低保覆盖率高于东部地
区,且目前西部地区是中国扶贫脱贫的重要地区。由表 7-3 得知,中国西部
地区只有 2007 年、2008 年两年的农村低保覆盖率在 10% 以下,2009 年至
2018 年皆在 10% 以上。2018 年西部地区的农村低保覆盖率是东部地区的
3.60 倍,中部地区的 1.77 倍,远远高于东部和中部地区。分析其原因,东部

---

①　农村低保覆盖率=农村最低生活保障参保人数/农村居民人口数。

地区农村居民收入水平较高,农村低保线下人口规模小,且农村人口总规模较大,农村低保覆盖率自然就较低。还有可能是与东中西部地区农村低保标准设定差异有很大相关性,农村低保标准越高,纳入到农村低保范围内的人数越大;也就是说对于本就经济发展较为落后、农村居民收入水平较低的西部地区,其农村低保标准设定的是否合理也会造成东中西部地区的巨大差异。

表7-3 2007—2018年三大区域农村低保覆盖率

地区	2007	2008	2009	2010	2011	2012	2013	2014	2015	2016	2017	2018
东部(%)	3.63	3.89	4.07	4.28	4.38	4.33	4.36	4.14	4.08	3.92	3.60	2.92
中部(%)	4.68	5.49	6.44	6.83	7.16	7.27	7.63	7.73	7.43	7.05	6.17	5.94
西部(%)	8.13	9.83	10.68	12.40	12.81	13.37	13.53	13.14	12.60	12.93	12.06	10.54

数据来源:1. 分省区市的农村低保保障人数来自于历年《民政事业统计发展公报》,中华人民共和国民政部网站 http://www.mca.gov.cn;2. 各省区市农村居民人数来自于《中国人口与就业统计年鉴》(2008—2019);3. 东中西部地区的农村低保覆盖率为其地区内部各省区市农村低保保障人数总和占地区内部各省区市农村居民人数总和的比重。

由图7-2可知,2007年至2018年西部地区农村低保覆盖率最高,其次为中部地区,最低的为东部地区;长期的区域经济发展不平衡是农村低保覆盖率的地区差异化的重要原因。

三、农村低保标准

农村低保标准是各个省区市根据当地的农村基本生活必需品的价格变化、人民生活水平、地方财力等各方面因素综合衡量确定。因此,地区间农村低保标准有较大差距。由表7-4可看出,中国城市最低生活保障标准和农村低保标准每年都有所调整;城市低保标准由2007年的2188.80元/人/年提高到2018年的6956.40元/人/年,平均每年提高433.42元/人/年;农村低保标准由2007年的840元/人/年提高到2018年的4833.3

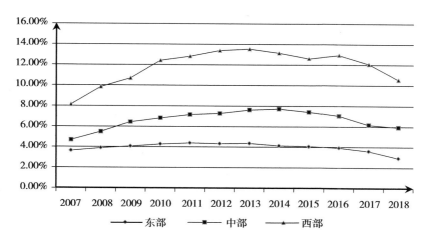

图 7-2 2007—2018 年三大区域农村低保覆盖率

数据来源:1. 分省区市的农村低保保障人数来于历年《民政事业统计发展公报》,中华人民共和国民政部 http://www.mca.gov.cn;2. 各省区市农村居民人数来于《中国人口与就业统计年鉴》(2008—2019);3. 东中西部地区的农村低保覆盖率为其地区内部各省区市农村低保保障人数总和占地区内部各省区市农村居民人数总和的比重。

元/人/年,平均每年提高 363.03 元/人/年,城市低保标准每年提高的幅度比农村低保每年提高的幅度要高出 70.39 元/人/年。说明伴随经济的稳步发展、收入水平的不断提升、消费价格指数的变化,无论是城市还是农村,最低生活保障标准每年都会进行相应的调整,确保满足贫困人口的基本生活需要。同时,也说明政府对城乡贫困人口的救助力度在不断加大。但是,低保标准的调整依据是否恰当,低保标准的制定是否合理,还需进一步商榷。有学者通过 CFPS 面板数据实证得出农村最低生活保障支出对农村劳动力供给具有显著负向激励效应,尤其是在农村低保标准较高的东部地区。

表 7-4 2007—2018 年中国城乡低保标准差异

指标	2007	2008	2009	2010	2011	2012
城市低保标准 （元/人/年）	2188.8	2463.6	2733.6	3014.4	3451.2	3961.2

指标	2007	2008	2009	2010	2011	2012
农村低保标准 （元/人/年）	840	987.6	1209.6	1404	1718.4	2067.8
比值（倍）	2.6057	2.4945	2.2599	2.1470	2.0084	1.9157
指标	2013	2014	2015	2016	2017	2018
城市低保标准 （元/人/年）	4479.6	4926	5413.2	5935.2	6487.2	6956.4
农村低保标准 （元/人/年）	2433.9	2776.6	3177.6	3744.0	4300.7	4833.4
比值（倍）	1.8405	1.7741	1.7035	1.5853	1.5084	1.4392

注：比值为城市低保标准与农村低保标准的比值。

数据来源：历年《民政事业统计发展公报》，中华人民共和国民政部 http://www.mca.gov.cn。

由图 7-3 可看出，城乡最低生活保障标准线的垂直距离在拉大，说明城乡最低生活保障标准的差距在扩大。但是结合表 7-4，城乡低保标准的比值由 2007 年的 2.6057 倍缩小到 2018 年的 1.4392 倍。说明城乡最低生活保障标准差异的绝对值在不断增大，城乡间最低生活保障水平的相对差距在不断缩小。

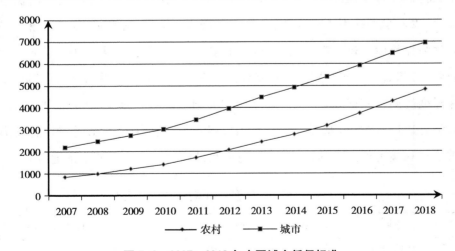

图 7-3 2007—2018 年中国城乡低保标准

数据来源：历年《民政事业统计发展公报》，中华人民共和国民政部 http://www.mca.gov.cn。

由表7-5可知,东部地区的农村低保标准最高,其次是中部地区,西部地区最小,所以东部地区的农村最低生活保障的绝对保障水平最高。东部地区农村低保标准由2007年的605.90元/人/年提高到2018年的7702.4元/人/年,平均每年提高645.14元/人/年;中部地区由2007年的322.20元/人/年提高到2018年的4365.20元/人/年,平均每年提高367.55元/人/年;西部地区由2007年的231.70元/人/年提高到2018年4152.50元/人/年,平均每年提高356.44元/人/年。说明东部地区不仅农村最低生活保障绝对水平最高,而且每年东部地区农村低保标准上涨的幅度最大,其次为中部地区,再次为西部地区。

表7-5 2007—2018年三大区域农村低保标准 （单位:元/人/年）

地区	2007	2008	2009	2010	2011	2012
东部	605.90	1845.10	2138.40	2388.80	2906.90	3367.40
中部	322.20	809.60	1059.30	1207.80	1496.30	1790.60
西部	231.70	735.60	968.80	1178.40	1424.70	1789.90
地区	2013	2014	2015	2016	2017	2018
东部	3931.70	4630.30	5411.90	6115.70	6908.10	7702.40
中部	2137.40	2483.80	2881.70	3453.60	3895.20	4365.20
西部	2119.90	2335.10	2638.00	3172.50	3711.30	4152.50

数据来源:历年《民政事业统计发展公报》,中华人民共和国民政部 http://www.mca.gov.cn。

由图7-4所示,东部地区的农村低保标准明显高于中部和西部地区,但中部和西部之间的农村低保标准没有很明显的差距。农村最低生活保障资金来源于地方财政,而地方财政能力与地方经济发展有显著的正向关系,东部地区经济发展水平最高,财政能力最强,农村低保标准的平均水平最高。相比之下,中部地区经济发展较为落后,而西部地区因受政策倾斜影响,中部与西部地区农村低保标准并无太大差异。

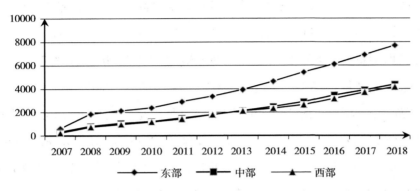

图7-4　2007—2018年三大区域农村低保标准

数据来源:根据历年《民政事业统计发展公报》整理。

第二节　农村最低生活保障支出现状

一、农村最低生活保障支出规模

中国农村贫困已由区域性贫困转向具有个体特征的个体性贫困。农村社会救助已成为中国精准扶贫体系中的重要支柱,而农村最低生活保障在其中发挥的就是重要的"兜底"扶贫作用。为此,政府不断加大农村最低生活保障支出,从而确保2020年中国实现扶贫标准下农村贫困人口的全部脱贫,以及在实现所有农村贫困人口脱贫后不再返贫。

伴随农村低保标准的逐年提高,中国农村最低生活保障支出金额在不断增加,由2007年的109.1亿元提高到2018年的1056.9亿元,每年增长869.7%,直接反映出政府对农村最低生活保障的重视程度,反映政府坚决实现"真脱贫、不返贫"的决心。当前阶段,中国已进入脱贫攻坚的重要时刻,要更为准确衡量农村贫困人口基本生活需要,更为合理确认农村低保标准,精准确定符合要求的农村低保对象,真正实现农村最低生活保障支出满足真贫困人口的日益增长的基本生活需要。

由表7-6所示,东中西部地区的农村最低生活保障支出规模在不断扩大,其中西部地区的农村低保支出最大,其次是中部地区,规模最小的是东部地区。西部地区的农村低保支出由2007年的36.7亿增加到2018年的483.7亿,平均每年增加40.64亿;中部地区的农村低保由2007年的34.3亿增加到2018年的321.4亿,平均每年增加26.1亿;东部地区的农村低保支出由2007年的38.1亿增加到252亿,平均每年增加19.45亿。究其原因,结合前面农村低保人数及农村低保标准分析,以2018年数据为例,东部地区的农村低保标准近乎是西部地区的1.9倍,西部地区农村低保线下的贫困人口数却是东部地区的2.9倍,可知西部地区农村低保支出规模大的主要原因就是西部地区农村低保线下的农村贫困人口规模相比东、中部地区过大。

表7-6 2007—2018年三大区域农村低保支出　　　（单位:亿元）

地区	2007	2008	2009	2010	2011	2012	2013	2014	2015	2016	2017	2018
东部	38.1	67.2	90.8	106.7	151.1	183.2	210.8	219	226.6	253.9	264.3	252
中部	34.3	66.5	109.3	125.1	196.1	199.4	251.9	256.9	281.8	305	303.3	321.4
西部	36.7	95	163	213.2	320.6	335.4	404.3	394.3	422.9	455.8	484.2	483.7

数据来源:根据历年《民政事业统计发展公报》,中华人民共和国民政部网站 http://www.mca.gov.cn。

由图7-5所示,2007年东中西部地区的农村低保支出规模无太大差异。随着时间的推移,西部地区的农村低保支出规模与东、中部地区之间的规模差异越来越大。面临农村低保支出总规模的大幅增长,西部地区的财政压力会越来越大。而对于经济较为发达的东部地区,农村低保总规模由于农村低保人口较少,财政压力是最小的。因此,西部地区农村低保支出所需资金的筹措任务重于东部地区和中部地区。而资金筹措困难会导致供需矛盾增加,随着中国农村低保标准的进一步提高,会使得西部地区地方政府的资金压力不断提升。

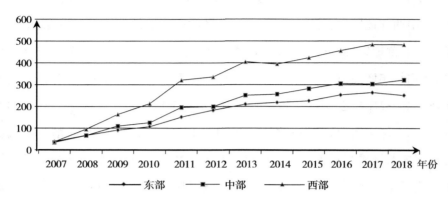

图 7-5　2007—2018 年三大区域农村最低生活保障支出

数据来源：根据历年《民政事业统计发展公报》，中华人民共和国民政部网站 http://www.mca.gov.cn。

二、农村最低生活保障支出负担差异

（一）农村低保给付水平

所谓农村低保给付水平，就是指当年的农村低保支出额占当年 GDP 的比例，这一指标能够反映各个地区农村最低生活保障的发展深度，它能够较好地反映出农村低保水平与经济发展水平的适应程度，有着较强可比性。如表7-7 所示，从 2007 年至 2013 年，中国农村低保支出占 GDP 比重总体上呈现出上升的趋势，并且在 2013 年达到了顶峰 0.146%，之后中国的农村低保给付水平又逐渐下降到了 2018 年的 0.117%。

表 7-7　2007—2018 年中国农村低保给付水平

指标	2007	2008	2009	2010	2011	2012
GDP（亿元）	270092.3	319244.6	348517.7	412119.3	487940.2	538580.0
农村低保给付水平（%）	0.040	0.072	0.104	0.108	0.137	0.133

续表

指标	2013	2014	2015	2016	2017	2018
GDP（亿元）	592963.2	641280.6	685992.9	740060.8	820754.3	900309.5
农村低保给付水平（%）	0.146	0.136	0.136	0.137	0.128	0.117

数据来源：1. 农村低保支出来自历年《民政事业统计发展公报》，中华人民共和国民政部网站 http://www.mca.gov.cn；2. GDP 数据来自《中国统计年鉴》（2008—2019）。

由表 7-8 所示，西部地区的农村低保给付水平最高，其次是中部地区，再次是东部地区。主要是因为西部地区农村低保线下的农村贫困人口较多，低保人数占到了全国低保人数的一半以上，且西部地区的农村低保标准与中部地区相近，因此西部地区农村最低生活保障支出额相比东部和中部地区都要多，而西部地区的经济发展水平是三大区域中最低的，GDP 最小，使得西部地区的农村低保的给付水平比东部和中部地区都高，加重了西部地区的经济负担。总体来看，中国农村低保的给付水平随着中国社会经济发展在不断提高，从而更好确保农村贫困人群能够一起享有中国经济发展成果。

表 7-8　2007—2018 年中国三大区域农村低保给付水平

地区	2007	2008	2009	2010	2011	2012	2013	2014	2015	2016	2017	2018
东部（%）	0.025	0.037	0.048	0.046	0.055	0.058	0.061	0.058	0.057	0.060	0.059	0.055
中部（%）	0.055	0.088	0.128	0.119	0.154	0.140	0.163	0.156	0.164	0.166	0.154	0.151
西部（%）	0.092	0.193	0.301	0.303	0.385	0.358	0.383	0.339	0.349	0.347	0.348	0.318

数据来源：1. 农村低保支出来自于历年《民政事业统计发展公报》，中华人民共和国民政部网站 http://www.mca.gov.cn；2. 农村居民人均纯收入来自于《中国农村统计年鉴》（2008—2019）；

3. 东中西部地区的农村低保给付水平分别由其区域内部各省市农村低保支出总和占区域内各省市 GDP 总和的比例。

（二）财政投入率

农村低保支出由中央财政和地方财政一起负担。农村低保制度的运行基础就是要有强大的资金支柱,所谓农村低保支出的财政投入率就是指农村低保支出占财政支出的比重,它是衡量农村低保制度可持续性的核心指标。

农村低保制度是农村社会保障体系的最后一道安全网,它与其他农村社会保障项目存在着显著不同。农村低保支出保障的是农村低保线以下农村贫困人口最基本的生活支出,是农村贫困人口基本生存权的制度保障。农村贫困人口基本生活支出的保障程度取决于地方政府所制定的农村低保标准,而农村低保标准的高低除了要考虑当地农民基本生活需求、基本生活品物价指数、农村居民收入水平外,还要考虑到当地的财政能力:在农村贫困人口既定的情况下,农村低保标准越高,农村低保的财政投入越高,保障水平越高;与此相反,农村低保标准越低,农村低保的财政投入越低,保障水平越低。

由表7-9,从2007—2018年财政投入率可以看出,财政投入率大体呈现出增长趋势,但在个别的年份有所下降。从2011年到2018年间,财政投入率稳定在一定的范围内上下波动,并从最高0.62%下降到0.48%,这与中国农村低保制度发展的总体规律相符。农村低保制度在建立初期每年都会增加需要提供救助的贫困人口,后期许多原属于农村低保范围内的贫困人口逐渐摆脱贫困,农村低保人数递减,农村低保财政支出规模缩小,财政投入率随之平稳下降。

表7-9　2007—2018年财政支出和财政投入率

指标	2007	2008	2009	2010	2011	2012
财政支出(亿元)	49781.4	62592.7	76299.9	89874.2	109247.8	125953.0
财政投入率(%)	0.22	0.37	0.48	0.50	0.61	0.57

指标	2013	2014	2015	2016	2017	2018
财政支出(亿元)	140212.1	151785.6	175877.8	187755.2	203085.5	220904.13
财政投入率(%)	0.62	0.57	0.53	0.54	0.52	0.48

数据来源:1. 农村低保支出来自于历年《民政事业统计发展公报》,中华人民共和国民政部网站 http://www.mca.gov.cn;2. 财政支出数据来自《中国统计年鉴》(2008—2019)。

　　如表 7-10 所示,中国东部地区农村最低生活保障财政投入率最低,其中 2018 年为 0.29%,远低于中部和西部地区。导致中国东部地区农村最低生活保障投入率较低的原因,一方面是东部地区经济发展水平较高,财政支出规模相比中、西部地区要大很多;另一方面,虽然东部地区的农村低保标准高,但农村低保线下的贫困人口最少,因此在农村最低生活保障的财政投入上较少。中部和西部地区的农村低保标准较低,并且享受农村低保保障人数较多,一旦提高农村低保标准使得地方政府就农村最低生活保障方面的财政支出增加,会加大当地财政压力。

表 7-10　2007—2018 年三大区域农村最低生活保障财政投入率

地区	2007	2008	2009	2010	2011	2012	2013	2014	2015	2016	2017	2018
东部(%)	0.21	0.29	0.33	0.31	0.35	0.37	0.38	0.36	0.32	0.34	0.33	0.29
中部(%)	0.35	0.52	0.68	0.64	0.79	0.68	0.77	0.74	0.71	0.73	0.67	0.65
西部(%)	0.35	0.67	0.90	0.94	1.12	0.99	1.08	0.96	0.93	0.94	0.93	0.86

数据来源:1. 分省区市农村最低生活保障支出数据来自于历年《民政事业统计发展公报》,中华人民共和国民政部网站 http://www.mca.gov.cn;2. 各省区市财政支出数据来自《中国统计年鉴》(2008—2019);3. 东中西部地区的农村最低生活保障的财政投入率,分别由其各省区市的农村最低生活保障支出的和占各省区市的财政支出和的比重。

第三节　农村最低生活保障支出保障水平

一、救助力度

通过农村低保救助标准替代率反映政府对农村低保人口的救助力度,此指标是由农村低保标准与农村居民人均纯收入的比值算得。

由表 7-11 可知,2007 年中国农村人均收入为 4140.40 元,农村低保救助标准替代率为 0.203,到了 2018 年,中国农村人均纯收入为 14617.0 元,农村低保救助标准替代率为 0.331,2018 年相比于 2007 年中国农村居民人均纯收入上涨了大约 253%,而农村低保救助标准替代率却不降反升,说明中国的农村低保救助标准随着农村人均收入的增加逐年提高,且农村低保救助标准每年的上涨幅度大于农村人均收入的上涨幅度,农村最低生活保障补助在农村人均收入中所占比重呈上涨趋势,农村最低生活保障的救助力度在不断加大。

表 7-11　2007—2018 年中国农村低保救助力度

指标	2007	2008	2009	2010	2011	2012
农村人均纯收入（元/人）	4140.40	4760.60	5153.20	5919.00	6977.30	7916.60
低保救助标准替代率(%)	0.203	0.207	0.235	0.237	0.246	0.261
指标	2013	2014	2015	2016	2017	2018
农村人均纯收入（元/人）	9429.60	10488.90	11421.70	12363.40	13432.40	14617.00
低保救助标准替代率(%)	0.258	0.265	0.278	0.303	0.320	0.331

数据来源:1. 农村低保支出来自于历年《民政事业统计发展公报》,中华人民共和国民政部网站 http://www.mca.gov.cn;2. 农村居民人均纯收入来自于《中国农村统计年鉴》(2008—2019)。

根据表 7-12,2007 年东中西部地区的政府对农村贫困人口的救助力度几乎一样,随着时间推移,东部地区的农村低保救助标准替代率稳步提高,中部和西部地区的农村低保救助标准替代率则是波动性的提高,其中中部地区的农村低保救助标准替代率最小,说明中部地区政府对农村低保线下的贫困人口的救助力度是最小的,因为中部地区的农村低保救助标准也是最低的。2007年至2018年间三大区域的农村低保标准替代率总体上皆呈现出上升的态势,且三个区域间的农村低保标准替代率的值相差不大,说明三个区域的政府都在不断加大对农村贫困人口的救助力度,区域间救助力度差异不大。其中,东部地区的救助力度最大,其次是西部地区,最小的是中部地区。2018年,东部地区农村人均收入为20185.43元/人,中部地区为13832.35元/人,西部地区为11614.68元/人,东部地区的农村人均收入近乎是西部地区的2倍;但2018年东部地区和西部地区的农村最低生活保障救助标准替代率差距并不大。主要原因就是西部地区的贫困问题较为严重,农村低保标准较高,政府更为重视,另外,也说明西部地区是受政策倾斜影响的。

表 7-12　2007—2018 年三大区域农村低保救助力度

地区	2007	2008	2009	2010	2011	2012	2013	2014	2015	2016	2017	2018
东部	0.092	0.251	0.273	0.268	0.275	0.283	0.295	0.311	0.333	0.346	0.361	0.371
中部	0.083	0.178	0.218	0.214	0.224	0.235	0.236	0.246	0.264	0.294	0.274	0.316
西部	0.078	0.212	0.256	0.270	0.274	0.300	0.293	0.289	0.299	0.329	0.353	0.361

数据来源:1. 分省区市农村低保支出数据来于历年《民政事业统计发展公报》,中华人民共和国民政部网站 http://www.mca.gov.cn;2. 各省区市财政支出数据来自《中国统计年鉴》(2008—2019);3. 东中西部地区的农村低保救助力度,分别由其各省区市的农村低保支出的和占各省市的农村居民人均纯收入和的比重。

二、保障力度

用农村低保消费替代率反映农村低保救助补贴对农村低保线以下的农村贫困人口的保障力度。其中,农村低保消费替代率以农村低保标准与农村人均消费支出的比值来表示。农村低保消费替代率越高,说明农村低保线下的农村人口的消费保障程度越高,政府对农村贫困人口的保障力度越大。

2007 年至 2018 年,中国农村消费替代率整体呈现出上涨态势,由 2007 年的 0.237 提高到 2018 年的 0.370,每年在原有基础上提高 5.10%。这表明中国农村最低生活保障力度在不断提高,对农村低保线以下的农村贫困人口的保障程度不断加大,为农村低保人群创造了更好的生活条件。由表 7-13 可知,东中西部地区的农村低保消费替代率总体上看呈现出波动性的上涨态势,分别由 2007 年的 0.108、0.105、0.092 上升到 2018 年的 0.485、0.380、0.409。农村低保制度在全国范围内实施初期,三大区域的农村低保支出的保障力度非常接近,但在 2018 年相差较大,保障水平最高的是东部地区,其次是西部地区,最低的是中部地区。分析其原因:虽然东部地区的农村居民消费水平较高但其农村低保标准远高于中西部地区,故东部地区的农村低保支出的保障水平最高;西部地区的农村居民消费水平是三个区域中最低的,但是农村低保标准与中部地区的差异很小,所以西部地区的农村低保支出的保障水平高于中部地区。

表 7-13 2007—2018 年三个区域的农村低保保障力度

地区	2007	2008	2009	2010	2011	2012	2013	2014	2015	2016	2017	2018
东部	0.108	0.295	0.326	0.328	0.316	0.319	0.320	0.319	0.339	0.345	0.352	0.485
中部	0.105	0.218	0.274	0.269	0.266	0.284	0.300	0.319	0.323	0.356	0.358	0.380
西部	0.092	0.247	0.308	0.327	0.309	0.333	0.343	0.323	0.327	0.354	0.373	0.409

数据来源:1. 分省区市农村低保支出数据来自于历年《民政事业统计发展公报》,中华人民共和国民政部网站 http://www.mca.gov.cn;2. 各省区市财政支出数据来自《中国统计年鉴》(2008—2019);3. 东中西部地区的农村低保救助力度,分别由其各省区市的农村低保支出的和占各省区市的农村居民人均纯收入和的比重。

三、基本保障程度

农村低保制度就是为了保障农村贫困人口的基本生活。"民以食为天",食物是最为基本的生存需要。通过农村生活救助系数判断农村低保制度是否可以满足农村低保线以下的农村贫困人口最为基本的生存需要,反映农村最低生活保障的基本保障程度。此指标是通过农村低保标准与人均食品支出的比值来算得。当农村生活救助系数达到 0.65 时,说明农村贫困人口的食品支出问题基本可以解决。由表 7-14 可知,自 2009 年起,农村生活救助系数为 0.74,超过 0.65,说明 2009 年农村贫困人口的食品支出问题已基本可以解决。从 2015 年开始,中国农村低保的生活救助系数开始处于 1 以上的水平,说明自 2015 年起农村低保线以下的农村贫困人口按照当地农村人口的平均食品支出水平都可满足,吃饭问题得以解决,农村低保群体的基本生活得到了保障。2007—2018 年的 12 年间,农村生活救助系数呈现出上升态势,再次说明政府对农村贫困问题的重视,在解决了低保线以下农村贫困人口食品支出问题的情况下,继续提高农村低保标准,帮助农村贫困人口脱贫。

表 7-14 2007—2018 年农村生活救助系数

指标	2007	2008	2009	2010	2011	2012
农村人均食品支出(元/人)	1389	1598.8	1636.0	1800.7	2107.3	2323.9
农村生活救助系数	0.60	0.62	0.74	0.78	0.82	0.89
指标	2013	2014	2015	2016	2017	2018
农村人均食品支出(元/人)	2554.4	2814.0	3048.0	3266.1	3415.4	3645.6
农村生活救助系数	0.95	0.99	1.04	1.15	1.26	1.33

数据来源:1. 农村低保支出数据来自于历年《民政事业统计发展公报》,中华人民共和国民政部网站 http://www.mca.gov.cn;2. 农村居民人均食品支出数据来自《中国统计年鉴》(2008—2019)。

由表 7-15 可知,东部地区在 2008 年时农村低保生活救助系数就超过了 0.65,比中部和西部地区都要早,说明东部地区在 2008 年时就已解决农村低保线以下的农村贫困人口的食品支出问题。在 2010 年时,东部地区的农村生活救助系数率先超过 1 的水平, 中部地区为 0.76, 西部地区为 0.78; 2014 年中部地区的农村低保救助达到 1; 西部地区则是由 2015 年的 0.99 迅速提高到 2016 年的 1.13。截至 2018 年, 东部地区的农村生活救助系数最大, 其次是西部地区, 再次是中部地区。

表 7-15　2007—2018 年三大区域农村生活救助系数

地区	2007	2008	2009	2010	2011	2012	2013	2014	2015	2016	2017	2018
东部	0.33	0.88	0.99	1.02	1.04	1.07	1.18	1.25	1.34	1.41	1.54	1.61
中部	0.26	0.57	0.73	0.76	0.77	0.84	0.93	1.00	1.08	1.20	1.30	1.32
西部	0.20	0.55	0.72	0.78	0.81	0.93	0.94	0.92	0.99	1.13	1.27	1.36

数据来源: 1. 农村低保支出数据来自于历年《民政事业统计发展公报》, 中华人民共和国民政部网站 http://www.mca.gov.cn; 2. 各省区市农村居民食品消费支出数据来自《中国统计年鉴》(2008—2019); 3. 东中西部地区农村生活救助系数为其地区内部各省区市农村低保支出总和占其地区内部各省区市农村居民食品消费支出总和的比重。

如图 7-6 所示, 从 2007 年至 2018 年, 东部地区的农村低保的生活救助系数一直高于中部和西部地区, 反映出东部地区的农村最低生活保障支出的实

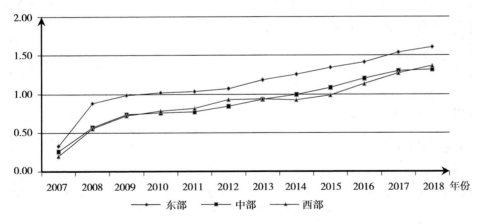

图 7-6　三大区域农村生活救助系数对比

数据来源: 1. 分省区市农村低保支出数据来自于历年《民政事业统计发展公报》, 中华人民共和国民政部网站 http://www.mca.gov.cn; 2. 各省区市农村居民食品消费支出数据来自《中国统计年鉴》(2008—2019); 3. 东中西部地区农村生活救助系数为其地区内部各省区市农村低保支出总和占其地区内部各省区市农村居民食品消费支出总和的比重。

际救助效果一直优于中部和西部地区。结合前面三大区域农村低保标准分析,可知中部和西部地区的农村食品消费支出水平差距不大,东部地区农村食品消费支出水平则远高于中、西部地区。同时,在国家的大力支持下,中部和西部地区的农村生活救助系数在迅速提升,与东部地区的相对差距在缩小。根据《中国农村统计年鉴》(2019),除了四川省和海南省的农村生活救助系数分别为 0.88 和 0.94,低于 1 以外,其余各省的农村生活救助系数均大于 1,基本都能够保障贫困人群的基本生活。

第四节　农村最低生活保障支出经济效应

一、劳动供给效应

农村低保与其他农村社会保障项目不同,个人不需要缴费,是政府对农村低保线以下贫困人口的单向转移支付,且这种转移支付不是针对个人,而是以家庭为单位给予的政府补贴。根据联合国儿童基金会统计,享受农村最低生活保障的 18 岁至 59 岁的人口比例由 2007 年的 60.2%下降到 2017 年的 48.5%。[①]虽然劳动力年龄人口占农村低保对象比例有所下降,但仍占较大比例。通过对 2012 年和 2014 年中国家庭追踪调查(CFPS)的实证分析,发现农村最低生活保障对于具备劳动能力的低保对象有负向就业激励效应,且农村低保救助金标准越高,负向就业激励效应越为显著;按人口特征,对于女性、年龄大、受教育程度低、身体状况差的人群,其负向效应显著;按照区域,东部地区的负向效应更为突出。[②] 说明享有农村最低生活保障的贫困者就业意愿不高,存在着典型的"福利依赖"现象,而一部分贫困者为了能够继续保持在农村低保系统中,会有意识地

---

① 中国联合儿童基金会网:《城市和农村低保人口的年龄构成,2007—2017 年》,https://www.unicef.cn/figure-216-age-distribution-urban-and-rural-dibao-recipients-2007。

② 参见韩华为:《农村低保会引致负向就业激励吗?——基于 CFPS 面板数据的实证检验》,《人口学刊》2019 年第 6 期。

选择和农村低保救助条件相符的活动,是农村贫困者的一种自我选择。①

二、收入再分配效应

农村低保支出作为转移性支出的一部分,具有调节收入差距、实现收入再分配的功能。曹艳春通过实证分析,发现农村低保支出可显著缩小低保线以下的贫困群体与低收入群体、中等偏下收入群体间的收入差距,贫困群体收入的向上流动,实现了农村内部不同群体间的收入再分配;从地区间农民收入差异看,农村低保制度显著改善了西部地区贫困群体的生活,有助于缩小地区间农民收入差距。② 宁亚芳通过对民族地区农村家庭调查问卷的分析发现,农村低保支出仅能使农村家庭基尼系数和人均家庭收入离散系数分别降低3.5%和3.2%;且农村低保支出缩小少数民族家庭收入不平等的作用好于汉族家庭,缩小民族间收入差距的作用大于缩小地区间收入差距的作用。③

三、消费效应

农村低保制度的主要目的在于保障贫困线以下农村贫困人口的基本生活。根据2010年贫困监测数据发现,农村最低生活保障支出显著提高了农村贫困人口的消费水平,增加了其当期食品支出、医疗支出和转移性支出;④但是自2011年农村贫困家庭收入结构发生变化致使农村最低生活保障支出所带来的消费效应逐渐弱化。

---

① 参见殷俊、谢沁怡:《贫困是"被迫的"还是"选择的"?——基于农村低保群体的就业意愿分析》,《新疆社会科学》2017年第6期。

② 参见曹艳春:《农村低保制度对贫困群体生活水平改善效应研究》,《中国人口科学》2016年第6期。

③ 参见宁亚芳:《农村低保制度缓贫效应:来自西部民族地区的证据》,《贵州社会科学》2014年第11期。

④ 参见梁晓敏、汪三贵:《农村低保对农合家庭支出的影响分析》,《农业技术经济》2015年第11期。

四、减贫效应

农村低保制度采取的是直接的现金补贴方式,其处于农村社会保障体系的最低层次,起到"兜底"扶贫作用。根据中国家庭追踪调查(CFPS)数据,进行实证分析得出,对于获得农村最低生活保障补贴的农村贫困人群,农村低保支出的减贫效应显著,但是对于应保的农村贫困人群其减贫效应不太理想。[①]若以绝对贫困线和低保线作为贫困线,农村低保户贫困发生率比农村非低保户分别低 1.4% 和 1.3%;若以 3.1 美元为贫困线,农村低保户贫困发生率比农村非低保户低 3.4%,减贫效应更为显著;但是当采用更高标准,即 50% 中位数收入作为贫困线,农村低保户贫困发生率比农村非低保户低 1.5%;说明农村最低生活保障的瞄准性还是不太准确;且东部和西部地区的减贫效果更为为显著。[②]

2007 年,全国建立农村低保制度的重要意义在于"切实保障农村贫困人口的基本生活,并帮助其中有劳动能力的人积极劳动脱贫致富。"[③]最终意在减贫。那么,评价农村最低生活保障支出是否实现政策目标的重要依据就是农村最低生活保障支出的减贫效应,所以农村低保支出的经济效应分析着重于农村低保支出的减贫效应。

第五节　农村最低生活保障支出减贫效应研究

伴随贫困问题的愈加严重,政府对其开始关注,尤其是农村贫困问题。2016 年《关于做好农村最低生活保障制度与扶贫开发政策有效衔接的指导意

---

① 参见韩华为、高琴:《中国农村低保制度的保护效果研究——来自中国家庭追踪调查(CFPS)的经验证据》,《公共管理学报》2017 年第 2 期。

② 参见杨穗、高琴:《最低生活保障对收入贫困和消费支出的影响》,《社会保障研究》2019 年第 15 期。

③ 国发〔2007〕19 号文件,国务院《关于在全国建立农村低保制度的通知》。

见》明确要充分发挥农村低保作为减贫工具的兜底扶贫作用。2019 年的中央
1 号文件再次强调要发挥农村低保的减贫效应,为实现乡村振兴提供有力的
制度保障和政策支持。而农村低保是农村社会保障体系的最后一道安全网,
是为低于农村低保标准的农村居民提供的一种救济,关乎农村居民的生存。
如何客观、正确评价农村低保的减贫效应,引起学界广泛关注。现有研究更多
是以某一年或两年微观数据为样本来分析农村低保支出的减贫效应,忽略了
经济发展、制度变迁等因素随着时间的推移发生的改变,且由于区域间社会、
经济等方面差异巨大,其农村低保支出的减贫效应在农村低保制度发展的不
同阶段不同区域差异大吗? 此部分将围绕此问题展开研究。

一、农村最低生活保障支出的减贫效应内在机理

(一)目标:解决农村贫困人口温饱

中国农村低保制度建立起始是以稳定、持久、有效地解决全国农村贫困人
口的温饱问题为目标,而解决农村贫困人口温饱问题就是保障农村贫困人口
的基本生存权。农村低保制度是中国农村社会保障体系的最后一道防线,也
是减少贫困的最后一道防线,它依赖农村最低生活保障支出的再分配效应来
实现,即以解决农村贫困人口温饱为配置有限社会保障资源的依据,为农村贫
困人口直接提供资金帮助。通过对农村低保对象实施一段时期的救助后,帮
助他们摆脱自身的生活窘境,最终达到低保线以上,这对于降低贫困人口的贫
困程度具有最为直接、明显的减贫作用。但是当农村贫困人口有效解决温饱
问题后,就要及时从农村低保对象中退出。

(二)对象范围:低保线以下的农村居民

根据 2007 年国务院发布的《关于在全国建立农村低保制度的通知》可
知,农村最低生活保障支出范围是以家庭年人均纯收入低于当地最低生活保

障标准的农村居民为保障对象,主要是因病残、年老体弱、丧失劳动能力以及生存条件恶劣等原因造成生活常年困难的农村居民。① 农村低保制度覆盖所有农村居民,但农村最低生活保障支出对象只针对那些收入水平低于以家庭为单位的处于农村低保标准以下的农村贫困人口。虽然各个地区的农村低保标准差异很大,但皆是以保障农村贫困人口温饱为限。通过适时调整农村低保对象认定标准,借助瞄准机制和动态管理,确保有限的农村最低生活保障资源仅分配给农村真正的弱势群体,真正的最低收入人群,帮助农村贫困人口摆脱贫困,缓解农村贫困带来的社会问题,实现农村最低生活保障资源的最大化利用。

(三)保障标准:基本生活必需

农村最低生活保障支出是针对农村低保对象,以维持当地农村居民全年基本生活必需费用为标准的单项转移支付。在充分保障农村贫困居民基本生存需求的基础上,根据当地生活必需品的价格变化以及生活水平来确定。伴随各地区经济发展水平的提高,农村居民收入水平的提升,农村最低生活保障线也随之适度提升,逐年调整。农村低保标准越高,对于低保线下的农村贫困人口的保障水平越高,减贫效应自然就越明显。不可否认的是农村最低生活保障支出的确对农村低保对象的健康、教育及就业产生明显的提升效应。② 但值得注意的是,农村最低生活保障支出仅是保障农村低保对象基本生活需求的经济救助,它可以有效缓解农村贫困问题,具有减贫效应;但真正脱贫必须与扶贫开发良好结合,实现良好的联动、相得益彰才可以。而农村最低生活保障支出为农村贫困人口减贫、脱贫提供了良好保障。

---

① 《国务院关于在全国建立农村最低生活保障制度的通知》(国发〔2007〕19 号),2007 年 7 月 11 日,www.gov.cn。

② 参见刘玮、刘艳敏:《精准扶贫背景下我国农村低保人群脱贫效应与路径分析》,《新疆农垦经济》2019 年第 7 期。

二、模型设定

根据以往学者的研究成果,控制住经济发展水平、农村居民收入水平、政府重视程度等影响因素,就全国范围、分地区、分阶段考察农村最低生活保障减贫效应。此部分对样本中的 25 个省区市的 16 年的面板数据进行分析,运用面板数据模型进行实证分析。基本分析模型设定为:

$$CR_{it} = \alpha + \beta LAC_{it} + \lambda RI_{it} + \theta K_{it} + \mu_{it} \qquad \text{式}(7.1)$$

式中,下标 i 表示不同省市, t 表示时间, CR_{it} 为各省区市农村贫困发生率, LAC_{it} 为农村最低生活保障的保障水平, K_{it} 为控制变量, μ_{it} 为随机扰动项。同时,对部分变量取自然对数进行相应的数学变换,以消除变量间可能存在的异方差。

三、数据来源

本文考量的是农村最低生活保障水平的减贫效应以及农村最低生活保障支出保障水平的地区差异。2000 年的农村税费改革致使农村低保支出大幅减少,农村低保制度有名无实。2002 年,党的十六大提出要加强农村低保制度建设,农村最低生活保障制度的建立与完善引起政府的充分重视。2007年,《关于在全国建立农村低保制度的通知》的发布,使农村低保制度的完善取得实质性进展,实现了全国范围内建立起农村低保制度。所以在此以 2002年为数据统计起始点,2007 年为时间节点,分为两个时期来考察农村最低生活保障支出的减贫效应:第一个时期 2002 年至 2006 年为农村低保制度推进阶段;第二个时期为 2007 年至 2017 农村最低生活保障完善阶段。总共选取了 2002 至 2017 年 16 年的数据。由于 2002 年至 2006 年,黑龙江、江西、重庆、西藏、青海、宁夏等 6 个省份的分项数据缺失,为能更好对比分析两个时期的农村最低生活保障的减贫效应,这 6 个省份的数据将不予采用。考虑到各地区制定农村低保线主要根据各地区农村居民收入水平以及农村基本生活消费水平来制定,而这两点与各地区的经济发展紧密相关,故在分区时依据地方经济发展,在原有传统分东中西部地区的基础上进行调整,去掉 6 个分项数据缺失的省份,将 25 个省区市划分为东中西部三个区域。[①] 相关数据来自于《中国农村统计年鉴》《中国人口和就业统计年鉴》《中国统计年鉴》。

四、变量指标选取

(一)被解释变量

目前,关于减贫效应的衡量主要有以下两种方式:一是,通过构造贫困指数,比如张莹、万广华运用一个半参数形式的贫困分解法计算贫困指数[②]、Sarabia 运用广义帕累托洛伦兹曲线和分组数据构造出贫困指数等,观察贫困指数的变化,说明政策的减贫效应;二是将某一具体统计指标作为减贫效应的衡量标准,比如,采用农村低保救助标准替代率[③]、贫困发生率[④]等。前者计算较为复杂、步骤较为繁琐,后者更为直接、简便,故在此采用以具体统计指标来衡量农村最低生活保障所带来的减贫效应。

所谓减贫,即贫困线以下的人数减少。但各地区农村居民人数有明显差异,仅考虑贫困线以下农村贫困人口绝对数的变化会有偏差,故以农村贫困发生率(cr)来衡量农村最低生活保障的减贫效应。贫困线以下的农村贫困人口占农村总人口的比重越低,说明减贫效应越显著。关于贫困线的界定,学界有多种方法,主要有:根据 ELES 法测算、将恩格尔系数法与收入比例法结合进行算得、直接采用国家所设的贫困线、根据地方所设的低保线来确定等方法。由于中国地区间经济发展差异较大,在此以各地官方发布的低保线作为

---

① 东部地区包括北京、天津、河北、辽宁、上海、江苏、浙江、福建、山东、广东、海南等 11 个省市;中部地区包括山西、吉林、安徽、河南、湖北、湖南等 6 个省份;西部地区包括内蒙古、广西、四川、贵州、云南、陕西、甘肃、新疆 8 个省区市。

② 参见张莹、万广华:《我国城市贫困地区差异之研究》,《管理世界》2006 年第 10 期。

③ 参见李琼、陈婷、周宇:《农村最低生活保障减贫效应的区域差异及影响机理》,《吉首大学学报(社会科学版)》2019 年第 5 期。

④ 贫困发生率为农村贫困线下农村贫困人口占农村人口比重。

贫困线更加符合实际情况。① 故以农村低保标准以下的农村贫困发生率来衡量农村低保支出的减贫效应。

（二）解释变量

解释变量为农村低保支出保障水平（lac），保障水平越高，农村低保标准以下的农民越易脱贫，减贫效应越为明显。考虑到地区间经济发展差异较大，单纯以农村低保标准来衡量农村最低生活保障水平势必产生较大偏差，而农村最低生活保障的目的在于满足低保线以下的贫困人口的基本生活，故在此以农村低保消费替代率②来衡量农村最低生活保障支出的保障水平，可在一定程度上消除地区间农村经济发展水平的差异所带来的影响，较为直接反映政府对农村最低生活保障对象的保障水平。农村低保消费替代率愈高，说明政府对农村低保对象的保障水平愈高，减贫效应就愈强。

（三）控制变量

1. 农村居民收入水平（ri）：各地区农村居民收入水平是各地区规定农村低保标准的重要参考依据，农村低保标准伴随农村居民收入水平的提高而提升，势必农村贫困人口随之增多。但与此同时，农村居民收入水平的普遍提高，在一定程度上又会减少农村贫困人口数量。在此，以农村居民人均纯收入来表示农村居民收入水平。考虑到各项指标间数据差异过大会导致异方差，以各地区农村居民人均纯收入水平的对数来衡量各地区农村居民收入水平。

2. 经济发展水平（gdp）：理论上，农村低保标准的高低取决于各地的经济发展状况，随着经济发展水平的提高，农村居民的收入水平随之提高，农村贫困人口自然会随之减少。基于指标的权威性、可得性，以人均 GDP 的对数来

---

① 参见唐钧：《中国的贫困状况与整合性反贫困策略》，《社会发展研究》2015 年第 2 期。
② 农村低保消费替代率为各地区农村低保标准占各地区农村居民人均消费支出的比重。

衡量各地区的经济发展水平。

3. 城镇化水平(*city*)。城镇化水平越高的地区,农村居民获取收入的渠道越多,更有利于农村居民扶贫、脱贫工作的开展,有利于农村居民收入增加。在此,采用城镇化率衡量各地区的城镇化水平,即各地区城镇常住人口占各地区总人口比重。

4. 家庭人口结构(*fy*)。家庭人口结构的变化会影响家庭人均纯收入,而家庭人均纯收入的高低对能否享受农村居民最低生活保障起决定性作用,即家庭人口结构会影响享受农村低保保障人数的多寡,影响农村最低生活保障的保障范围及覆盖率,抚养比高的地区少儿抚养压力以及老年人抚养压力大,家庭人均收入水平就低,成为农村贫困人口的概率就会提升。此指标通过农村居民抚养比来衡量,抚养比为少儿抚养比和老年人抚养比之和。

5. 政府重视程度(*zc*)。通过不同地区不同时期财政支出结构的变化体现出不同地区的地方政府在不同阶段经济工作重点。政府对某方面工作越重视,这方面的财政支出就多,占财政总支出比重就高。也就是说,政府对社会保障重视度越高,财政支出就会对社会保障更为倾斜,社会保障支出占财政支出的总比重就高。故以社会保障支出占财政总支出的比重来衡量政府对社会保障的重视程度。

6. 管理水平(*m*)。根据相关学者的研究成果,农村最低生活保障由于外部监管的缺失,内部申报、审批等管理制度的不完善,导致农村最低生活保障"漏保、错保"现象频发,影响了农村低保的减贫效果。农村低保对象申报、审批等管理制度越完善、越严格,农村低保对象瞄准的准确性越高,减贫效应越好。2014年国务院颁布《社会救助暂行办法》,规范了农村低保的认定、审批等程序。因此,以2014年为界,2014年以前将*m*设为0,2014年以后(含2014年)设为1。

表 7-16　变量描述性统计

变量	变量名称	定义	均值	标准差	最小值	最大值
cr	农村贫困发生率（%）	农村低保标准以下的农村贫困人口与农村总人口的比值	8.9647	6.8248	0.0073	23.5328
lac	农村最低生活保障水平（%）	农村低保消费替代率	23.6317	12.7166	1.5743	50.9167
gdp	地区经济发展水平	地区人均 GDP 取对数	4.4300	0.3377	3.5128	5.1106
$city$	城镇化率（%）	各地区城镇人口占总人口比重	51.62	15.68	22.64	94.18
ri	农村居民收入水平	对农村居民人均纯收入取对数	3.7796	0.2942	3.1732	5.0529
fy	农村居民人均抚养比（%）	少儿抚养比与老人抚养比之和	44.4822	8.0244	26.7823	63.9812
zc	政府重视程度（%）	社会保障支出占财政支出比重	11.4038	5.2552	2.9777	25.2436
m	农村低保管理水平	$m=0; m=1$				

五、实证研究结果

（一）模型说明

此部分通过构建面板数据模型观察农村低保支出的保障水平变化所带来的减贫效应。首先,从全国范围内研究农村低保制度的保障水平变化所带来的减贫效应;其次,由于地区经济差异较大,各地的农村低保标准不同,保障水平不同,所带来的减贫效应自然也不同,所以分地区观察农村低保制度的保障水平变化所带来的减贫效应。当 N 小于等于 T 时,可视为长面板数据,就需进行单位根检验,然后进行面板模型的回归。

（二）单位根检验

在分析农村低保保障水平变化所带来的减贫效应之前,需要对回归序列进行平稳性检验以防不平稳序列造成伪回归。主要通过 LLC、Fisher-ADF、Fisher-PP、IPS 四种检验方法对面板数据的水平变量和一阶差分变量的平稳性进行检验,其检验结果见表7-17。

表 7-17　面板单位根检验

变量	LLC	ADF	PP	IPS
cr	8. 46054	88. 2568 ***	116. 654 ***	−3. 24511 ***
	(0. 0000) ***	(0. 0000) ***	(0. 0000) ***	(0. 0000) ***
$\triangle cr$	−16. 9787 ***	−13. 1707 ***	240. 334 ***	333. 983 ***
	(0. 0000) ***	(0. 0000) ***	(0. 0000) ***	(0. 0000) ***
lac	−21. 0379	105. 797	72. 4822	−4. 81066
	(0. 0000) ***	(0. 0000) ***	(0. 0205) **	(0. 0000) ***
$\triangle lac$	−14. 8869	178. 321	340. 468	−9. 84567
	(0. 0000) ***	(0. 0000) ***	(0. 0000) ***	(0. 0000) ***
ri	2. 67711	30. 4187	34. 9424	1. 483
	(0. 9963)	(0. 9870)	(0. 9476)	(0. 9310)
$\triangle ri$	−9. 7479	78. 9052	104. 0100	−3. 1122
	(0. 0000) ***	(0. 0057) ***	(0. 0000) ***	(0. 0009) ***
gdp	3. 83505	5. 80053	15. 4197	10. 5349
	(0. 9999)	(1. 0000)	(1. 0000)	(1. 0000)
$\triangle gdp$	−8. 07235	99. 2283	187. 6510	−4. 06383
	(0. 0000) ***	(0. 0000) ***	(0. 0000) ***	(0. 0000) ***
$city$	21. 3599	163. 0630	184. 5690	−12. 1876
	(0. 0000) ***	(0. 0000) ***	(0. 0000) ***	(0. 0000) ***

续表

变量	LLC	ADF	PP	IPS
△ *city*	−24.7168	286.9180	365.4840	−20.6019
	(0.0000) ***	(0.0000) ***	(0.0000) ***	(0.0000) ***
fy	1.40367	49.4895	63.1507	3.72134
	(0.9198)	(0.4938)	(0.1002)	(0.9999)
△ *fy*	−17.1973	256.141	384.926	−14.9997
	(0.0000) ***	(0.0000) ***	(0.0000) ***	(0.0000) ***
zc	−5.4614	70.9370	34.3178	−2.3230
	(0.0000) ***	(0.0273) **	(0.9556)	(0.0101) **
△ *zc*	−11.6646	121.7110	157.9010	−6.23927
	(0.0000) ***	(0.0000) ***	(0.0000) ***	(0.0000) ***

注:1. *** 表示 1%差异显著性水平;2. △表示一阶差分;3. ( )的数值为 P 值。

四种单位根检验方法均以存在单位根为原假设,不存在单位根为备择假设。由表 7-17 可知,原始序列中只有 *cr* 和 *city* 皆在 1%的显著性水平下拒绝了四种单位根检验的原假设,*zc* 和 *ri* 部分通过检验,其他变量均无法拒绝原假设;再经过一阶差分后,所有序列均拒绝原假设,都通过了检验。

(三)全国层面的减贫效应分析

本部分对 25 个省份 16 年的农村低保的相关数据进行实证分析,横截面维度大于时间维度,属于短面板数据,分成两阶段分别进行回归,在回归前必需就这两个阶段的数据从固定效应模型、混合回归模型以及随机效应模型三种面板数据模型中确认面板回归模型的类型。首先,通过 LSDV 法在混合回归效应模型和固定效应模型中做出选择,结果显示大多数个体虚拟变量均很显著($P_{2002—2006}=0.0000$,$P_{2007—2017}=0.0000$),拒绝"所有个体虚拟变量都为 0"的假设,即存在个体效应模型,不适用混合回归。其次,通过 LM 检验在随机效应模型与混合效应中选择,结果强烈拒绝"不存在个体随机效应"的原假设（$P_{2002—2006}=0.0000$, $P_{2007—2017}=0.0000$）,应选择随机效应模型。再次,通过豪斯曼检验,在随机效应模型与固定效应模型中选择,结果仍是强烈拒绝原假设（$P_{2002—2006}=0.0000$, $P_{2007—2017}=0.0000$）,应选用固定效应模型。然后,通过一阶差分（FD）法进行"面板一阶自相关"检验,结果显示在1%显著水平下拒绝"存在面板自相关"的原假设（$P_{2002—2006}=0.0000$, $P_{2007—2017}=0.0000$）。并进行固定效应模型的时间效应检验,结果强烈拒绝"无时间效应"的原假设,故应进行双向固定效应模型（Two-way FE）来估计。实证结果见表7-18。

表7-18　面板OLS估计结果

参数	2002—2006		2007—2017	
	模型（1）	模型（2）	模型（3）	模型（4）
c	0.9676	−51.0309	4.9222	9.651
	(0.2926)	(−5.82)***	(11.93)	(1.23)
lac	0.0307	0.0081	0.0858	0.0465
	(0.01)	(0.01)	(0.06)***	(0.03)***
ri		26.432		−0.2239
		(3.60)***		(−0.14)
gdp		−8.8209		−2.4164
		(−1.97)**		(−0.91)
zc		−0.1543		−0.3820
		(−0.02)**		(−0.05)***
city		−0.0285		0.2782
		−0.01		(0.03)***
fy		−3.6807		−4.2856
		(−1.23)		(−1.30)
m				−0.7828
				(−2.18)***

续表

参数	2002—2006		2007—2017	
	模型（1）	模型（2）	模型（3）	模型（4）
Obs	125	275	125	275
R²	0.2969,	0.0244	0.3989	0.5167
F	29.05	40.49	12.34	16.95

注：*** 、** 、* 分别表示在 1%、5% 和 10% 的显著水平上显著,（）内为相应参数估计的 t 检验值。

　　模型（1）和模型（3）分别是 2002 年至 2006 年和 2007 年至 2017 年两个阶段未加控制变量的模型,发现农村低保保障水平与农村贫困发生率在 2002 年至 2006 年间呈不显著的正向效应。在 2007 年至 2017 年间,则呈现出 1% 显著性水平上的正效应。分别加入 ri、gdp、zc、$city$、fy、m 等 6 个可能影响农村低保支出减贫效应的控制变量后,① 进一步检验农村最低生活保障支出减贫效应是否具有稳健性。发现加入控制变量后,2002 年至 2006 年的农村低保支出的保障水平与农村贫困发生率的关系仍呈现为不显著的正向效应关系;2007 年至 2017 年间则仍是 1% 显著水平上的正相关关系。对比 2002 年至 2006 年与 2007 年至 2017 年两个阶段,可看出 2002 年至 2006 年间地区经济发展水平、政府对社会保障的重视程度与农村贫困发生率都具有 1% 显著水平上的负向关系,即地区经济越发达的地方农村贫困发生率越低,快速发展地方经济,有利于减少农村贫困人口;社会保障支出占财政支出比重越高,政府越重视社会保障,农村贫困人口越少,社会保障支出占财政支出比重每提高 1%,农村贫困发生率就会降低 0.15%。农村居民收入水平与农村贫困发生率间则呈现出 1% 显著水平上的正向关系,即随着农村居民收入水平的提高农村贫困发生率随之提高。2007 年至 2017 年间,政府对社会保障的重视程度、

----

　　① 由于 2002—2006 年,农村最低生活保障低保对象的申报、审批等程序管理规定无实质性规范效果,农村低保管理水平 m 皆为 0,故在做 2002—2006 年的实证分析时不加入 m 这个控制变量。

农村低保管理水平与农村贫困发生率呈现出 1% 水平上的负向关系,即政府对社会保障越重视,对社会保障投入越多,农村贫困发生率越低;而农村低保管理水平越高,对农村低保对象的内部审批更规范,外部监督更严格,就可以更为有效地识别农村贫困人口,将农村低保补贴发放给真正的贫困人口使得农村贫困发生率降低。

加入控制变量的模型(2)和模型(4),相比不加控制变量的模型(1)和模型(3)的 R^2 值皆有所提升,说明拟合程度提高了,且农村低保保障水平的方向及显著性未发生任何改变,说明不同时期农村低保支出减贫效应的稳健性。

(四)区域层面的减贫效应

分区域后东部地区包含 11 个省区市,中部地区包含 6 个省区市,西部地区包含 8 个省区市,分时期考察农村低保支出的减贫效应。2002 年至 2006 年($T=5$)三个区域的面板数据皆为短面板数据,模型选择按照全国层面实证分析的方法选择面板模型,得出的结果见表 7-19。

表 7-19　2002—2006 年三大区域实证结果

参数	东部	中部	西部
	模型(1)	模型(2)	模型(3)
c	-53.606	-64.2003	-28.3454
	(-3.18)***	(-4.77)***	(-1.26)
lac	-1.7737	-8.3857	0.8614
	(-0.14)	(-1.09)	(0.35)
ri	28.7955	33.8689	6.4297
	(2.43)**	(2.87)***	(0.33)
gdp	-10.4666	-9.8825	2.3557
	(-1.41)	(-1.22)	(0.21)

参数	东部	中部	西部
	模型（1）	模型（2）	模型（3）
zc	−0.0127	−0.2740	−0.1597
	（−0.05）	（−2.46）**	（−2.15）***
city	−0.03383	−0.1897	0.0219
	（−0.01）	（−0.02）*	（0.003）
fy	−5.83	−3.126	−2.2145
	（−0.99）	（−0.59）	（−0.54）
Obs	55	30	40
R²	0.25444	0.6143	0.1325
F	3.47	9.28	4.82

注：***、**、*分别表示在1%、5%和10%的显著水平上显著，（）内为相应参数估计的 t 检验值。

由表7-19可看出，东中西部地区农村低保支出的保障水平与农村贫困发生率间的关系皆不显著，也就是说2002年至2006年间三个区域的农村低保障支出皆无显著的减贫效应。东部地区和中部地区的农村居民人均收入水平对农村贫困发生率分别具有5%显著水平、1%显著水平上的正向效应，即东部和中部地区的农村居民人均收入水平越高，农村贫困发生率越高，说明农村低保标准上调的幅度大于农村居民收入水平上涨的幅度，致使农村低保线以下的农村贫困人口不减反增。中部和西部地区的政府对社会保障的重视程度与农村贫困发生率分别呈现出5%显著水平、1%显著水平上的负向效应，说明中部和西部地区政府对社会保障重视程度越高，对社会保障投入越大，农村贫困发生率越低，中部、西部地区政府社会保障重视程度每提高1%，农村贫困发生率分别降低0.2740%、0.1597%。中部地区的城镇化率与农村贫困发生率呈现出10%水平上的负向关系，说明城镇化率越高，中部地区的农村贫困发生率越低。2007年至2017年三个区域的面板数据的个体个数皆小于等于时间维度（T=11），属于长面板数据。采用将组内自相关、组间异方差以及同期相关三个因素都考虑进来的全面 FGLS 进行估计，得出的结果见表7-20。

表7-20　2007—2017年三大区域实证结果

参数	东部	中部	西部
	模型（1）	模型（2）	模型（3）
c	−1.3157	19.1912	15.6226
	(−0.99)	(4.09) ***	(1.98) **
lac	−0.0109	0.0344	0.1127
	(−0.04) ***	(0.03) **	(0.10) ***
ri	−4.0817	0.4664	5.9121
	(−8.32) ***	(0.71)	(1.90) ***
gdp	1.5863	−3.6537	−0.8098
	(3.18) ***	(−2.44) **	(−0.30)
zc	−0.0622	−0.04185	−0.05671
	(−0.06) ***	(−0.08) ***	(−0.08) ***
city	0.1539	0.2303	−0.0852
	(0.08) ***	(0.05) ***	(−0.01)
fy	0.5391	−10.2864	−4.3285
	1.21	(−5.01) ***	(−1.47)
m	−0.272	−0.445	−0.0516
	(−4.68) ***	(−2.06) ***	(−0.21)
Obs	121	66	88
Wald	612.41	612.41	1177.77

注：***、**、*分别表示在1%、5%和10%的显著水平上显著，()内为相应参数估计的t检验值。

由表7-20可知，(1)农村低保支出保障水平：中部和西部地区农村低保消费替代率与农村贫困发生率分别呈现出在5%显著水平、1%显著水平上的正向关系，即农村最低生活保障支出的保障水平越高，农村贫困发生率越高；

中部地区的农村低保消费替代率每增高1%,其农村贫困发生率就会提高0.0344%;西部地区的农村低保消费替代率每增高1%,其农村贫困发生率就会提高0.1127%。东部地区的农村低保消费替代率与农村贫困发生率呈现出1%显著水平上的负效应,即东部地区的农村低保消费替代率每提高1%,其农村贫困发生率下降0.01%。说明东部与中部、西部地区的农村低保支出的减贫效应完全不同,东部地区的农村低保支出具有显著的减贫效应,中部地区和西部地区的农村低保支出对农村贫困发生率具有显著的激励效应。(2)农村居民收入水平:东部地区的农村居民收入水平对其农村贫困发生率具有1%显著水平的负向效应,即东部地区的农村居民收入水平越高,其农村贫困发生率越低;西部地区的农村居民收入水平则对其农村贫困发生率具有1%显著水平的正向效应,即西部地区的农村居民收入水平越高,其农村贫困发生率越高;中部地区的农村居民收入水平对其农村贫困发生率无显著效应。(3)经济发展水平:东部和中部地区的经济发展水平分别在1%显著水平、5%显著水平对农村贫困发生率呈现出完全不同方向的效应,东部地区的是正向效应,西部地区的是负向效应,即东部地区经济越发达的地方农村贫困发生率越高,中部地区则相反;西部地区经济发展水平的减贫效应不显著。(4)政府重视程度:东、中、西部地区的政府对社会保障的重视程度与农村贫困发生率皆呈现出1%显著水平上的负向关系,即三个区域的政府对社会保障越重视,农村贫困发生率越低;其中西部地区的政府重视度的减贫效应最大,社会保障支出占财政支出的比重每提高1%,农村贫困发生率降低0.5671%;其次是中部地区,政府重视度每提高1%,农村贫困发生率降低0.4185%;东部地区的政府重视度的减贫效应最小,政府重视度每提高1%,农村贫困发生率降低0.0622%。(5)城镇化率:东部、中部地区的城镇化率对农村贫困发生率具有1%显著水平的正向效应,且东部地区的正向效应大于中部地区;西部地区城镇化的减贫效应不显著。(6)农村抚养比:中部地区农村抚养比与农村贫困发生率呈现出1%显著水平的负效应,即中部地区的农村抚养比越高,农村贫困发生率越低,这与通常的认知不太一样;东部和西部地区的农村抚养比则对农村贫困发生率无显著效应。(7)农村低保管理水平:东部、中部地区的农村低保管理水平对其农村贫困发生率具有1%显著水平上的负向效应,即东部、中部地区农村低保管理制度越完善,执行越严格,农村贫困发生率越低;西部地区的农村低保管理的减贫效应不显著。

六、实证结论

第一,2002年至2006年无论是全国层面的实证分析,还是分区域的实证分析,农村最低生活保障支出对农村贫困发生率皆无显著效应,说明2002年至2006年间农村最低生活保障支出的减贫效应不显著。2007年至2017年间从全国范围来看,伴随农村最低生活保障支出的保障水平提高,农村贫困发生率没有降低反而上升,分析其原因:2007年至2017年中国农村社会救济制度发生一系列改革,医疗、教育等多项救济补贴与农村低保对象直接挂钩,农村低保保障水平的提高不仅体现在对基本生活成本的补偿,还有这些附加的福利,导致有些农村低保户不愿脱贫,有些不符合农村低保要求的试图成为农村低保对象,所以农村最低生活保障支出保障水平的提高反而提升了农村贫困发生率。经济的持续增长,有利于减少农村贫困人口,且由经济发展水平提高所带来的减贫效应表现最为明显的是中部地区,其次是西部地区,东部地区的最不明显。

第二,2002年至2006年,东部地区、中部地区以及全国范围的农村居民收入水平与农村贫困发生率皆呈现显著的正向关系。有可能是因为农村低保标准伴随农村居民人均收入的增加而提升,且农村居民收入差距在扩大,更多的农村居民反而处于农村贫困线以下,导致农村贫困发生率提高。根据中部、西部地区以及全国范围的实证分析系数对比,可看出,当时的中部、西部减贫主要依靠社会保障体系的不断完善,依赖政府投入。

第三,2007年至2017年,东部地区的农村最低生活保障支出具有显著的减贫效应,中部地区和西部地区的农村最低生活保障支出对农村贫困发生率具有显著的正向效应,不仅不会减少农村贫困发生率,反而对农村贫困发生率具有激励效应。究其原因,东部地区的农村低保标准远高于中部地区和西部地区,可以有效满足农村低保人群的基本生活需求,促使他们开始注重自身发展,脱离农村低保人群。而中部和西部地区农村低保标准较低,仅基本满足农村贫困人群的基本物质生存需要,多项与农村低保相挂钩的专项补贴促使他们不愿脱离农村低保,农村贫困发生率反而升高。

第四,2007年至2017年,东部、西部地区的农村居民收入水平对其相应的农村贫困发生率具有完全相反方向的效应。东部地区农村居民收入水平提高,农村贫困发生率降低;西部地区农村居民收入水平越高,农村贫困发生率越高。究其原因,东部地区农村低保线下的农村贫困人口由于农村居民收入水平提高,超过了农村低保线,所以贫困发生率降低;西部地区的农村低保线的调整幅度大于农村居民收入上涨幅度使得农村贫困线下的农村贫困人口随着农村居民收入提高,不降反升。

第五,2007年至2017年,东部和中部地区经济发展水平对农村贫困发生率产生不同方向的显著效应,东部地区经济发展水平越高,农村贫困发生率越高;中部地区经济发展水平提高,农村贫困发生率降低。说明中部地区经济的稳步发展使农村贫困人口脱贫的可能性增加,东部地区的农村贫困发生率由于地区内部经济发展的不平衡,反而随着经济水平的提高而上升。

第六,2007年至2017年三大区域及全国的农村贫困发生率皆随着政府重视度的提升显著下降,其中西部地区的减贫效应最大、再次为中部地区、东部地区最小。政府对社会保障重视度越高,社会保障体系越为完善,农村贫困人口脱贫的概率就会随之增加;而西部地区农村贫困人口所占比例最大,政府给予政策倾斜最大,减贫效应更为明显。

第七,2007年至2017年东部和中部地区农村贫困发生率伴随城镇化率的提高随之提升,可能是因为在城镇化加速推进的进程中,农村居民收入差距在不断拉大,留守儿童、留守老人、留守妇女等社会问题致使农村贫困人口不减反增,尤其是在东部和中部地区,进而导致东部和中部地区农村贫困发生率的上升。

第八,2007 年至 2017 年东、中部地区及全国范围的农村低保管理水平的提升显著降低农村贫困发生率。说明对农村低保对象认定、审批、动态管理等程序的规范,提高了农村低保对象识别的准确性,为农村低保对象的精准识别提供制度保障,促使农村贫困发生率降低。

通过对农村低保制度的实施现状、支出现状以及保障水平的分析,以此为基础,深入研究农村低保支出的减贫效应,发现农村低保制度存在以下问题:

第一,农村低保标准设定缺乏科学性。

从当前看来,中国农村最低生活保障的整体保障水平还是偏低,绝大部分只能保障到贫困人群的基本生活,而当农村低保线下的农村贫困居民遇上较大花费开销时,如教育、医疗等支出时,农村低保补贴是远远不够的。由于需要救济的人较多,农村最低生活保障只能给农村贫困人群提供低标准的救助金,无法解决存在的实际问题;但若是农村低保标准制定过高,会对社会进步不利,会使得救助对象不愿放弃原有的救助,对农村最低生活保障产生依赖。在新形势下,农村低保标准必须充分适应匹配人们的生活。农村低保标准的制定必须合理地结合许多因素,既要能够满足贫困户的需要,又不能给各地造成太大的财政负担,但在实际上,农村低保标准制定存在着不科学的现象。并且中国的农村低保政策保障范围较窄,农村低保对象为绝对贫困者,需要保障的相对贫困者则缺乏保障,使得他们由相对贫困者转化为绝对贫困者的风险增加。

第二,地区间差距、城乡间差距较大。

中国最低生活保障制度存在着城乡差异、地区差异。2018 年,中国城市低保标准高于农村低保标准 2123 元/人,城乡低保标准的巨大差异影响社会保障资源在城乡间配置的均等化水平,不利于底线公平的实现,加大城乡间的矛盾。针对城乡低保水平差距这个问题,许多省份开始了城乡低保标准并轨试点,如北京、上海、广东等地区。[①] 中国东中西部地区不同的经济发达程度使得农村低保标准难以统一,虽然西部地区的农村低保资金支出较多,但西部地区的农村低保人数远远多于东部地区,因此人均拿到的低保资金还是比东部地区少很多。2018 年,东部和西部地区低保标准差距达到了 3549.9 元/人,这比中国城乡低保标准的差距更大,表明中国贫困地区的农村低保水平亟需进一步提高。

第三,低保补助对物价波动的滞后性。

随着中国经济社会的不断发展,物价也会相应地发生波动,而物价的变化导致的贫困人群的生活质量随之发生变化。农村最低生活保障是用来满足农村贫困人口的基本生活需求,但农村低保补贴缺乏与物价的联动,保障资金跟不上物价变动,这不利于解决贫困人口的实际问题。[②] 虽然中国已经有了低保标准和物价上涨的联动机制,能够在一定程度上缓解物价的波动对农村贫困人群的生活影响,提高了及时性,但这种联动机制一般都是根据价格攀升进行"被动式"的调整,因此还需进一步的完善。尤其是当食物价格有着较大上涨幅度时,农村贫困人群的食物等一些生活必需品的支出在总支出中占据着很大的比例,其价格波动也会对农村贫困人群的生活水平产生很大影响。

第四,不同时期地区间农村最低生活保障支出减贫效应差异大。

2002 年至 2006 年全国范围内农村最低生活保障支出无显著减贫效应,且东部地区和中部地区的农村最低生活保障支出对贫困发生率具有显著的正向效应,西部地区不显著。2007 年至 2017 年间从全国范围来看,伴随农村低

---

① 参见王蕾:《中国城乡最低生活保障制度并轨研究》,《社会福利(理论版)》2018 年第 11 期。

② 参见易丹:《农村低保运转中存在的问题——基于易村的实地调查》,《劳动保障世界》2019 年第 15 期。

保支出的保障水平提高,农村贫困发生率没有降低反而上升。其中,东部地区具有显著的减贫效应,但是中部地区和西部地区不仅不会降低农村贫困发生率,反而对农村贫困发生率具有激励效应。其原因在于东部与中西部地区农村低保标准差异大,农村低保支出保障水平差距大,前者可以有效满足基本物质生活需求,后者仅基本满足物质生存需求。而多项与农村低保相挂钩的专项补贴的存在,对于东部地区的贫困人群是帮助提高、发展自身,促使他们脱离农村低保;对于中西部地区,则促使他们在比较"退保"与"入保"的经济收益后,往往选择留在农村低保范围内,没有入保徘徊在农村低保标准边缘的农村贫困人口渴望"入保"。

另外,不同地区农村贫困发生率的影响因素不同。这就意味着最大化发挥农村最低生活保障支出的减贫效应,还要针对不同地区的不同情况,除农村最低生活保障支出以外还要辅助以不同的扶贫开发措施。

第五,管理机制不健全。

中国农村低保的审核制度在不断完善,主要有民主评议和入户调查等方式,通过这些方式对农村低保对象进行审查,在一定程度上保障公平。但当前,对于那些已经纳入农村低保制度救助范围的农村居民,对其管理还存在着短板。农村低保制度在实施过程中缺乏监督,有些实际生活条件已经转好的贫困人群没有及时退出,还有些是应该提供最低生活保障的农村贫困人口却没有得到应有保障,这些都是中国农村低保在实际管理中产生的漏洞。由于农民的受教育程度较低,法律意识相对来说没有那么健全,并且加上不通畅的申诉渠道,这都使得低保在申请和审核中存在着投机现象,对低保的正常实施不利。

第八章　政策建议

第一节　完善城乡居民养老保险
制度的政策建议

中国新农保的基础养老金标准从 2009 年年底试点的 55 元/月上调到 2018 年的 88 元/月,上涨了 60%,由于起点低,即使上涨幅度较大,按照国家规定的基础养老金标准根本无法满足部分 60 岁以上农村老人的基本养老需求,整体保障水平较低。各地区以中央所制定的基础养老金标准为底线,结合地区实际情况制定当地基础养老金标准,导致了地区间、地区内的基础养老金标准差异过大,出现了地区间参保率差异大、保障水平悬殊、地区间新农保支出的储蓄效应截然不同的情况,尤其是地区内部的差异更为明显。

因为 2014 年城乡居民养老保险制度就已实现合并,农村社会养老保障制度所面临的问题也是城乡居民养老保险制度所面临的问题,为与实际更为贴合,根据农村养老保障支出发现的问题,针对城乡居民养老保险制度提出以下建议:

第一,建立区域内统一比率的基础养老金动态调整机制。

所谓区域内统一的基础养老金动态调整机制,是指国家基础养老金的动态调整机制与区域内实行统一比率的基础养老金标准相结合的基础养老金标准。要实现这一机制得分三步走：第一步，制定国家基础养老金的动态调整机制。作为各地方政府制定基础养老金标准的重要依据，必须首先建立起与国家经济发展水平、农村居民日常用品消费价格指数、农村居民的消费结构，以及农村居民人均纯收入等指标相挂钩的基本养老金标准的动态调整机制，而不是每年适时公布国家基础养老金标准，从而确保新农保制度的公平性、科学性。第二步，重新划分区域。中央在制定划分财政补贴区域、规定财政补贴比的标准时不应只根据东中西区域进行划分，应充分考虑区域内的经济发展水平的差距，养老资源多少的悬殊、农村人口多少的差异，尽可能缩小区域内部的差异。第三步，改定额为比率的区域内统一的基础养老金标准。目前各省区市政府执行的是定额的基础养老金标准，而地区内部的基础养老金标准的差异所造成的地区内部农村养老保障水平的差异，会进一步加大地区内部公共服务的非均等化程度，加剧地区内部的经济、社会矛盾。可由中央政府根据各区域内部的整体经济状况、财政能力、农村人口、农村人均纯收入等情况制定区域内部的统一比率，以区域内各省区市农村人均纯收入为基数，以动态的国家基础养老金标准为底线，在不降低原有农村养老保障水平的前提下，算得各省区市的基础养老金标准。

第二，变定额档次额缴费为比例档次缴费。

2020 年要实现新农保全覆盖，在实现此目标的基础上，如何确保农村居民不退保，如何确保农村居民不退保的同时保障新农保支出的可持续性，不仅需要提升新农保基础养老金标准，还要完善现有的新农保缴费制度。

根据《关于 2018 年提高全国城乡居民基本养老保险基础养老金最低标准的通知》，2018 年每人每年缴纳最低额度 100 元的养老保险，可获得 30 元的地方财政补贴。在缴费满 15 年后，到 60 岁每人每月可领取 88 元的基础养老金。假设基础养老金全部来源于缴费，则不到 23 个月每人就会领完账户的所有金额，这对于人口红利消失、农村老龄化严重的经济较为落后省份来说，财政压力倍增。政府对"三农问题"的重视，精准扶贫政策的执行、乡村振兴战略的实施致使农村居民收入水平有了大幅度提高,农村居民完全可以承担更高的缴费档次,但因缴费的激励效应不明显,根据 2018 年人力资源与社会保障部的相关报道,现在的新农保的参保人大多数选择最低档次缴费①。为此,截至 2019 年年底,全国各省市绝大多数省市已根据自身情况,调高了最低缴费标准,且大多数省市将最低缴费档次由 100 元调整为 200 元,调整幅度较大。根据国家统计局公布的数据,2019 年贫困地区农村居民人均可支配收入11567 元,最低档次缴费仅占贫困地区农村人均可支配收入的 1.73%。总而言之,最低缴费档次可进行适当提高,但提高幅度、调整档次的时间间隔,以及其他缴费档次该如何设计,需要进一步的深究和探讨。如果新农保缴费制度设计过为复杂,也会阻碍将来统筹层次的提升。

在此,不妨借鉴城镇企业职工养老保险制度的设计,实施比例缴费。考虑到农村居民收入的不确定性、多样性,缴费基数就定为上一年当地的农村人均纯收入,同时为缴费极为困难的群体比,如残疾人群,仍保留最低的定额缴费标准。比例的设计,则可以规定为不同的档次。比例缴费档次制度简便易行,不仅反映动态调整特征、准确衡量农村居民的承受能力、与当地经济发展相适应,还可以强化个人缴费责任,很大程度提高新农保支出的可持续性。

第三,强化"出口补贴"设计。

新农保的财政补贴可分为针对缴费的"入口补贴"和领取基础养老金的"出口补贴"。由于多数新农保的参保人选择最低档次缴费,最低缴费额度的"入口补贴"金额为 30 元,若参保人选择更高一级缴费档次,"入口补贴"会相应增加 5 元。很明显这种缴费补贴的设计并未激发参保人多缴费。另外,根据 2017 年课题组针对河北省农村养老保险的调研,发现同样的补贴激励,近80%的农村居民会选择多缴费而不是延长缴费年限,且大多数趋向于选择满45 岁开始缴费。说明农村居民急于个人缴费的快速变现,很看重个人缴费水

---

① 《人社部有关负责人就进一步完善我国城乡居民基本养老保险制度答记者问》,新华网,2018 年 3 月 29 日,http://www.xinhuanet.com/politics/2018-03/29/c_1122610304.htm。

平与未来预期收益间的比较。

首先,重新划分"入口补贴"的支出责任。新农保制度实施的过程中,现有的新农保补贴对一些省份已构成财政压力,在此基础上,再加大财政投入,未必能够实现。而新农保的中央财政补贴占中央财政收入比例较低,可以由中央财政加大对新农保的投入力度。在此,可以仿照"出口补贴"的做法。对于经济发达的省市,最低缴费档次的"入口补贴"由中央财政承担一半,对于经济发展水平一般或较为落后的地区最低缴费档次的"入口补贴"由中央财政承担,更高缴费档次的"入口补贴"差额由地方财政承担。

其次,强化"出口补贴"的激励制度设计。集中所有新农保相关的地方财政补贴,争取在不加大地方财政压力的情况下,加大"出口补贴"对参保人选择高档次缴费标准的吸引力。值得注意的是,不管是定额的缴费档次设计还是比例缴费档次设计,边际财政补贴或财政补贴弹性要大于或等于缴费档次的变化程度,才可能达到应有的激励效应。因为作为理性经济人的农村居民,只有"看得见、摸得着"的收益对他们才真正能形成强大的吸引力,才会更为趋向于选择高档次的缴费标准。

第四,提高统筹层次。

为了保证养老保险制度能够公平正义的实施,应进一步提高新农保制度的统筹层次,将统筹层次提高到国家统筹。而要实现农村养老保险制度的全国统筹,首先要健全目前的省级统筹制度,将分散于各级县市的养老保险基金的管理权上交于省级单位,由税务部门负责养老保险的征收,人社部门承担养老金发放责任,实现养老保险基金的统一征收和发放,为养老保险的全国统筹打好基础。其次,中央政府应根据各省市的实际经济发展水平、养老资源以及区位等因素对31个省区市重新划分区域,就同一区域内的省市采用统一的养老金计发办法和调整办法。在维护养老保险制度的公平公正公开的前提下,实现社会的再分配效应,逐步缩小省际之间养老资源的差距,直至实现城乡居民养老保险全国统筹的目标。

同时，随着人口流动性的加大，在全国范围内尽快建立起统一的农村养老保险缴付费系统和查询系统，降低参保人员及管理部门对省际间账户转移的成本，也防止重复参保、重复领取等事件发生。另外，养老保险作为社会保障的重要部分，也应与其他养老保障制度建立良好的衔接机制，如城乡居民养老保险制度和城镇企业职工养老保险制度之间的转换，需要明确的年限换算公式、缴费计算公式。虽然建立全国统筹层次的城乡居民养老保险制度任重而道远，但唯有从大局角度统筹各项因素实施养老保险，才能进一步降低农村养老保险制度的运行成本，减轻各地的财政压力。

第五，建立健全养老保险制度效果反馈机制。

由于目前新农保政策的实施效果并没有一个明确的评价标准，因此需要尽快建立并健全农村养老保险制度效果的反馈机制，整体把握政策的实施效果，一方面以此为激励提高各地政府对农村养老保险政策的重视程度，另一方面通过反馈机制及时发现政策实施过程所出现的问题，并对存在漏洞的地方及时进行调整优化，更好地发挥养老保险的社会保障作用。

首先应该制定一套能够合理衡量养老保险实施效果的指标，对养老保险的参保情况，基金运营状况，可持续性等问题通过纵向年度、横向省际之间的比较，综合考虑社会经济状况、国家政策的因素，对养老保险的实施效果进行评测。如中国社会科学院社会发展战略研究院的高庆波教授，针对养老金发展的发展情况设计的充足性、可持续性、多层次性等三个一级指标，十二个二级指标所组成的养老金发展指数体系。通过对上述评价指标的测算对养老金发展情况进行打分，从而及时反映基金运行情况和存在问题。同时也应参考国内外学者对养老保险与经济发展、就业、消费储蓄和收入分配效应的研究，建立起测算农村居民社会养老保险联动效应的具体模型，将养老保险与反映农村居民对 GDP 的贡献程度、农村居民的就业选择与流动性、农村居民的消费储蓄情况以及农村居民收入再分配的落实相互关联，使得养老保险能够发挥其最大的效用，真正达到养老保险制度设置的初衷与目的。最后，养老保险制度实施效果的话语权应掌握在居民手中,定期组织安排人员对养老保险参保人员进行走访,听取民众的意见,接受民众的监督,不仅能够收集真实有效的一手资料,也是对政府公信力的进一步提升。

第二节　完善新农合制度的政策建议

第一,提高信息透明度。

2019 年新农合在全国范围内实现异地就医及时结算,有效降低参合人的报销成本,这意味着新农合数据的共享实现了质的飞越。但除此之外,还有太多需要信息共享,通过提高信息透明度,将资金管理部门、参合人员、医疗服务供给方以及监管部门都纳入到信息共享的体系中,从而进一步提高新农合资金的使用效率。主要包括以下两方面:一方面是关于资金管理部门的信息,适时更新新农合的资金筹集、分配、结余情况,确保资金的及时缴纳、拨付、专款专用,时刻防范运营风险;及时公布各项相关政策的变化以及办理相关事项流程、材料等重要信息,加大政策的宣传力度,提高工作效率。另一方面是关于医疗服务供给方的信息,适时更新公布各项医疗服务及药品价格的信息;及时线上填写就诊治方案,确保监管部门及时进行监督、复核,降低医疗服务供给方以及参合人的"道德风险"。

第二,拓宽筹资渠道。

参合人数在不断增多、医疗保障需求不断增加、医疗保障水平不断提高,农村医疗保障支出会日益上涨,占有大比例的财政补贴会加大政府的财政压力,而对于新农合的参合人个人缴费能力有限,这就要求必须开辟其他社会筹资渠道,比如,非政府的社会团体、民间个人的支持。与民营的医疗机构建立制度化关系,将其提供的医疗服务纳入报销范围,降低诊疗成本,在减少报销支出的同时,参合人可以享受到同水平的医疗服务。进而降低新农合基金的运营风险,保障资金的可持续性。

第三,以自愿为前提的定额缴费标准过渡为强制性参保的比率缴费标准。

新农合制度是以农村居民自愿参加为前提,其资金主要来源于政府财政补贴和个人缴费。根据 Wind 数据库的 2017 年相关数据,政府财政补贴占缴费总额的 70% 以上,虽然个人责任在不断强化,但伴随医疗保障需求的增大,政府财政的压力在不断加重。相比政府补贴,个人责任是过于弱化的。若缴费标准不断提高,以自愿为前提的医疗保障制度势必会导致"逆向选择"。根据前文的数据分析可知,2016 年新农合制度的参合率就已达到 99%,几乎实现全覆盖。但高水平的参合率是建立在"低水平个人缴费标准、高额度的财政补贴"的基础上实现的,是无法满足人们日益增长的医疗保障需求的,可持续性较差。建议以此为基础,在参合人认识到医疗保障重要性的前提下,实施强制性的城乡居民医疗保险制度,防止"逆向选择"的发生,从而确保此医疗保险制度的可持续的有效运行。

另外,目前各省区市所实施的城乡居民医疗保险制度大多执行的是双档标准,农村居民多选择低档缴费标准,城镇居民选择高档缴费标准。不同的缴费标准,其报销比例、限额等待遇标准相差甚远,其实质仍为城乡并行的居民医疗保障制度。故应尽快统一个人缴费标准,将缴费标准由每年调整后的定额改为以上一年当地农村居民纯收入为基数的比例缴费,在强化个人缴费责任的同时,让参保人切实感受到缴费标准调整是有据可依,具有科学性、合理性,而不是政府的"随意调整",且比率缴费标准的设计可以更好与地区经济发展、参保主体收入水平相匹配,缴费标准的调整幅度可以做到与居民收入增长水平、财政能力以及医疗费用波动相一致。对于家庭困难的贫困群体则求助于医疗救济制度。个人责任的强化有利于提高参保人的自我风险意识。统一比率的缴费标准设计具有稳定性强、可持续性强的优势,为将来与城镇企业职工医疗保险制度的合并打下基础,降低了缴费标准衔接的阻碍,为实现城乡医疗保障均等化的实现降低阻碍。

第四,互助共济保障模式过渡为社会保险模式。

自 2020 年 1 月起,全国所有省、自治区、直辖市的城镇居民医疗保险制度与新农合制度皆合并为城乡居民医疗保险制度,但合并后的城乡居民医疗保险制度并未改变新农合制度互助共济的性质,主要是"保大病",无法满足农村居民对医疗保障的需求。因病致贫、返贫的风险还很大。城乡居民医疗保险制度需要逐渐由互助共济的医疗保障制度转向为社会医疗保险制度。其管理部门由卫生部门改为社会保险部门统一管理,卫生部门则仅定位为医疗保险制度的服务者,提供医疗保险制度相关的服务,比如报销依据的核查,有效降低管理成本,从而实现行政职能与服务职能的有效分离。其保障范围逐渐由"保大病"扩围为"大小皆保",保障范围根据城镇企业职工医疗保险的范围进行调整即可,在扩围初期,考虑到资金的运营,报销比例可从低逐渐调高。充分发挥社区医疗、医疗门诊等基层医疗机构的作用,开展必要的预防保健、小病治疗的服务,有效降低或控制诊疗成本。

第三节　完善农村最低生活保障制度的政策建议

第一,提高制定低保标准的科学性。

农村低保制度的目的就是满足农村贫困人口的基本生活需要,维护他们的生存权,所以在制定时应结合地方财政能力根据当地的生活水平、物价水平、收入水平等因素确定基本生活需要的标准,并随着这些因素的变化进行及时调整,而标准的制定一定是以满足基本生存为基础。同时,整合多项与农村低保相挂钩的专项财政补贴,将其纳入到农村低保标准的测算范围内,以期真实反映低保人群基本生活需要的实际水平,降低因低保人群补贴项目繁多,贫困人群不愿自力,不想"退保"的意愿,也降低处于低保标准边缘贫困人群"入保"的意愿。对农村低保建立按需分类的救助体系,根据贫困人口的切实需要制定低保标准,对于相对贫困者若收入低于低保标准的,也应当对其进行补足。

第二,缩小城乡及地区间低保差距。

城乡一体化的低保制度,能够更好地实现社会公平,中国要加快城市和农村低保标准的衔接工作,使得城市和农村的低保制度并轨整合,促进城乡公共服务均等化的实现。制定城乡统一的低保标准,对于提高农村贫困人群的基本生活水平有很大的意义,尤其是对于城乡间流动的农村居民。或者在合理范围内控制城乡低保差距,实质性地打破户籍限制。加大中央对贫困地区的转移支付,促进缩小区域间、区域内农村低保差异,同时制定全国统一的农村低保标准计算方法,缓解地区间农村低保标准差异过大所带来的经济矛盾以及社会矛盾。

另外,伴随地方上一些企业以及社会团体的力量的壮大,他们中的一些通过慈善捐款等方式来帮助贫困人口,但因这方面的机制不完善,使得社会力量难以集聚。因此各地方应建立健全准入机制,使这些社会力量参与到低保救助中。

第三,优化农村低保标准的动态调整机制。

在确定国家低保标准后,各地根据实际情况对其进行动态调整。低保标准一般一年调整一次,但当一年内的物价变动较大时,可以根据波动因素及时对其进行修正,如CPI、消费支出和收入数据等,这样才能剔除物价变动对人们基本生活情况的影响,通过一系列的综合平衡,调整出最合理的低保标准。除此之外,最好的方法是降低低保标准的调整机制常态化、自然化,倘若只是被动地跟随物价调整低保标准,则难以适应低保人群的实际需求,不能充分发挥出低保的救助能力。建立农村低保标准动态调整的长效机制,出台有关农村低保标准制定、调整的法律法规,为农村低保标准制定、调整提供制度依据,降低农村低保标准调整的随意性。

第四,实现农村低保制度与精准扶贫政策的良好衔接。

政府对于农村低保的财政投入长效机制需要进一步地健全和规范。结合地区经济社会发展的实际情况,合理调整地区间低保资源的配置结构,确保农村低保资金的充足到位,从而为农村低保制度实施保驾护航。强调部门合作,信息共享,充分了解不同地区的贫困原因,不同地区实施不同的扶贫开发政策。明确农村低保和精准扶贫的定位与作用:农村低保负责"兜底",精准扶贫负责"造血",脱贫的关键在于扶贫,脱贫前的生存在于低保。标准的衔接、管理的衔接、措施的衔接、政策的衔接,做好农村低保与扶贫开发的总体规划与统筹,实现农村低保制度与精准扶贫开发政策的良好衔接,才能最大程度发挥农村低保支出与扶贫支出的效益。

第五,建立健全低保管理机制。

在对农村低保对象进行管理的过程中,必须要根据农村低保对象家庭实际变化进行动态监控管理,了解每个家庭的人口和财产的当前状况,并对了解的情况及时进行报告核查,把生活情况已经好转,不符合农村最低生活保障救助条件的人群及时退出农村低保范围,使农村低保救助金发挥其最大效应。建立起各部门的信息共享机制,对将要脱贫和已经脱贫的对象进行及时复查,进一步完善低保的退出机制,同时加强走访核查,将收入高出标准的个人和家庭及时退出低保,做到"应退尽退、应保尽保"。

第四节　其他政策建议

第一,提高农村社会保障财政支出比重。

无论是全国还是分地区,自 2003 年农村社会保障改革开始,农村社会保障支出对农村居民收入具有显著的正向调节作用,因此应在原有基础之上进一步调整财政支出结构,加大农村社会保障支出比重,进而增加农村居民收入,达到更好调节区域间以及区域内的农村居民收入差距的作用。

第二,构建援贫资金稳定增长机制。

考虑到各地区经济发展差异较大,各地方政府应结合自身情况确定不同的农村社会保障支出水平,且农村社会保障工作应与当地的经济社会发展相协调;另外,各地区的农村社会保障支出效应以及分项目的农村社会保障支出效应差异较大相当程度是由各地区制度差异本身造成,考虑到矫正制度本身比较困难,建议可以人为地从制度外加大对低收入地区农民的倾斜力度,在现有的农村社会保障支出的基础上再额外构建一个援贫资金稳定增长机制。

第三,完善财政能力与政府责任相匹配的财政体制。

首先,农村社会保障体系主要由农村社会保险和农村最低生活保障两部分组成。不同于城镇企业职工的各项保障制度,农村社会保障体系的个人责任与政府责任划分以及各级政府责任界定是模糊的、不固定的。所以在建立财政能力与政府责任相匹配的财政体制前需要根据前三节的政策建议建立起长期的、固定的、动态的个人责任与政府责任的划分机制。其次,根据各项农村社会保障制度项目的特征及影响其支出的重要因素,重新对31个省区市划分区域,明确中央与地方间的政府责任。目前,在划分中央与地方间农村社会保障分项目的政府责任时充分注意到了地区间的巨大的财政能力差异,并实行差别化的责任划分,但是忽略了区域内部的财政能力差异,导致区域内部的非均等化问题严重,某种程度上说明简单的根据东中西部地区进行区域划分界定政府责任是不合理的,应结合农村社会保障分项目的特点以及分项目支出的影响因素重新划分区域,缩小区域内部差异。三是,完善转移支付制度。目前的农村社会保障体系的正常运行所需的资金除了来自于个人之外,主要来源于政府补贴。从整体来看,地方政府承担着较大的出资责任。对于农村人口多、经济发展较为落后的地区,造成其较大的财政压力,其财政风险随之增加,尤其是对于那些划分到东部地区,但经济发展水平不太高的省份。且省以下的支出责任并未清晰界定,各省市间完全不同。建议在地方财政筹资能力有限的情况下,完善现有转移支付制度,优化转移支付结构,实现专项转移支付与地方政府预算的良好衔接。

参考文献

[1]白重恩:《中国养老保险缴费对消费和储蓄的影响》,《中国社会科学》2012年第8期。

[2]鲍震宇、赵元凤:《农村居民医疗保险的反贫困效果研究——基于PSM的实证分析》,《江西财经大学学报》2018年第1期。

[3]边恕、杨柳青、孙雅娜:《中国财政社会保障支出的就业效应研究》,《地方财政研究》2018年第12期。

[4]曹艳春:《农村低保制度对贫困群体生活水平改善效应研究》,《中国人口科学》2016年第6期。

[5]车翼:《老年劳动者劳动供给行为的Logistic经验研究》,《数量经济技术经济研究》2007年第1期。

[6]陈华、张哲元、毛磊:《新农合对农村老年人劳动供给行为影响的实证研究》,《中国软科学》2016年第10期。

[7]陈建东、马骁、秦芹:《最低生活保障制度是否缩小了居民收入差距》《财政研究》2010年第4期。

[8]陈建东、杨雯、冯瑛:《最低生活保障与个人所得税的收入分配效应实证研究》,《经济体制改革》2011年第1期。

[9]陈宗胜、文雯、任重:《城镇低保政策的再分配效应——基于中国家庭收入调查的实证分析》,《经济学动态》2016年第3期。

[10]成前、李月、李策划:《"新农合"对农村居民收入差距的影响研究》,《人口与社会》2019年第3期。

[11]程杰:《社会保障对城乡老年人的贫困削减效应》,《社会保障研究》2012年第

3 期。

[12]程令国、张晔:《"新农合":经济绩效还是健康绩效?》,《经济研究》2012 年第 1 期。

[13]仇晓洁、李玥:《农村社会保障支出缩小农民收入差距了吗?》,《金融与经济》 2019 年第 1 期。

[14]慈勤英:《失业者的再就业选择——最低生活保障制度下的成本收益分析》, 《学习与实践》2006 年第 1 期。

[15]崔大海:《我国财政社会保障支出与经济增长的相关关系研究》,《江淮论坛》 2008 年第 6 期。

[16]董拥军、邱长溶:《我国社会保障支出与经济增长关系的实证研究》,《统计与 决策》2007 年第 8 期。

[17]范叙春、朱保华:《预期寿命增长、年龄结构改变与我国国民储蓄率》,《人口 研究》2014 年第 2 期。

[18]冯志坚、莫旋:《养老保险对城乡流动人口劳动供给的影响——基于内生转换 回归模型的分析》,《人口与经济》2019 年第 4 期。

[19]高梦滔、姚洋:《健康风险冲击对农户收入的影响》,《经济研究》2005 年第 12 期。

[20]郭明凯、龚六堂:《社会保障、家庭养老与经济增长》,《金融研究》2012 年第 1 期。

[21]郭庆旺等:《积极财政政策及其与货币政策配合研究》,中国人民大学出版社 2004 年版。

[22]国务院:《全国农村工作会议纪要》,《中华人民共和国国务院公报》1982 年第 8 期。

[23]韩华为:《农村低保会引致负向就业激励吗?——基于 CFPS 面板数据的实 证检验》,《人口学刊》2019 年第 6 期。

[24]韩华为、高琴:《中国农村低保制度的保护效果研究——来自中国家庭追踪调 查(CFPS)的经验证据》,《公共管理学报》2017 年第 2 期。

[25]郝金磊、贾金荣:《西部地区农民养老模式选择意愿的影响因素分析——基于 有序 Probit 模型和结构方程模型的实证研究》,《统计与信息论》2010 年第 11 期。

[26]何立新:《中国城镇养老保险制度改革的收入再分配效应》,《经济研究》2007 年第 3 期。

[27]何立新:《养老保险改革对家庭储蓄率的影响:中国的经验证据》,《经济研

究》2008 年第 10 期。

［28］贺立龙、姜召花:《新农保的消费增进效应——基于 CHARIS 数据的分析》,《人口与经济》2015 年第 1 期。

［29］胡宝娣、刘伟、刘新:《社会保障支出对城乡居民收入差距影响的实证分析——来自中国的经验证据(1978—2008)》,《江西财经大学学报》2011 年第 2 期。

［30］胡翠:《人口老龄化对储蓄率影响的实证研究——基于来自中国家庭的数据》,《经济学》2014 年第 4 期。

［31］胡金伟、庄国宁、马春晓:《新农合定位及其重构理论研究》,《卫生软科学》2008 年第 3 期。

［32］胡颖、齐旭光:《中国社会保险与居民储蓄关系的实证研究》,《广东商学院学报》2012 年第 3 期。

［33］黄宏伟、展进涛、陈超:《"新农保"养老金收入对农村老年人劳动供给的影响》,《中国人口科学》2014 年第 2 期。

［34］黄学军、吴冲锋:《社会医疗保险对预防性储蓄的挤出效应研究》,《世界经济》2006 年第 8 期。

［35］黄莹:《中国社会养老制度转轨的经济学分析——基于储蓄和经济增长的角度》,《中国经济问题》2009 年第 3 期。

［36］李娜:《探讨中国残疾人社会保障制度现状及完善策略》,《法制与社会》2017 年第 9 期。

［37］李文星、徐长生、艾春荣:《中国人口年龄结构和居民消费:1989~2004》,《经济研究》2008 年第 7 期。

［38］李晓嘉:《城镇医疗保险改革对家庭消费的政策效应——基于 CFPS 微观调查数据的实证研究》,《北京师范大学学报(社会科学版)》2014 年第 6 期。

［39］李雪增:《养老保险能否有效降低家庭储蓄——基于中国省际动态面板数据的实证研究》,《厦门大学学报》2011 年第 3 期。

［40］李珍:《"三保合一"不可忽视的理论陷阱》,《中国卫生》2015 年第 9 期。

［41］梁晓敏、汪三贵:《农村低保对农合家庭支出的影响分析》,《农业技术经济》2015 年第 11 期。

［42］刘昌平:《再分配效应、经济增长效应、风险性——现收现付制与基金制养老金制度的比较》,《财经理论与实践》2002 年第 4 期。

［43］刘畅:《社会保障水平对居民消费影响的实证分析》,《消费经济》2008 年第 3 期。

[44]刘畅：《收入分配视角下的城乡一体化社会保障体系》，《宏观经济管理》2011年第2期。

[45]刘丹、卢洪友：《中国农村社会保障的居民消费效应研究》，《江西财经大学学报》2017年第5期。

[46]刘丁蓉：《财政社会保障支出与经济增长关联性研究：理论阐释与实证研究》，《财政监督》2013年第7期。

[47]刘建国：《我国农户消费倾向偏低的原因分析》，《经济研究》1999年第3期。

[48]刘玮、刘艳敏：《精准扶贫背景下我国农村低保人群脱贫效应与路径分析》，《新疆农垦经济》2019年第7期。

[49]刘喜堂：《当前我国城市低保存在的突出问题及政策建议》，《社会保障研究》2009年第4期。

[50]刘小鲁：《中国城乡居民医疗保险与医疗服务利用水平的经验研究》，《世界经济》2017年第3期。

[51]刘子兰：《养老社会保险制度再分配效应研究简述》，《消费经济》2011年第2期。

[52]刘子兰：《养老保险对劳动供给和退休决策的影响》，《经济研究》2019年第6期。

[53]柳清瑞、穆怀中：《基于代际交叠模型的养老保险对资本存量和福利的影响》，《辽宁大学学报》2003年第2期。

[54]卢金兰：《我国养老保险制度改革的经济学分析》，《福建金融》2011年第1期。

[55]栾大鹏、欧阳日辉：《新农合对我国农民消费影响研究》，《社会保障研究》2012年第2期。

[56]马光荣、周广肃：《新型农村养老保险对家庭储蓄的影响：基于CFPS数据的研究》，《经济研究》2014年第11期。

[57]马双、孟宪芮、甘犁：《养老保险企业缴费对员工工资、就业的影响分析》，《经济学》2014年第3期。

[58]马双、臧文斌、甘犁：《新农合保险对农村居民食物消费的影响分析》，《经济学（季刊）》2010年第10卷第1期。

[59]穆怀中：《社会保障水平经济效应分析》，《中国人口科学》2011年第3期。

[60]宁亚芳：《农村低保制度缓贫效应：来自西部民族地区的证据》，《贵州社会科学》2014年第11期。

[61]彭海艳:《我国社会保障支出地区差异分析》,《财经研究》2007 年第 6 期。

[62]彭曦:《社会保障、储蓄与经济增长理论与实证研究》,重庆大学 2017 年博士学位论文。

[63]曲直、吕之望:《基于回归方程的中国农村收入差距的分解——兼论教育对收入差距的影响》,《国家行政学院学报》2014 年第 4 期。

[64]冉净斐:《农村社会保障制度与消费需求增长的相关性分析》,《贵州财经学院学报》2004 年第 1 期。

[65]任雅娜、戴绍文:《我国新农保制度再分配效应研究》,《海南金融》2013 年第 7 期。

[66]任嫒:《基于劳动力乡村—城市迁移的我国户籍制度改革研究》,中国财政经济出版社 2015 年版。

[67]沈圣英:《东北亚区域经济合作》,中国对外经济贸易出版社 2000 年版。

[68]沈晓燕:《我国城镇居民基本医疗保险对储蓄挤出效应区域差异研究》,广州中医药大学 2017 年博士学位论文。

[69]沈毅:《农村社会养老保险收入再分配模型及实证分析——基于新农保的实践》,《改革与战略》2014 年第 9 期。

[70]沈政:《新农合对劳动供给、贫困缓解的影响研究》,中国农业大学 2017 年博士学位论文。

[71]宋晓梧:《构筑覆盖全民的多层次医疗保障体系》,《经济参考报》2009 年 11 月 11 日。

[72]谭伟:《社会保障支出的就业效应:基于 VAR 模型的实证分析》,《商学院学报》2011 年第 6 期。

[73]谭晓婷、钟甫宁:《新农合不同补偿模式的收入分配效应——基于江苏、安徽两省 30 县 1500 个农户的实证分析》,《中国农村经济》2010 年第 3 期。

[74]唐慧、张晶:《养老保险与经济增长的长期联动效应分析》,《学术论坛》2019 年第 8 期。

[75]唐娟莉、倪永良:《基于三大经济地区的农村社会保障供给消费效应分析》,《河南农业大学学报》2018 年第 5 期。

[76]唐钧:《中国的贫困状况与整合性反贫困策略》,《社会发展研究》2015 年第 2 期。

[77]唐平:《农村居民收入差距的变动及影响因素分析》,《管理世界》2006 年第 5 期。

[78]万春、许莉:《养老保险制度城乡比较实证:差异性、稳定性与趋同性》,《统计与信息论坛》2018年第9期。

[79]汪洪溟、李宏:《改革开放以来社会保障收入分配调节效应实证分析》,《中国软科学》2019年第12期。

[80]王翠琴、薛惠元:《城乡居民基本养老保险内部收益率的测算与分析》,《华中农业大学学报》2018年第5期。

[81]王国军:《中国农村社会保障制度的变迁》,《浙江社会科学》2004年第1期。

[82]王昊魁:《人人共建 人人共享——十六大以来中国和谐社会建设述评》,《光明日报》2012年9月14日。

[83]王金营、李竞博、石贝贝、曾序春:《医疗保障和人口健康状况对大城市劳动供给影响研究——以深圳市为例》,《人口与经济》2014年第4期。

[84]王蕾:《中国城乡最低生活保障制度并轨研究》,《社会福利(理论版)》2018年第11期。

[85]王卫平等:《社会救助学》,群言出版社2007年版。

[86]王晓霞、孙华臣:《社会保障支出对消费需求影响的实证研究》,《东岳论丛》2008年第6期。

[87]王艳玲、栾大鹏:《新农合与中国农民食物消费:经验判断和实证研究》,《天府新论》2014年第4期。

[88]王艺明、蔡翔:《财政支出结构与城乡收入差距——基于全国东、中、西部地区省级面板数据的经验分析》,《上海财经大学学报》2010年第5期。

[89]王宇鹏:《人口老龄化对中国城镇居民消费行为的影响研究》,《中国人口科学》2011年第1期。

[90]王跃生:《个体家庭生存和发展承载体分析——基于中国历史和现实》,《江苏社会科学》2019年第4期。

[91]王泽英:《我国基本养老保险制度的公平问题探析》,《中州学刊》2004年第11期。

[92]卫生部统计信息中心:《第二次国家卫生服务调查主要结果初步报告》,人民卫生出版社1999年版。

[93]魏珍:《社会保障支出与经济增长关系的实证研究——基于2007—2016年省际面板数据的分析》,《新疆农垦经济》2018年第6期。

[94]解垩:《城镇医疗保险改革对预防性储蓄有挤出效应吗?》,《南方经济》2010年第9期。

［95］夏庆杰、宋丽娜、Simon Appleton：《中国城镇贫困的变化趋势和模式：1988—2002》，《经济研究》2007 年第 9 期。

［96］项洁雯：《农村社会养老金替代率水平及政策仿真研究》，浙江大学 2015 年博士学位论文。

［97］徐倩、李放：《财政社会保障支出与中国城乡收入差距——理论分析与计量检验》，《上海经济研究》2012 年第 11 期。

［98］徐倩、李放：《我国财政社会保障支出的差异与结构》，《改革》2012 年第 2 期。

［99］徐强、张开云：《我国收入差距现状及社会保障的调节效应》，《福建论坛（人文社会科学版）》2016 年第 7 期。

［100］徐振：《财政社会保障支出对资本和劳动供给的挤出效应分析》，《财会研究》2011 年第 19 期。

［101］许永志：《新农保对家庭收入模式影响的研究》，《学术论坛》2017 年第 5 期。

［102］薛智韵：《新农保对农村老年居民消费的影响研究》，《江西社会科学》2019 年第 4 期。

［103］杨斌：《城乡居民养老保险政府财政责任和负担的地区差异》，《西部论坛》2016 年第 1 期。

［104］杨翠迎、冯广刚：《最低生活保障支出对缩小居民收入差距效果的实证研究》，《人口学刊》2014 年第 3 期。

［105］杨河清、陈汪茫：《中国养老保险支出对消费的乘数效应研究》，《社会保障研究》2010 年第 3 期。

［106］杨继光、刘海龙、许友传：《基于内生经济增长的我国养老保险制度模型》，《上海交通大学学报》2008 年第 11 期。

［107］杨继军、张二震：《人口年龄结构、养老保险制度转轨对居民储蓄率的影响》，《中国社会科学》2013 年第 8 期。

［108］杨继生、万越：《中国人口政策的变轨效应》，《华中科技大学学报（社会科学版）》2016 年第 1 期。

［109］杨杰、叶晓榕、宋马林：《社会保障财政支出与经济增长的关系研究——基于2003—2007 年中国省级面板数据的实证分析》，《中国市场》2009 年第 28 期。

［110］杨晶、邓大松、吴海涛：《中国城乡居民养老保险制度的家庭收入效应——基于倾向得分匹配（PSM）的反事实估计》，《农业技术经济》2018 年第 10 期。

［111］杨晶、郭兵：《农民工养老保险关系转移接续问题研究》，《北方经济》2009 年第 5 期。

[112]杨俊:《养老保险和工资与就业增长的研究》,《社会保障研究》2008 年第 2 期。

[113]杨穗、高琴:《最低生活保障对收入贫困和消费支出的影响》,《社会保障研究》2019 年第 15 期。

[114]杨天宇、王小婷:《我国社会保障支出对居民消费行为的影响研究》,《探索》2007 年第 5 期。

[115]叶金国、仇晓洁:《中国农村社会保障财政资源配置问题及对策研究》,《河北学刊》2015 年第 7 期。

[116]易丹:《农村低保运转中存在的问题——基于易村的实地调查》,《劳动保障世界》2019 年第 15 期。

[117]殷俊、谢沁怡:《贫困是"被迫的"还是"选择的"? ——基于农村低保群体的就业意愿分析》,《新疆社会科学》2017 年第 6 期。

[118]于长革:《政府社会保障支出的社会经济效应及其政策含义》,《郑州大学学报(社会科学版)》2007 年第 9 期。

[119]余新平、俞佳佳:《中国农产品对外贸易与农民收入增长——基于时间序列和动态面板数据的实证检验》,《国际商务(对外经济贸易大学学报)》2010 年第 12 期。

[120]岳爱、杨矗、常芳、田新、史耀疆、罗仁福、易红梅:《新农保对家庭日常费用支出的影响》,《管理世界》2013 年第 8 期。

[121]张浩淼:《转型期中国最低生活保障制度发展研究》,上海交通大学出版社2010 年版。

[122]张利庠、王录安、刘晓鸥:《基于医疗保障差异的健康冲击与劳动力供给——以中国 2011—2013 年劳动力市场为对象》,《中国软科学》2017 年第 7 期。

[123]张强:《城乡居民社会保障性支出对消费水平影响比较研究——基于 15 个省市面板数据的实证分析》,《社会保障研究》2013 年第 2 期。

[124]张强、张晓光、周伟:《我国财政性社会保障支出的城乡收入再分配效应分析——基于 2004—2011 年全国省际静态面板数据》,《洛阳师范学院学报》2014 年第 2 期。

[125]张燕源、董登新:《社会保障水平与居民消费、储蓄行为的关联性分析》,《商业经济》2010 年第 2 期。

[126]张勇:《我国社会保障支出的经济效应分析:1999—2013 年》,《社会保障研究》2015 年第 5 期。

[127]张治觉、吴定玉:《我国财政社会保障对居民消费产生引致还是挤出效应》,

《消费经济》2010 年第 3 期。

[128]赵涤非、陈宴真、郭鸿琼:《我国农产品贸易开放对农民收入增长影响的实证研究》,《东南学术》2012 年第 5 期。

[129]赵建国、李佳:《财政社会保障支出的非线性经济增长效应研究》,《财政研究》2012 年第 9 期。

[130]赵蔚蔚:《我国社会保障支出和经济增长的关系研究——基于协整分析与 Granger 因果检验》,《社会保障研究》2011 年第 3 期。

[131]赵昕东、王昊、刘婷:《人口老龄化、养老保险与居民储蓄率》,《中国软科学》2017 年第 8 期。

[132]郑功成:《新世纪的社会保障》,《学习月刊》2000 年第 4 期。

[133]郑功成:《中国社会保障制度变迁与评估》,中国人民大学出版社 2002 年版。

[134]郑功成:《中国社会保障改革与制度建设》,《中国人民大学学报》2003 年第 1 期。

[135]郑功成:《劳动就业与社会保障:中国基本民生问题的政策协调与协同推进》《中国劳动》2008 年第 8 期。

[136]郑功成:《收入分配改革与财富合理分配》,《中共中央党校学报》2010 年第 5 期。

[137]周钦、袁燕:《医疗保险对我国城市与农村家庭消费影响的实证研究》,《中国卫生经济》2013 年第 10 期。

[138]周云波、曹荣荣:《新农保对农村中老年人劳动供给行为的影响——基于 PSM-DID 方法的研究》,《人口与经济》2017 年第 5 期。

[139]朱劲松:《基于双重来源视角的辽宁省农村储蓄调查》,《东北财经大学学报》2008 年第 5 期。

[140]朱玲、金成武:《全球金融危机下的收入分配政策选择》,《理论前沿》2009 年第 15 期。

[141]朱璐璐、寇恩惠:《我国社会保障支出与城镇居民收入差距——以江苏省为例》,《上海财经大学学报》2010 年第 3 期。

[142]朱铭来、奎潮:《医疗保障对居民消费水平的影响——基于省级面板数据的实证研究》,《保险研究》2012 年第 4 期。

[143]朱诗娥、杨汝岱、吴比:《新型农村养老保险对居民消费的影响评估》,《学术月刊》2019 年第 11 期。

[144]祝建华:《城市居民最低生活保障制度的理念转型与目标重构》,《中州学

刊》2009 年第 5 期。

[145] Ahearn MC, Williamson J M, Black N., "Implications of Health Reform for Farm Businesses and Families", *Applied Economic Perspectives and Policy*, 2015, 37(2).

[146] Albert Ando, Franco Modigliani., "The 'Life Cycle' Hypothesis of Saving: Aggregate Implications and Tests", *The American Economic Review*, 1963, 53(1).

[147] Alicia H. Munnell, "Private Pensions and Savings: New Evidence", *Journal of Political Economy*, 1976, 84(5).

[148] Allan Dizioli, Roberto Pinheiro., "Health Insurance as a Productive Factor", *Labour Economics*, 2016, 40.

[149] Armstrong P. and C. Burger., "Poverty, Inequality and the Role of Social Grants: An Analysis using Decomposition Techniques", *Stellenbosch Economic Working Papers*, No. 15, 2009.

[150] Auerbach A J, Kotlikoff L J., "Simulating Alternative Social Security Responses to the Demographic Transition", *Journal of National tax*, 1985, 38(2).

[151] B. S. Rowntree, G. R. Lavers, "*Poverty and the Welfare State*" London: Longmans, 1951.

[152] Bargain O, Doorley K., "Caught in the Trap? Welfare's Disincentive and the Labor Supply of Single Men", *Journal of Public Economics*, 2012, 95(9).

[153] Barro R., "Economic Growth in a Cross Section of Countries", *Quarterly Journal of Economics*, 1991, (2).

[154] Boyle Melissa A, Lahey Joanna N., "Health Insurance and the Labor Supply Decisions of Older Workers: Evidence from a U. S. Department of Veterans Affairs Expansion", *Journal of public economics*, 2010, 94(7-8).

[155] Bradley Cathy J, Neumark David, Barkowski Scott., "Does Employer-provided Health Iinsurance Constrain Labor Supply Adjustments to Health Shocks? New Evidence on Women Diagnosed with Breast Cancer", *Journal of health economics*, 2013, 32(5).

[156] Caminada K., K. Goudswaard., "Social Policy and Income Distribution: An Empirical Analysis for the Netherlands", *Department of Economics Research Memorandum No.* 99, 1999.

[157] Chen S, Wang Y, Ravallion M. Di Bao, "A guaranteed minimum income in urban China?", *Policy Research Working Paper*, 2006.

[158] Chen W., K. Caminada, "Disentangling Income Inequality and the Re-distributive

Effect of Social Transfers and Taxes in 36 LIS Countries", *MPRA Paper No.*32861.,2011.

[159] David Blake., "The impact of wealth on consumption and retirement behaviour in the UK", *Applied Financial Economics*, 2004, 14(8).

[160] Dean R.Leimer, Selig D.Lesnoy., "Social Security and Private Saving: New Time-Series Evidence", *Journal of Political Economy*, 1982, 90(3).

[161] Diamond P. A., "A Framework for Social Security Analysis", *Diamond P. A.*, 1977, 8(3).

[162] Donald Cox, Emmanuel Jimenez, : "*Social Security and Private Transfers in Developing Countries: The Case of Peru*", *The World Bank Economic Review*, 1992, 6(1).

[163] Elliott Fan. "Who Benefits from Public Old Age Pensions? Evidence from a Targeted Program", *Economic Development and Cultural Change*, 2010, 58(2).

[164] Feldstein, "Social Security, Induced Retired and Aggregate Capital Formation", *Journal of Political Economy*, 82:905–926, 1974.

[165] Finkelstein, R. Mcknight., "What Did Medicare Do (and Was It Worth It)", *NBER*, 2005.

[166] Gary Burtless, Robert A.Moffitt., "The Joint Choice of Retirement Age and Postretirement Hours of Work", *Journal of Labor Economics*, 1985, 3(2).

[167] Gary Burtless., "Social Security, Unanticipated Benefit Increases, and the Timing of Retirement", *The Review of Economic Studies*, 1986, 53(5).

[168] Gary V. Engelhard, Anil, Kumar., "Pension and Household Wealth Accumulation", *Journal of Human Resources*, 2011, (1).

[169] Giorgio Bellettini, Carlotta Berti Ceroni., "Is Social Security Really Bad for Growth?", *Review of Economic Dynamics*, 1998, 2(4).

[170] Glenn Hubbard, Jonathan Skinner, Stephen P.Zeldes. "Precautionary Saving and Social Insurance", *Journal of Political Economy*, 1995, 103(2).

[171] Gouveia M.and C.F.Rodrigues., "The impact of a 'Minimum Guaranteed Income Program' in Portugal. Department of Economics at the School of Economics and Management (ISEG)", Technical University of Lisbon Working Papers, No.3, 1999.

[172] Hayne E.Leland., "Saving and Uncertainty: The Precautionary Demand for Saving", *The Quarterly Journal of Economics*, 1968, 82(3).

[173] Hsiao C, Steve Ching H, Ki Wan S, "A panel Data Approach for Program Evaluation: Measuring the Benefits of Political and Economic Integration of Hongkong with Mainland

China", *Journal of Applied Econometric*, 2012, vol.27.

[174] Isaac Ehrlich, Jinyoung Kim., "Social Security and Demographic Trends: Theory and Evidence from the International Experience", *Review of Economic Dynamics*, 2006, 10 (1).

[175] Laurence J.Kotlikoff: 1979: "Testing the Theory of Social Security and Life Cycle Accumulation", *The American Economic Review*, 69(3).

[176] J.S.Weissman, A.M.Epstein., "Falling through the Safety Net: Insurance Status and Access to Health Care", *Johns Hopkins University Press*, 1994, 89–90.

[177] Jonathan Gruber, AaronYelowitz., "Public Health Insurance and Private Savings", *Journal of Political Economy*, 1999, 107(6).

[178] Jonathan Gruber, David Wise., "Social Security and Retirement: An International Comparison", *The American Economic Review*, 1998, 88(2).

[179] Joseph F.Quinn., "Pension Wealth of Government and Private Sector Workers", *The American Economic Review*, 1982, 72(2).

[180] Juarez L., "The effect of an old-age demogrant on the labor supply and time use of the elderly and non-elderly in Mexico.", *Journal of Economic Analysis&Policy*, 2010.

[181] Kotlikoff, L., "Health Expenditures and Precautionary Savings", *NBER Working Paper Available at SSRN: http://ssrn.com/abstract* = 344805, 2008.

[182] Lefebvre M., "The Redistributive Effects of Pension Systems in Europe: A Survey of Evidence: Luxembourg Income Study Working Paper Series", *Journal of Finance and Development*, 2007, (8).

[183] Lemieux T, Milligan K., "Incentive Effects of Social Assistance: A Regression Discontinuity Approach", *Journal of Econometric*, 2008, 142(2).

[184] Liebman, Jeffrey B., "*Redistribution in the Current U.S.Social Security*", *NBER Working Paper No.*8625, 2001.

[185] Lindelow, M.& Wagstaff, A., "Health shocks in china: are the poor and uninsured less protected?", *Word Bank Working paper*, 2005.

[186] Liu GordonG, Dow William H, Fu Alex Z, Akin John, Lance Peter., "Income productivity in China: on the role of health", *Journal of health economics*, 2008, 27(1).

[187] Marcos D.Chamon, Eswar S.Prasad, "Why Are Saving Rates of Urban Households in China Rising?", *American Economic Journal: Macroeconomics*, 2010, 2(1).

[188] Martha Starr-McCluer., "*Health Insurance and Precautionary Savings*", The A-

merican Economic Review, 1996, 86(1).

[189] Martin Feldstein, "Social Security and Saving: New Time Series Evidence", *Journal of National Tax*, 1996, 49(2).

[190] MartinFeldstein., "Social Security, Induced Retirement, and Aggregate Capital Accumulation", *Journal of Political Economy*, 1974, 82(5).

[191] Michael J.Boskin., "Social Security and Retirement Descions", *Journal of Economic Inquiry*, 1977, 15(1).

[192] Michael Kent Ranson., "Reduction of Catastrophic Health Care Expenditures by a Community-based Health Insurance Schme in GujaratIndia: Current Experiences and Challenges", *Bulletion of the World Health Organization*, 2002, 80(8).

[193] Nelson K.Minimum, "Income Protection and Low-Income Standards: Is Social Assistance Enough for Poverty Alleviation?", *Scandinavian Working Papers in Economics*, No. 9, 2009.

[194] Parker S.W., "Theimpactof PROGRESA on Work, Leisureand Time Allocation", *Washington DC: International Food Policy Research Institute*, 2000.

[195] R.Glenn Hubbard, Jonathan Skinner, Stephen P.Zeldes., "Precautionary Saving and Social Insurance", *Journal of Political Economy*, 1995, 103(2).

[196] Rawlings L. B., "A New Approach to Social Assistance: Latin America's Experience with Conditional Cash Transfer Programmers", *International Social Security Review*, 2005, 58(2-3).

[197] Hannan Pradhan., "An Investigation of Social Safety Net Programs as Means of Poverty Alleviation in Banglades", *Journal of Asian Social Science*, 2013, 9(2).

[198] RichardDisney., "Public Pension Reform in Europe: Policies, Prospects and Evaluation", *Journal World Economy*, 2003, 26(10).

[199] Richard V.Burkhauser., "BookReviews: Employer Pension Plan Membership and Household Wealth.By William R.Waters.Philadelphia: S.S.Huebner Foundation for Insurance Education". *Public Finance Review*, 1983, 11(4).

[200] Rob Alessie, Viola Angelini, Peter van Santen.. "Pension Wealth and Household Savings in Europe: Evidence from SHARELIFE", *European Economic Review* 2013, 63.

[201] Robert Holzmann "The World Bank Approach to Pension Reform", *Journal of International Social Security Review*, 2000, 53(1).

[202] Robert J. Barro., "Government Spending in a Simple Model of Endogenous

Growth", *Journal of Political Economy*, 1990, 98(5).

[203] S.C.Darby, J.A.O'Hagan, G.M.Kendall, R.Doll, T.P.Fell, C.R.Muir-head., "Completeness of Follow up in a Cohort Study of Mortality Using the United Kingdom National Health Service Central Registers and Records Held by the Department of Social Security", *Journal of Epidemiology and Community Health*, 1991, 45(1).

[204] Sala-I-Martin, X., "The Classical Approach to Convergence Analysis", *Journal of Economic*, 1996, 106(437).

[205] Schoen Cathy, Doty Michelle M., "Inequities in Access to Medical Care in Five Countries: Findings from the 2001 Commonwealth Fund International Health Policy Survey", *Journal of Health policy(Amsterdam, Netherlands)*, 2004, 67(3).

[206] Surender R, Noble M, Wright G, et al., "Social assistance and dependency in South Africa: an Analysis of Attitudes to Paid Work and Social Grants", *Journal of Social Policy*, 2010, 39(2).

[207] Syed Abdul Hamid, Jennifer Roberts, Paul Mosley., "Can Micro Health Insurance Reduce Poverty? Evidence From Bangladesh", *Journal of Risk and Insurance*, 2011, 78(1).

[208] Vincent P.Crawford, David M.Lilien., "Social Security and the Retirement Decision", *The Quarterly Journal of Economics*, 1981, 96(3).

[209] Wagstaff Adam., "The Economic Consequences of Health Shocks: Evidence from Vietnam", *Journal of health economics*, 2007, 26(1).

[210] Wagstaff. A., M.Pradhan. "Health Insurance Impact on Health and Nonmedical Consumption in a Developing Country", *World Bank Policy Research Working Paper NO.* 3563, 2005.

[211] Yigit Aydede., "Aggregate consumption function and public social security: the first time-series study for a developing country", *Applied Economics*, 2008, 40(14).

[212] Yu-Wei Hu., "China's Pension Reform: A Precondition Approach", *Global Economic Review*, 2006, 35(4).

[213] Zeldes.P., "Consumptionand Liquidity Constraints: An Empirical Investigation", *Journal of Political Economy*, 1989, 97(1).

附　　录

附录1　2018年各地农村社会保障人均支出差异状况表（元/年）

地区	人均新型农村社会养老保险支出	人均新型农村合作医疗筹资	人均农村最低生活保障支出	人均农村社会保障支出
北京	1764.43	1266.07	10800.00	2306.80
天津	2313.10	1010.67	10320.00	2045.40
河北	347.43	613.79	3829.10	1537.90
山西	295.33	618.90	3646.90	2337.20
内蒙古	589.18	678.71	4920.20	3035.60
辽宁	523.07	626.00	4350.90	2207.70
吉林	400.96	652.00	3734.90	2243.20
黑龙江	362.21	722.83	3857.50	2578.60
上海	8032.99	1857.23	11640.00	5300.70
江苏	1077.75	777.40	7147.10	3345.30

地区	人均新型农村社会养老保险支出	人均新型农村合作医疗筹资	人均农村最低生活保障支出	人均农村社会保障支出
浙江	1311.73	1081.62	8040.60	2668.60
安徽	281.38	625.00	4427.50	2889.10
福建	440.52	617.45	5054.00	2353.00
江西	260.96	706.28	3743.30	2549.60
山东	509.65	625.05	4165.50	1928.20
河南	310.77	581.00	3356.40	3002.10
湖北	409.55	707.10	4706.40	3292.80
湖南	332.03	600.75	3689.00	3077.90
广东	659.50	644.13	6340.80	3391.70
广西	363.25	390.78	3338.40	2794.90
海南	479.19	643.16	4300.80	1972.00
重庆	458.97	614.60	4287.70	3444.00
四川	519.69	603.55	3767.80	3066.90
贵州	253.93	562.00	3660.00	1856.20
云南	228.87	636.63	3342.00	1478.20
西藏	251.23	1571.91	3355.50	1991.60
陕西	403.16	627.00	3733.70	2566.30
甘肃	296.26	612.23	3765.30	2102.20
青海	447.51	147.25	3335.00	2668.20
宁夏	447.44	707.36	3468.90	1938.00
新疆	284.82	708.91	3561.30	1979.00

附录2　2012年、2018年农村社会保障支出地区经济负担差异

地区	新农保支出/GDP		新农合筹资/GDP		农村低保支出/GDP		农村社会保障支出/GDP	
	2012	2018	2012	2018	2012	2018	2012	2018
北京	0.0761	0.1240	0.1127	0.0844	0.0150	0.0157	0.4155	0.2229
天津	0.1086	0.1925	0.0786	0.2871	0.0204	0.0499	0.2138	0.2893
河北	0.1848	0.3352	0.4299	1.0050	0.1019	0.1703	0.8800	1.4448
山西	0.1734	0.2729	0.4273	0.9389	0.1541	0.2411	1.0257	2.1943
内蒙古	0.1241	0.2533	0.2042	0.6542	0.1604	0.3412	0.7553	1.6873
辽宁	0.0902	0.2141	0.1793	0.4439	0.0600	0.1255	0.4394	1.2384
吉林	0.1047	0.1778	0.3097	0.5368	0.0969	0.1742	0.8483	1.7529
黑龙江	0.0971	0.1858	0.3563	0.9052	0.1147	0.2480	0.9327	2.4239
上海	0.1457	0.1937	0.1551	0.1958	0.0081	0.0125	0.5107	0.4817
江苏	0.2018	0.2722	0.1777	0.4213	0.0569	0.0750	0.5928	0.9061
浙江	0.2316	0.2803	0.2794	0.6032	0.0514	0.0847	0.5780	0.8595
安徽	0.3085	0.3216	0.5490	0.9694	0.1835	0.2294	1.0043	2.8008
福建	0.1122	0.1838	0.2296	0.5086	0.0584	0.0552	0.4629	0.9049
江西	0.1900	0.2220	0.5371	1.3505	0.1612	0.2992	0.7912	2.4331
山东	0.2135	0.3019	0.2830	0.5953	0.0820	0.0989	0.5265	0.9945
河南	0.2507	0.3240	0.5368	1.1102	0.1449	0.2012	0.7806	2.9761
湖北	0.1694	0.2304	0.3599	0.8268	0.1131	0.1649	0.5706	2.0091
湖南	0.2465	0.3028	0.4662	0.9960	0.1480	0.1265	0.9219	2.6304
广东	0.0960	0.1754	0.1644	0.4239	0.0515	0.0957	0.3727	1.1739
广西	0.2631	0.3223	0.5939	0.8864	0.2883	0.4165	0.9598	3.4070
海南	0.1961	0.2835	0.4509	0.2794	0.1370	0.1611	0.8660	1.5875
重庆	0.7599	0.2500	0.3291	0.7872	0.1141	0.1268	0.9235	1.8689
四川	0.2890	0.3928	0.5653	0.9182	0.1865	0.3393	1.4159	3.0799
贵州	0.7136	0.2999	0.9423	1.1645	0.8400	0.6427	1.4699	2.4220

续表

地区	新农保支出/ GDP		新农合筹资/ GDP		农村低保支出/ GDP		农村社会 保障支出/GDP	
	2012	2018	2012	2018	2012	2018	2012	2018
云南	0.2347	0.2891	0.8114	1.4143	0.4977	0.6168	1.1477	2.1155
西藏	0.3424	0.3113	1.1000	0.3181	0.4868	0.5155	2.4142	3.1405
陕西	0.2276	0.2860	0.4048	0.6550	0.2446	0.1338	0.7011	1.7400
甘肃	0.2495	0.4535	0.8177	1.6275	0.6480	1.3667	1.3752	3.5895
青海	0.2377	0.3734	0.6490	0.2338	0.3496	0.4970	1.6810	2.6168
宁夏	0.1367	0.2240	0.5247	0.9446	0.2356	0.3567	0.6768	1.5012
新疆	0.1519	0.1418	0.5252	0.2935	0.2454	0.5944	1.6268	2.0083

附录3　农村社会保障资源配置排名

地区	农村人口		新农保支出		新农合支出		农村低保支出		农村社会 保障支出	
	2012	2018	2012	2018	2012	2018	2012	2018	2012	2018
北京	3	5	12	10	6	4	3	2	6	4
天津	5	2	17	8	7	6	2	5	7	2
河北	26	28	24	25	27	19	19	20	26	20
山西	15	16	14	13	14	13	16	15	14	8
内蒙古	10	8	6	11	10	9	15	16	10	19
辽宁	14	14	11	17	13	28	10	11	12	10
吉林	9	10	5	6	9	27	9	9	9	12
黑龙江	11	15	7	7	11	11	11	12	8	6
上海	1	6	9	18	5	8	1	1	5	30
江苏	19	23	26	31	26	23	24	18	27	22

地区	农村人口		新农保支出		新农合支出		农村低保支出		农村社会保障支出	
	2012	2018	2012	2018	2012	2018	2012	2018	2012	2018
浙江	18	18	23	27	28	22	14	13	28	27
安徽	27	25	25	23	25	31	27	22	25	31
福建	16	12	10	20	16	15	8	8	15	26
江西	20	20	18	14	20	16	18	24	20	16
山东	29	29	31	30	30	25	26	25	30	21
河南	31	31	28	26	31	26	29	27	31	17
湖北	23	21	21	22	23	18	20	21	23	23
湖南	28	26	22	24	24	21	23	19	24	25
广东	24	27	27	29	19	24	17	23	19	28
广西	25	22	15	19	22	10	21	28	22	24
海南	7	7	2	4	4	3	6	3	4	7
重庆	13	9	30	15	15	14	13	10	16	15
四川	30	30	29	28	29	20	31	30	29	29
贵州	21	19	16	12	18	30	30	29	18	13
云南	22	24	13	16	21	17	28	31	21	14
西藏	2	1	1	1	1	1	4	4	1	1
陕西	17	17	19	21	17	29	25	14	17	18
甘肃	12	13	20	9	12	12	22	26	13	11
青海	4	3	3	3	3	2	7	6	3	5
宁夏	6	4	4	2	2	7	5	7	2	3
新疆	8	11	8	5	8	5	12	17	8	9

附录 4 原 HCW 模型的处置效应

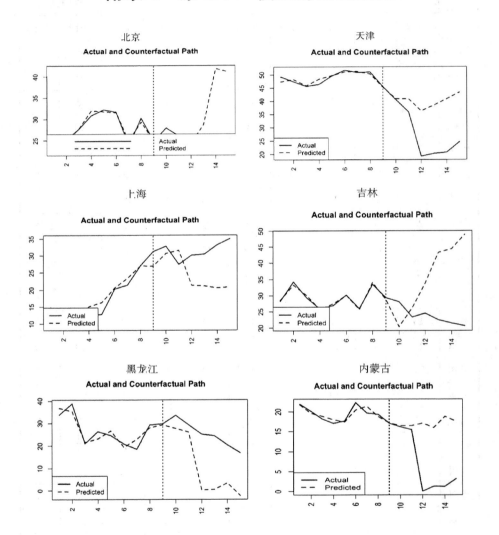

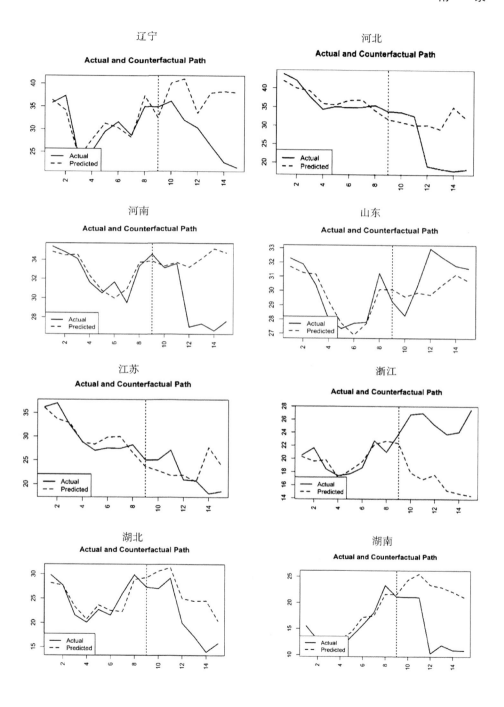

中国农村社会保障支出经济效应研究

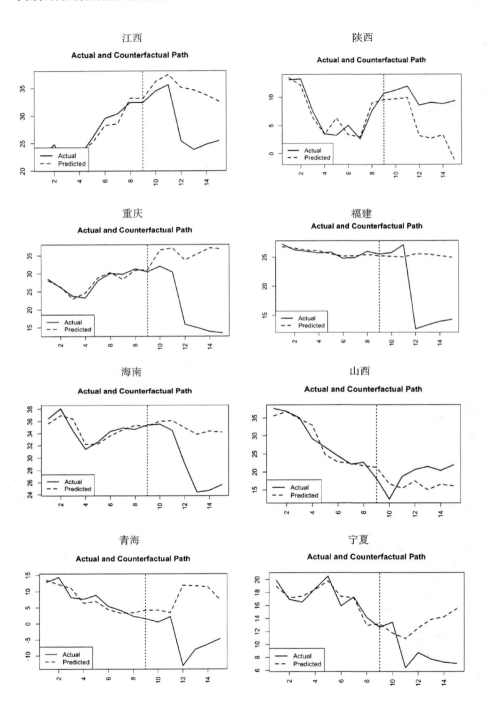

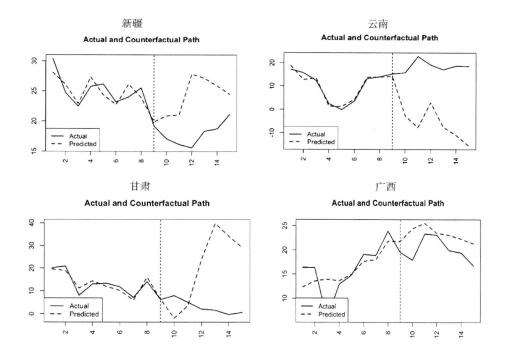

附录 5　改进后的 HCW 模型的处置效应

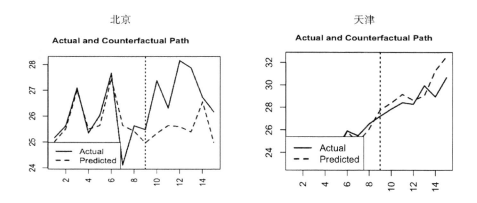

上海

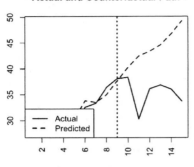

吉林

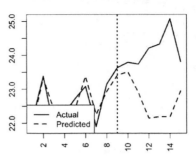

黑龙江

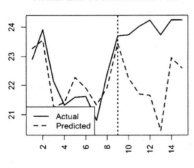

内蒙古

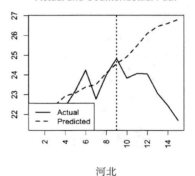

辽宁

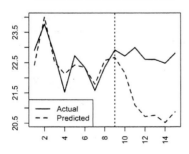

河北

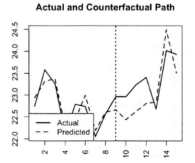

河南

Actual and Counterfactual Path

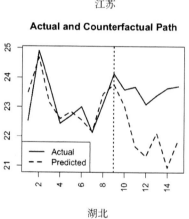

山东

Actual and Counterfactual Path

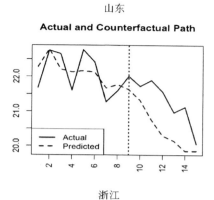

江苏

Actual and Counterfactual Path

浙江

Actual and Counterfactual Path

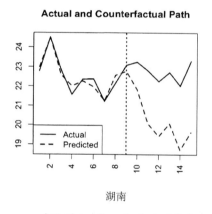

湖北

Actual and Counterfactual Path

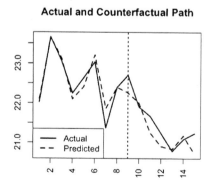

湖南

Actual and Counterfactual Path

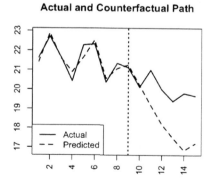

江西

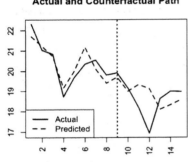

广西

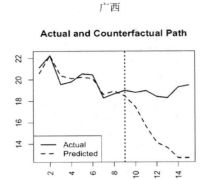

重庆

福建

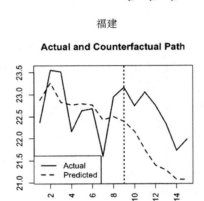

海南

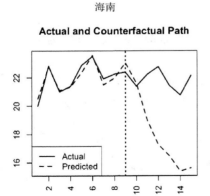

山西

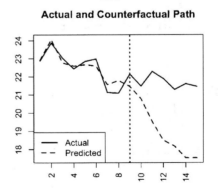

青海

Actual and Counterfactual Path

新疆

Actual and Counterfactual Path

甘肃

Actual and Counterfactual Path

宁夏

Actual and Counterfactual Path

云南

Actual and Counterfactual Path

陕西

Actual and Counterfactual Path

附录 6　改进的 HCW 模型的时间安慰剂检验

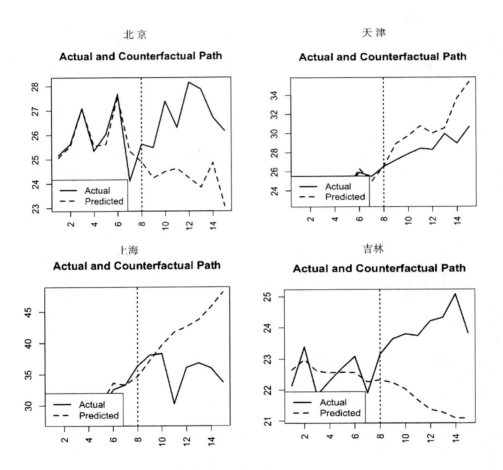

黑龙江

Actual and Counterfactual Path

内蒙古

Actual and Counterfactual Path

辽宁

Actual and Counterfactual Path

河北

Actual and Counterfactual Path

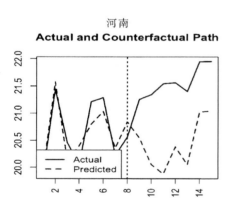

河南

Actual and Counterfactual Path

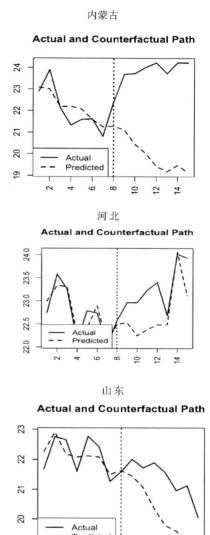

山东

Actual and Counterfactual Path

江苏

Actual and Counterfactual Path

浙江

Actual and Counterfactual Path

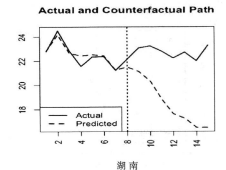

湖 北

Actual and Counterfactual Path

湖 南

Actual and Counterfactual Path

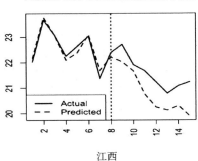

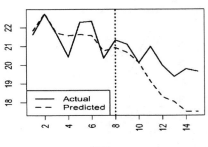

江西

Actual and Counterfactual Path

广西

Actual and Counterfactual Path

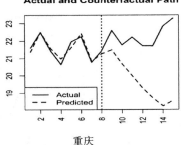

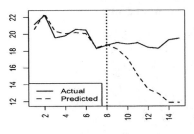

重庆

Actual and Counterfactual Path

福建

Actual and Counterfactual Path

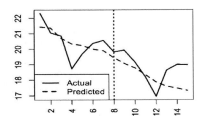

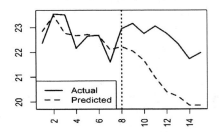

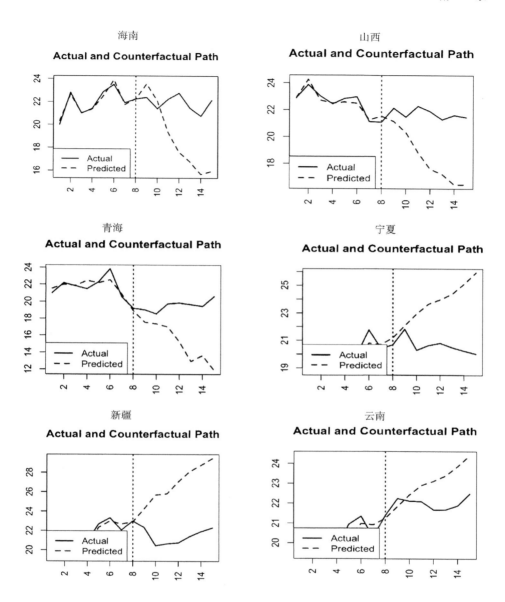

甘肃

Actual and Counterfactual Path

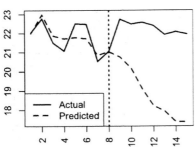

陕西

Actual and Counterfactual Path

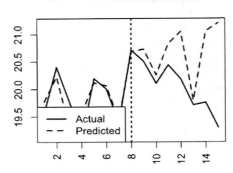

责任编辑:柴晨清
封面设计:石笑梦
版式设计:胡欣欣

图书在版编目(CIP)数据

中国农村社会保障支出经济效应研究/仇晓洁 著. —北京:人民出版社,
 2021.10
ISBN 978 - 7 - 01 - 023742 - 8

Ⅰ.①中… Ⅱ.①仇… Ⅲ.①农村-社会保障-财政支出-研究-中国
Ⅳ.①F323.89

中国版本图书馆 CIP 数据核字(2021)第 181681 号

中国农村社会保障支出经济效应研究
ZHONGGUO NONGCUN SHEHUI BAOZHANG ZHICHU JINGJI XIAOYING YANJIU

仇晓洁 著

人民出版社 出版发行
(100706 北京市东城区隆福寺街 99 号)

北京九州迅驰传媒文化有限公司印刷 新华书店经销

2021 年 10 月第 1 版 2021 年 10 月北京第 1 次印刷
开本:710 毫米×1000 毫米 1/16 印张:17.25
字数:236 千字

ISBN 978 - 7 - 01 - 023742 - 8 定价:79.00 元

邮购地址 100706 北京市东城区隆福寺街 99 号
人民东方图书销售中心 电话 (010)65250042 65289539